AF238735

Engelbert Lorenz Fischer

Überphilosophie

Ein Versuch, die bisherigen Hauptgegensätze der Philosophie in einer höheren

Einheit zu vermitteln

DOGMA

Engelbert Lorenz Fischer

Überphilosophie

Ein Versuch, die bisherigen Hauptgegensätze der Philosophie in einer höheren Einheit zu vermitteln

ISBN/EAN: 9783955077471

Auflage: 1

Erscheinungsjahr: 2012

Erscheinungsort: Bremen, Deutschland

Überphilosophie.

Ein Versuch,
die bisherigen Hauptgegensätze der Philosophie in
einer höheren Einheit zu vermitteln.

Von

Prälat Dr. Engelbert Lorenz Fischer.

„Das schönste Glück des denkenden Menschen
ist, das Erforschliche zu erforschen und das
Unerforschliche ruhig zu verehren." Goethe.

Berlin.
Verlag von Gebrüder Paetel.
1907.

Herrn Geh. Regierungsrat

Dr. phil. J. Reinke,

o. Universitätsprofessor in Kiel, M. d. H.

in ganz besonderer Verehrung

gewidmet.

Werke von Prälat Dr. E. L. Fischer.

I. **Über das Gesetz der Entwicklung auf psychisch-ethischem Gebiet.** Mainz, Kirchheim, 1875. gr. 8⁰. VII u. 147 S. Preis 2 M.

II. **Heidentum und Offenbarung.** Religionsgeschichtliche Studien über die Berührungspunkte der ältesten hl. Schriften der Inder, Perser, Babylonier, Assyrer u. Aegypter mit der Bibel. Mainz, Kirchheim, 1878. gr. 8''. XIX u. 343 S. Preis 6 M.

III. **Die Urgeschichte des Menschen und die Bibel.** Würzburg, Woerl, 1879. gr. 8⁰. 99 S. Preis 1 M. 20 Pf. Vergriffen.

IV. **Über den Pessimismus.** Frankfurt a. M., Foesser, 1880. gr. 8⁰. 70 S. Preis 50 Pf. Vergriffen.

V. **Das Problem des Übels und die Theodicee.** Mainz, Kirchheim 1883. gr. 8⁰. XII u. 221 S. Preis 3 M. 50 Pf.

VI. **Über das Prinzip der Organisation und die Pflanzenseele.** Mainz, Kirchheim, 1883. gr. 8⁰. XV u. 144 S. Preis 2 M. 40 Pf.

VII. **Der sogenannte Lebensmagnetismus oder Hypnotismus.** Mainz, Kirchheim, 1883. gr. 8⁰. XIII u. 119 S. Preis 2 M.

VIII. **Die Grundfragen der Erkenntnistheorie.** Kritik der bisherigen erkenntnistheoretischen Standpunkte u. Grundlegung des kritischen Realismus. Mainz, Kirchheim, 1887. gr. 8⁰. XVI u. 500 S. Preis 7 M.

IX. **Theorie der Gesichtswahrnehmung.** Untersuchungen zur physiologischen Psychologie und Erkenntnislehre. Mainz, Kirchheim, 1891. gr. 8⁰. XVI u. 392 S. Preis 7 M.

X. **Das Grundproblem der Metaphysik.** Eine kritische Untersuchung der bisherigen metaphysischen Hauptsysteme und Darstellung des Vernunftenergismus. Mainz, Kirchheim, 1894. gr. 8⁰. XII u. 212 S. Preis 3 M.

XI. **Cardinal Consalvi.** Lebens- und Charakterbild des großen Ministers Papst Pius' VII. Mainz, Kirchheim, 1899. gr. 8⁰. XV u. 350 S. Preis 4. M.

XII. **Der Triumph der christlichen Philosophie** gegenüber der antichristlichen Weltanschauung am Ende des XIX. Jahrhunderts. Mainz, Kirchheim, 1900 gr. 8⁰. XVI und 400 S. Preis 5 M.

XIII. **Friedrich Nietzsche.** Der „Antichrist" in der neuesten Philosophie. Verlagsanstalt vorm. Manz in Regensburg, 1901. 8⁰. VIII und 247 S. Preis 3. M. 2., verb. Aufl. 1906.

XIV. **Die modernen Ersatzversuche für das aufgegebene Christentum.** Verlagsanstalt vorm. Manz in Regensburg, 1903. 8⁰. XII u. 239 S. Preis 3 M.

XV. **Erinnerungen und Grundsätze aus meinem Leben.** Verlagsanstalt vorm. Manz in Regensburg, 1904. 8⁰. XVI u. 364 S. mit zwei Bildern des Verfassers. Preis 3 M. 20 Pf.

XVI. **Napoleon I. Lebens- und Charakterbild.** Leipzig, Schmidt & Günther, 1904. gr. 8⁰. XXIV u. 256 S. mit 64 Illustrationen.. Preis 6 M.

XVII. **Goethes Lebens- und Charakterbild.** Leipzig, Schmidt & Günther, 1905. gr. 8⁰. Mit 8 Illustrationen. Preis 4 M.

———— ◆◆◆ ————

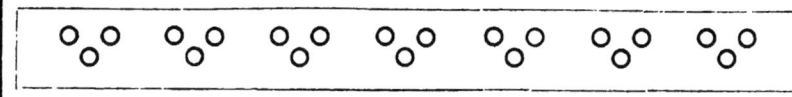

Vorwort.

Überphilosophie! Wer denkt da nicht unwillkürlich an Nietzsches Übermenschen?! — Aber „honni soit qui mal y pense!" Denn man darf nicht urteilen, bevor man weiß, um was es sich eigentlich handelt, oder was unter diesem neuen Ausdruck zu verstehen ist. Doch um denselben richtig zu erfassen, braucht man zunächst nur den Beisatz auf dem Titelblatt zu beachten, und dieser sagt uns, daß dieses Buch ein Versuch sein soll, die bisherigen Haupt= gegensätze der Philosophie in einer höheren Einheit zu ver= mitteln. Folglich ist der Titel „Überphilosophie" nicht im absoluten, sondern im relativen Sinn gemeint und nur in diesem zu verstehen; wer aber eine andere Bedeutung demselben unterschiebt, um Invektiven machen zu können, dem gilt der obige französische Spruch.

Daß die Aufgabe, die ich mir hier gesetzt habe, eine schöne, wichtige und zugleich sehr zeitgemäße ist, liegt für den vorurteilsfreien Sachverständigen auf der Hand. Kann doch kein Kenner der Gegenwart in Abrede stellen, daß wir uns in einer Zeit der schroffsten Gegensätze, des prinzi= piellen Kampfes, des tiefen Unbefriedigtseins, der gewaltigen Gärung und des Überganges befinden. Dies gilt nicht nur vom sozialen Leben, sondern auch auf dem allgemein wissenschaftlichen, auf dem philosophischen und religiösen Gebiet. Da herrschen jetzt überall die extremen Gegensätze, von denen man nicht befriedigt werden kann, weshalb die tieferen Geister und Gemüter sich allgemein nach etwas Besserem und Höherem sehnen. Hier soll daher wenigstens der Versuch gemacht werden, ein solches auf philosophischem Gebiet anzustreben. Ob und inwieweit mir dieses gelungen ist, muß die Leistung selbst zeigen.

Um nun das vorgesteckte Ziel zu erreichen, dazu ist vor allem eine klare Erkenntnis der Hauptmängel der bisherigen Philosophie notwendig. Diese sind meines Erachtens folgende: zunächst erstens fast durchgängige Einseitigkeit in den Theorien.

Wie die Menschen überhaupt ihrer größten Mehrzahl nach in ihrem Sinnen und Trachten sehr einseitig sind, so sind sie es meistens auch in ihren Ansichten und Auffassungen. Ja, die Einseitigkeit ist ein Grundfehler bei den meisten und eine Hauptquelle vieler falscher Urteile und Irrtümer. Denn einseitig sein ist oft einfältig sein. Zugleich bietet die Einseitigkeit einen Hauptmaßstab für die geistige Bewertung der Menschen. Je einseitiger nämlich einer in seinen Gedanken, Ansichten, Gefühlen und Willensrichtungen ist, desto kleiner ist er im Geiste; je vielseitiger dagegen ein Mensch in seinem Denken, Wollen und Tun sich zeigt und bei aller Vielseitigkeit Tüchtiges leistet, desto größer ist er. Die geistig-bedeutendsten Menschen sind daher die geistig-vielseitigen, die möglichst allseitigen, die universalen Menschen. Solche waren vornehmlich in der Altzeit: Plato und Aristoteles, ferner Augustinus und Thomas von Aquino, welche das Hauptwissen ihrer Zeit umfaßten und derselben neue und höhere Ideen boten. Und in

der neueren Zeit besonders: Leibniz, Kant, Napo=
leon I.[1]), Goethe[2]) und Hegel. Auch Rudolf Virchow
war ein sehr vielseitig gebildeter, viel umspannender Geist
der Gegenwart, weshalb er auch in seinen Urteilen meistens
sehr objektiv sich zeigte. Nicht minder ragen H. Lotze,
E. du Bois=Reymond und R. Eucken als vielseitige
Denker unserer Zeit hervor. Aber das sind nur rühmliche
Ausnahmen von der Regel. Im allgemeinen herrscht auch
in der Gegenwart gerade auf philosophischem Gebiete große
Einseitigkeit. Der eine faßt eine Seite der Wahrheit auf
und macht sie ausschließlich geltend, und der andere erkennt
eine andere Seite, in der Regel in der entgegengesetzten Rich=
tung, und stellt sie gleichfalls als allein berechtigt hin, und so
entstanden und entstehen die extremen Gegensätze in der Philo=
sophie, die sich einander bis zur Vernichtung bekämpfen.

Wenn man jedoch die Sache genauer untersucht, wird
man finden, daß weder der eine noch der andere ganz
recht, aber auch nicht ganz falsch hat, sondern daß jeder
von ihnen nur durch die einseitige Geltendmachung des von
ihm erkannten Wahrheitsstückes fehlt, indem die volle
Wahrheit in der harmonischen Vereinigung der verschiedenen
erfaßten Wahrheitsmomente liegt. Dieses im einzelnen
nachzuweisen ist die Hauptaufgabe dieses Werkes, dessen
höchstes Ziel Harmonie, Versöhnung der Geister
und damit Erhebung über die bisherigen philo=
sophischen Gegensätze und Einseitigkeiten ist,

---

[1]) Vgl. in dieser Beziehung mein Buch: „Napoleon I. Dessen
Lebens= und Charakterbild mit besonderer Rücksicht auf seine Stellung
zur christlichen Religion. Leipzig, H. Schmidt und C. Günther. 1904.

[2]) Siehe mein letztes Werk: Goethes Lebens= und Charakter=
bild mit besonderer Rücksicht auf seine Stellung zur christlichen Religion.
Leipzig, H. Schmidt und C. Günther. 1905.

also in gewissem Sinne wirklich eine Überphilosophie, d. h. eine Philosophie, die über den einseitigen philosophischen Parteien steht, die jede in ihren Wahrheitselementen erkennt und anerkennt und dieselben zu einer höheren Einheit verknüpft, kurz: die es versucht, die bestehenden Dissonanzen der Philosophie soviel als möglich in Harmonie aufzulösen. Die bisherige Philosophie war vielfach einäugig, bleichsüchtig, ja mitunter entartet, aber wir brauchen eine gesunde, lebensfrische und lebensfrohe und darum nervenstarke und nervenstärkende Philosophie, statt der Décadence-Philosophie eine Ascensions-Philosopie.

Ein weiterer Hauptmangel der bisherigen Philosophie liegt in ihrer Darstellungsweise. Dieselbe ist meistens zu abstrakt gehalten, schwerfaßlich, unklar und darum unverständlich. Das kommt teils von der Unbehilflichkeit vieler Gelehrten, sich einfach und klar auszudrücken, teils von der törichten Meinung nicht weniger, besonders in Deutschland, daß man, um wissenschaftlich zu sein, in einem möglichst hochtrabenden, bandwurmartigen, mit vielen Fremdwörtern durchsetzten Stile schreiben müsse. Dadurch erscheint die Philosophie in sehr barockem Gewande, und infolgedessen genießt sie auch in den Gelehrtenkreisen keine große Beliebtheit. Ja, auf seiten der Höher- und Höchstgebildeten scheut man sich häufig, ein philosophisches Buch in die Hand zu nehmen. Es besteht in der Tat bei vielen ein gewisser horror philosophicus.

Ganz anders bei den Geschichts- und Naturwissenschaften. Die Schriften dieser werden viel mehr gelesen als die philosophischen, hauptsächlich weil sie in leicht faßlicher und angenehmer Form dargestellt sind. Und doch sollte von Rechts wegen gerade die Philosophie, d. h. die Welt- und Lebensweisheit, unter allen Wissenschaften am meisten verbreitet sein, da die Weisheit für den Menschen das Wichtigste und darum besonders notwendig ist. Zu diesem Zweck muß sie in einer möglichst klaren, leicht verständlichen und einfachen Weise dargestellt werden. Denn mit Recht sagten schon die Alten: „Die Einfachheit ist das Siegel der Wahrheit", und ich setze hinzu: die Mutter der Klarheit. Treffend bemerkt daher P. J. Möbius: „Für philosophische Darlegungen ist die beste Sprache die, die man sozusagen gar nicht merkt, die sich schlicht und einfach an den Gedanken anlegt wie ein glattsitzendes Kleid. Durchsichtige Klarheit ist das Ziel, und deutlich zu sein ist die Herzenssache des Denkers." [1] „Das Wort der Wahrheit lautet schlicht und ungeschminkt."

Und E. du Bois-Reymond bemerkt richtig: „Seit der Umgestaltung der Philosophie durch Kant hat diese Disziplin einen so esoterischen Charakter angenommen; sie hat die Sprache des gemeinen Menschenverstandes und der schlichten Überlegung so verlernt; sie ist den Fragen, die den unbefangenen Jünger am tiefsten bewegen, so weit ausgewichen, oder sie hat sie so sehr von oben herab als unberufene Zumutungen behandelt; sie hat sich endlich der neben ihr emporwachsenden neuen Weltmacht, der Naturwissenschaft, lange so feindselig gegenübergestellt: daß nicht zu verwundern ist, wenn, namentlich unter Naturforschern, das Andenken selbst an ganz tatsächliche Ergebnisse aus früheren Tagen der Philosophie verloren ging". [2]

Es ist unstreitig auch eine viel größere Kunst und hat viel mehr Wert, schwierige Probleme wie mit hellem Sonnen-

---

[1] P. J. Möbius, Ausgewählte Werke Bd. V, S. 53 f. Leipzig. Barth 1904.

[2] E. du Bois-Reymond, Die sieben Welträtsel. Reden I, S. 382.

licht zu beleuchten und verständlich zu lösen, als sie mit konfusen Phrasen noch dunkler zu machen.

Freilich bot bis in die Neuzeit für die größere Mehr= zahl die Religion die Welt= und Lebensanschauung. Das war der Fall, solange die Autorität noch mächtig und der Glaube noch stark war. So ist es besonders im Mittel= alter gewesen, wo die geistige Kultur noch auf wenige enge Kreise beschränkt blieb. Da galt die Religion als die alleinige Führerin im Geistesleben. Seitdem aber in der neueren Zeit infolge der Erfindung der Buchdruckerkunst und des dadurch hervorgerufenen Anwachsens der Literatur die Geistesbildung immer mehr fortgeschritten ist und auf immer weitere Kreise sich ausgedehnt hat, ist auch in der in Rede stehenden Beziehung eine bedeutende Wandelung eingetreten. Durch die fortschreitende Geistesbildung nämlich ist die Vernunft erstarkt und selbständiger geworden, und infolgedessen wurde die Macht der äußeren Autorität in ihrem Einfluß auf die Gebildeten geringer und der religiöse Glaube schwächer. Und so ist an die Stelle der Autorität mehr und mehr die Vernunft, und an die Stelle des Glaubens das Wissen getreten. Das ist die Signatur der modernen Zeit.

Daher kommt es, daß, während früher es hieß: justus ex fide vivit, „der Gerechte lebt aus dem Glauben", es jetzt in gebildeten Kreisen als Grundsatz gilt: der Weise lebt aus der Vernunft. An die Stelle der religiösen Welt= und Lebensanschauung ist daher bei den modernen Kulturmenschen fast durchgängig die philosophische Welt= und Lebensanschauung getreten. Und wo dieses nicht der Fall ist, wo weder eine feste religiöse noch eine solide philosophische Welt= und Lebensanschauung vorhanden ist, da werden die Modernen in der Regel die Beute der

Zweifelsucht und verfallen dem geistigen und nicht selten dem moralischen Nihilismus.

Darum gewinnt jetzt die Philosophie um so größere Bedeutung und Wichtigkeit, weil sie für viele gewissermaßen einen Ersatz für die verlorene Religion oder den verlorenen Glauben bildet. Deshalb ist eine solide, allseitige, Verstand und Gemüt befriedigende Philosophie um so mehr gefordert. Und eine solche möchte dieses Buch geben und darum das Interesse vieler erwecken.

Möge daher dasselbe in recht zahlreiche Hände kommen! Ja, ich wünsche sogar lebhaft, daß kein wissenschaftlich Gebildeter es ungelesen und unerwogen lasse, da es die wichtigsten Probleme des menschlichen Geistes nicht in ein= seitiger, sondern vielseitiger, nicht in polemischer, sondern versöhnlicher, nicht in bloß negativer, sondern positiver, nicht in gewöhnlicher, sondern fast durchweg in originaler und darum, wie ich hoffe, anregender Weise behandelt. In ihm weht ein Geist, der mehr bejaht als verneint, der mehr versöhnt als entzweit.

Ich habe zwar diese Fragen großenteils schon in meinen früheren Werken erörtert; aber hier werden sie von einem neuen Gesichtspunkte aus besprochen, neu be= gründet, noch mehr geklärt und durch andere be= deutende Probleme vielfach ergänzt.

Man hat mich von verschiedener protestantisch und katholisch kompetenter Seite in den letzten Jahren wieder= holt in der Geschichte der neueren Philosophie als den selbständigsten und wissenschaftlichsten katho= lischen Philosophen der Gegenwart bezeichnet und mir be= sondere Anerkennung zuteil werden lassen. [1] Ich setze einen

---

[1] Siehe: O. Siebert, Abriß der Geschichte der Philosophie. Langensalza 1905. S. 242. — O. Siebert, Geschichte der neueren

Stolz hinein, auch in diesem Werk, ja in ihm noch viel mehr als in meinen bisherigen, dieser hohen Ehre mich möglichst würdig zu erweisen und hoffe, daß es mir gelungen ist. Insbesondere wird man darin finden, daß ich in demselben die Theorien und Anschauungen der übrigen Philosophen der Alt= und Neuzeit, die, soweit sie von geschichtlicher Bedeutung sind, fast alle hier zur Sprache kommen, mit der größten Objektivität und wissenschaftlichen Ruhe behandle, frei von jeder Gehässigkeit, jedem Fanatismus und jeder Leidenschaftlichkeit, indem ich von Herzen gern jedem volle Gerechtigkeit und Hochachtung angedeihen lasse. Darum glaube ich aber auch mit Recht erwarten zu dürfen, daß man bei der Beurteilung dieses Buches auch mir mit ähnlicher humaner Gesinnung und Behandlung entgegenkommen werde.

Mein bisheriges Hauptwerk war „Der Triumph der christlichen Philosophie" (1900); das vorliegende Buch aber steht über ihm, indem es dasselbe vielfach ergänzt und durch neue Gedanken und Theorien überragt. Es bildet daher unter allen meinen Werken die Krone. Mit demselben habe ich auch das Versprechen gehalten, das ich in meinem letzten Buch „Goethes Lebens= und Charakterbild" gegeben habe.

deutschen Philosophie seit Hegel. 2. Aufl. Göttingen 1905. S. 278, 281 ff. — Ueberweg=Heinze, Grundriß der Geschichte der Philosophie. 8. Aufl. 1897. III. Teil. Bd. III. S. 193. 9. Aufl. 1903. — Ludwig Günther, Die philosophische Literatur der deutschen Katholiken i. J. 1904 in „Natur und Offenbarung". Münster, Westf. 1905. Heft 2, S. 113.

Einleitung.

Begriff, Aufgabe und Zweck der Philosophie.

Schon an der Tempelpforte zur Philosophie begegnen uns zwei entgegengesetzte extreme Ansichten über ihr Wesen und ihre Aufgabe: die einen nämlich fassen ihre Aufgabe sehr weit, die anderen sehr enge. Zu den ersteren gehörten vor allem die alten Griechen, die Väter und ersten klassischen Pfleger der Philosophie. Ihnen galt dieselbe geradezu als die Wissenschaft überhaupt, als die Gesamtwissenschaft. Selbst die Mathematik wurde von ihnen nicht als eine selbständige Disziplin betrachtet, indem sie Plato zu einer Vorstufe, ja zu einem Teil der Philosophie machte. Aber auch noch später wurde der Bereich der Philosophie mitunter sehr weit gefaßt: so im 18. und anfangs des 19. Jahrhunderts, besonders von manchen Engländern, welche alles mögliche erfahrungsmäßige Wissen als Philosophie bezeichneten, worüber einst Hegel mit Recht spottete. Auch der in der neuesten Zeit von F. Paulsen aufgestellte Begriff der Philosophie als „Inbegriff aller wissenschaftlichen Erkenntnis" [1] ist unstreitig zu weit.

---

[1] F. Paulsen, Einleitung in die Philosophie. 4. Aufl. Berlin 1896.

Andere dagegen ziehen der Philosophie sehr enge Grenzen, und zwar geschieht dies vornehmlich in der neueren Zeit, indem sie die Philosophie zu einer einfachen Spezialwissen= schaft machen wollen: bald beschränken sie dieselbe auf die Erkenntnistheorie, bald auf die Psychologie, bald auf die Wissenschaft des Geistes, im Gegensatz zur Naturwissenschaft. Und was bestimmt sie dazu?

Einerseits das gegenwärtige bedeutende Überwiegen der Erfahrungswissenschaften, und anderseits die vielfach herrschende Verachtung und das daraus erfolgte Preisgeben der Metaphysik. Ja, die Metaphysikscheu ist im 19. Jahr= hundert geradezu zu einer epidemischen philosophischen Mode= krankheit geworden, an der viele heute noch laborieren. —

Was ist nun von diesen beiden einander widerstreiten= den Ansichten über die Aufgabe der Philosophie zu halten?

Sie erscheinen mir beide nicht befriedigend, indem die einen die Sache zu weit, die anderen zu eng fassen. Zwar haben die ersteren, die alten Griechen, recht, wenn sie die Philosophie als Universal= oder Allgemeinwissenschaft be= trachteten, denn das ist sie insofern, als sie nicht, wie die Einzelwissenschaften, nur besondere Kreise der Wirklich= keit erforscht, sondern auf das Ganze der Dinge blickt; aber sie ist es nicht in dem Sinne, daß sie alle Wissen= schaften in sich vereinigt. Das war wohl einst zur Zeit des Hellenentums möglich, als die Einzelwissenschaften sich noch nicht entwickelt hatten, sondern noch embryonal im Mutterschoße der Philosophie enthalten waren, aber bei dem gegenwärtig außerordentlich reich entwickelten Stande der Einzelwissenschaften ist das nicht mehr möglich, indem heut= zutage kein einzelner Mensch mehr, auch selbst nicht der genialste und universalste Geist, imstande ist, alle Wissen= schaften zu beherrschen. Deshalb muß in der neueren Zeit

die Philosophie sich notwendig eine Beschränkung auf=
erlegen.

Aber diese Beschränkung darf nicht zu weit getrieben
werden, wie es in unseren Tagen diejenigen tun, welche
die Philosophie zu einer Spezialwissenschaft degradieren.
Wohl tun sie das aus einem schätzenswerten wissenschaft=
lichen Interesse. Sie möchten nämlich der Philosophie, gegen=
über den Erfahrungswissenschaften, auch einen von diesen
anerkannten wissenschaftlichen Charakter geben und machen
sie deshalb gleichfalls zu einer einzelnen Erfahrungswissen=
schaft, wobei sie meinen, es müsse darum die Metaphysik,
die bisher als die Hauptsache der Philosophie gegolten hat,
und überhaupt alles, was nicht durch die Erfahrung oder
Beobachtung nachgewiesen werden könne, fallen gelassen
werden.

Allein so anerkennenswert auch diese Absicht ist, so
geht sie doch meines Erachtens in ihrer Folgerung zu weit.
Es kommt hier hauptsächlich auf die Auffassung dessen an,
was man unter der Metaphysik versteht. Begreift man
darunter die rein aprioristischen, von aller Erfahrung ab=
sehenden Spekulationen oder Gedankenkonstruktionen à la
Fichte, Schelling und Hegel, so ist freilich eine solche
Metaphysik heutzutage unhaltbar. Aber das ist nur eine
mißlungene Abart der Metaphysik, nicht die wahre und echte.

Die letztere, die wahre und echte Metaphysik ist auch
im Grunde eine Erfahrungswissenschaft, wenn auch keine
unmittelbare, so doch eine mittelbare[1]). Denn sie stützt sich
durchgängig auf die Erfahrung und macht aus derselben
dem Kausalitätsgesetze gemäß ihre logischen Schlüsse.

---

[1]) O. Külpe nennt sie deshalb „eine induktive, aus den
übrigen Wissenschaften hervorwachsende, sie ergänzende Metaphysik".
Einleitung in die Philosophie. 2. Aufl. Leipzig 1898. S. 25.

Diese sind nur so weit gültig, als die Erfahrungstatsachen dazu berechtigen, gewissermaßen logisch dazu zwingen. Freilich stände das Metaphysische mit dem Physischen — dieses Wort im allgemeinsten Sinne genommen — d. h. mit dem UnmittelbarWahrnehmbaren in keiner realen, kausalen Beziehung, dann könnte man keine gültigen Schlüsse aus diesem auf jenes ziehen. Indem wir aber unter dem Metaphysischen nur das dem Physischen ursprünglich zugrunde liegende, es prinzipiell bedingende und in und mit demselben perzipierte Sein verstehen, so ist das Metaphysische uns durch das Physische zugänglich, und es kann mit Recht von dem letzteren auf das erstere geschlossen werden. Deshalb kann auch die Metaphysik einen wissenschaftlichen Charakter erhalten, wenn man sie nur richtig auffaßt und behandelt. Darauf kommt es an.

Denn auch in der Frage der Metaphysik gibt es zwei gegensätzliche Auffassungen: die einen meinen, die metaphysische Philosophie sei keine Wissenschaft, sondern nur ein Glauben. So behauptet z. B. Erich Adikes: „Metaphysik ist keine Wissenschaft und kann es nie werden"[1]).

Andere dagegen behaupten, sie sei eine Wissenschaft. Die ersteren betrachten sie nur als einen Glauben, weil man das Metaphysische nicht sehen und überhaupt nicht mit den Sinnen wahrnehmen könne. Aber wenn dieser Grund berechtigt wäre, dann müßte man auch den erklärenden Naturwissenschaften den wissenschaftlichen Charakter absprechen; denn auch bei diesen sieht man die Hauptsachen von dem, was sie lehren, nicht: wie die Atome und ihre Kräfte, die Atombewegungen und Lagerungen, den Äther und die

---

[1]) E. Adikes in seiner Abhandlung „Wissen und Glauben" in der Deutschen Rundschau. Bd. 94 (1898) S. 86 ff.

Naturgesetze. All das wird nur auf Grund des Erfahrungs=
mäßigen durch die Vernunft erschlossen. Und ebenso ist es
bei der richtigen Metaphysik. Dieselbe ist deshalb ebenso=
wenig ein bloßer Glaube als die erklärende Naturwissenschaft.

Aber sie ist auch keine Wissenschaft im gewöhnlichen
Sinne des Wortes, d. h. keine p u r e Erfahrungswissenschaft;
denn sie bietet uns vor allem kein anschauliches, sondern
nur ein abstraktes Wissen, weshalb H e g e l von ihr sagt,
daß sie „Grau in Grau male“ [1]). Ferner gibt sie nicht
immer ein ganz sicheres Wissen, wie die unmittelbaren
exakten Erfahrungswissenschaften in ihrem Bereiche, sondern
es herrscht auf dem philosophischen Gebiet eine gewisse
Freiheit und Beweglichkeit des Gedankens. „Die Philo=
sophie ist und bleibt immer bereit, ihre Sätze auf gute
Gründe hin zu berichtigen und besserer Einsicht zu weichen.
Diese Freiheit, dieses allzeit und überall offene Ohr ist ihr
Ruhm und ihre Ehre. Freilich, eben damit ist gegeben,
was ihre Schwäche ist, daß sie etwas Hypothetisches behält,
niemals den Charakter einer menschlichen Meinung verliert
und niemals zur vollen inneren Gewißheit führt [2]).“

Daher auch die W a n d e l b a r k e i t der philo=
sophischen Systeme, die man der Philosophie so oft
zum Vorwurf macht. Aber nicht ganz mit Recht. Denn
Wandelbarkeit zeigen auch die übrigen Wissenschaften: die
Theologie, die Jurisprudenz, die Geschichtsauffassungen, die
Medizin und auch die Naturwissenschaften. Ja, auf allen
menschlichen Wissensgebieten begegnet uns im Laufe der

---

[1]) H e g e l, Grundlinien der Philosophie des Rechts. Werke
VIII, 20.

[2]) J. K a f t a n, Das Christentum und die Philosophie. Leipzig
1895. S. 25. Vgl. Th. Z i e g l e r, Glauben und Wissen. Rektorats=
rede. Straßburg 1899.

Zeit ein Wechsel von Ansichten und Theorien. Und dem=
gemäß natürlich auch in der Philosophie. Denn das liegt
in der Natur des menschlichen Geistes, der einerseits mehr
oder weniger beschränkt, anderseits aber zugleich außer=
ordentlich entwicklungsfähig und fortstrebend ist.

Aber trotz dieses Wechsels in den philosophischen Systemen,
ist dennoch die Philosophie keine Penelope, welche am Tage
webt und in der Nacht das Gewobene wieder auftrennt.
Und ihre Geschichte gleicht nur scheinbar einem Leichenfelde,
das nichts als Tote birgt, sondern sie gleicht vielmehr „einem
alten ehrwürdigen Tempel, an dem jahrhundertelang viele
Generationen in verschiedenen Stilarten gebaut haben, dessen
äußere Teile zwar vielfach verwittert und unkenntlich ge=
worden sind, in dessen Innerem aber der Geist der Wahr=
heit uns entgegen weht und ein geheimnisvoller Plan sich
offenbart, nach welchem die großen Meister den stolzen Bau
allmählich errichtet haben“ [1]).

Denn bei näherer Untersuchung findet sich, wie wir im
folgenden sehen werden, bei allem Wechsel der Philosopheme
dennoch überall etwas Bleibendes und Fortlebendes, in der
Erscheinungen Flucht feste Wahrheitspunkte. Ja, wenn
auch die verschiedenen Philosophien vergehen, die
Philosophie selbst, d. h. ihr Wesen, bleibt [2]). Es bleibt,
solange es noch höherstrebende Geister gibt, ein Gedanke,
den schon Schiller in dem bekannten Epigramm ausdrückte:

„Welche wohl bleibt von allen den Philosophien? Ich weiß nicht,
Aber die Philosophie, hoff ich, soll ewig bestehen.“

---

[1]) G. Spicker, Der Kampf zweier Weltanschauungen. Stutt=
gart 1898. S. 17.

[2]) Es ist hier ähnlich wie mit der Religion. Man spricht von
Religion und Religionen; die verschiedenen Religionsformen wechseln,
aber die Religion bleibt.

Damit wollte er sagen: wenn auch die jeweiligen Er-
scheinungsformen der Philosophie sich ändern, so bleibt
doch stets unveränderlich ihr Wesen[1]).

Worin besteht nun dieses ihr Wesen und damit ihre
Hauptaufgabe?

Am kürzesten und prägnantesten wird die Philosophie
definiert als das wissenschaftliche Streben nach
Weisheit. Das ist ihre Wort= und Sachbedeutung zugleich. Indem sie als ein Streben bezeichnet wird, so ist
damit angedeutet, daß die Philosophie oder ihr Ziel, die
Weisheit, etwas ist, das uns nicht fix und fertig gegeben
werden kann, sondern erst allmählich errungen werden soll.
Der allgemeine Gegenstand der Philosophie, die Weisheit,
ist also für uns ein Ideal, nach dem wir streben, dem wir
uns mehr und mehr nähern, wenn wir es auch nicht ganz
erreichen.

Und indem dieses Streben als wissenschaftlich näher
bestimmt wird, so ist damit gesagt, daß nicht jegliches
Streben nach Weisheit schon Philosophie ist — gibt es doch
auch ein populäres und religiöses Weisheitsstreben —, sondern
nur das methodische und systematische, nicht auf
Meinen und Glauben, sondern auf Vernunfteinsicht
beruhende Weisheitsstreben gilt als Philosophie.

Es fragt sich nun: was ist die Weisheit, die als der
Gegenstand und das Ziel der Philosophie betrachtet wird?
Was meint man doch, wenn man jemand einen Weisen
nennt? Versteht man etwa darunter einen Mann mit vielen
wissenschaftlichen Kenntnissen? Nein, denn einen solchen
nennt man einen Gelehrten, aber nicht einen Weisen. Ge-

---

[1]) Man spricht deshalb von einer philosophia perennis. Vgl.
C. Güttler, Wissen und Glauben. 2. Aufl. 1904. S. 198.

lehrt und weise sein ist also nicht dasselbe. Es kann einer sogar ein sehr großer Gelehrter und doch kein Weiser sein.

Unter einem Weisen versteht man vielmehr durchgängig einen Menschen, der in seinen Urteilen nicht an der Ober= fläche der Dinge und Verhältnisse hängen bleibt, sondern ihnen auf den Grund zu gehen sucht, ihren tieferen ur= sächlichen Zusammenhang erfaßt und demgemäß auch im praktischen Leben immer vernünftig verfährt. Der Weise bleibt also bei der Betrachtung der Dinge nicht gleichsam bei deren Fassade stehen, sondern dringt tiefer in sie ein und sucht sie womöglich auf ihren letzten, oder besser gesagt, ersten Grund zurückzuführen. Der Weise begnügt sich daher auch nicht mit dem Einzelnen, sondern geht auf das Ganze; er hängt nicht am Vorübergehenden und Un= bedeutenden, sondern er will das Beständige, das Wert= volle, das Wesentliche erfassen[1]).

Daraus nun ergibt sich leicht der wahre Begriff der Philosophie oder ihre spezifischen Eigentümlichkeiten, die ihr besonderes Wesen zum Unterschiede von den übrigen Wissen= schaften ausmachen. Ist nämlich die Philosophie, wie ihre Wortbedeutung sagt, die Liebe oder das wissenschaftliche Streben nach Weisheit, und verfährt der Weise wirklich in der oben angegebenen Art, dann muß die Philosophie auf die tieferen, die letzten, beziehungsweise ersten Gründe der Dinge gerichtet sein: kurz, sie muß Grund= oder Prin= zipienwissenschaft sein. Als solche fragt sie nach dem Grundwesen, den Grundgesetzen und der Grund= ursache der Welt. Ob wir das auch zu erkennen ver= mögen, ist hier nicht zu erörtern, aber wir werden es im folgenden durch die Tat zeigen.

---

[1]) Vgl. mein Werk: Triumph der christlichen Philosophie. Mainz, Kirchheim 1900. S. 3.

Ferner, nach dem oben geschilderten Verfahren des Weisen, muß die Philosophie als die Weisheitslehre ihren Blick auf das Wesentliche der Dinge richten, d. h. auf deren Hauptsache, oder auf das, worin sie miteinander übereinstimmen. Eben dadurch unterscheidet sich der philosophische Denker von dem gewöhnlichen Forscher, daß er nicht nur gründlich, sondern auch wesentlich denkt, d. h. überall den Kern der Sachen und der Verhältnisse erfaßt. Die Philosophie ist sonach nicht bloß Grund-, sondern auch Wesenswissenschaft.

Als eine dritte spezifische Eigentümlichkeit der Philosophie ergibt sich sodann aus dem oben gekennzeichneten Verfahren des Weisen, daß sie nicht, wie die Einzelwissenschaften, nur besondere Kreise der Wirklichkeit erforscht, sondern auf das Ganze derselben gerichtet ist, weshalb sie die Allgemeinwissenschaft heißt und als solche eine „Weltanschauung" bietet. Darum wird sie auch „Weltweisheit" genannt.

Hiermit haben wir die drei spezifischen Haupteigenschaften der Philosophie hervorgehoben: sie ist die Grund- oder Prinzipienwissenschaft, die Wesenswissenschaft und die Allgemeinwissenschaft [1]).

---

[1]) In diesem Sinne hat man die Aufgabe der Philosophie schon von Anfang an in der Antike, durch das ganze Mittelalter hindurch bis in die Neuzeit aufgefaßt, und diejenigen, welche aus der Philosophie eine bloße empirische Spezialwissenschaft machen möchten, entkleiden sie ihres wesentlichen Charakters und hören darum auf, Philosophen zu sein.

Die Frage, ob die Philosophie eine empirische oder überempirische, d. h. metaphysische Wissenschaft sei, löst sich nach meiner Auffassung folgendermaßen: in ihren Grundlagen ist sie empirisch und umfaßt verschiedene Einzelwissenschaften: wie Logik, Erkenntnistheorie, Psychologie, Ästhetik, Ethik, Religionsphilosophie, Geschichtsphilosophie usw.;

Doch damit ist die Natur und Aufgabe der Philosophie noch nicht erschöpft. Das ist nur ihre eine Seite: die theoretische. Als Weisheitswissenschaft hat sie aber noch eine zweite Seite: eine praktische. Denn weise sein heißt nicht nur gründlich und vernünftig denken, sondern auch wahrhaft vernünftig handeln und sein Leben vernünftig gestalten. Auch dadurch unterscheidet sich der bloße Gelehrte von dem Philosophen oder dem Weisen: der Gelehrte ist als solcher ein bloßer Theoretiker, der Philosoph aber soll Theoretiker und Praktiker zugleich sein. Der bloß theoretische Philosoph ist daher nur ein halber und darum kein echter Philosoph. Die Philosophie soll uns nicht nur die kostbarsten Früchte vom Baume der Erkenntnis, sondern auch vom Baume des Lebens bieten; sie soll nicht nur Weltweisheit, sondern auch Lebensweisheit sein.

Und wenn sie das wirklich ist, dann ist sie für uns eine begehrenswerte Beatrice, die uns zum wahren Glücke führt. Und das ist ihr höchster Zweck. Dahin geht ja im Grunde alles Streben der Menschen. Denn alle ohne Ausnahme möchten glücklich sein. Dieses Streben ist der tiefste und stärkste Trieb unserer Natur, das oberste Ziel eines jeden, direkt oder indirekt. Zur Erreichung dieses Zieles schlagen die Menschen sehr verschiedene Wege ein. Aber nicht alle führen zum Ziel, wie die Erfahrung lehrt, sondern nur diejenigen, welche dem echten Wesen unserer Natur entsprechen und deren Hauptbedürfnisse wirklich und

---

aber in ihrer Höhe gipfelt sie in einer überempirischen, alles Sein umfassenden und darum allgemeinen Wissenschaft: in der Metaphysik. So lassen sich also beide scheinbar einander ausschließende Standpunkte: der empirische und der metaphysische recht wohl miteinander vereinigen.

dauernd befriedigen. Und diese Wege soll uns die Philo=
sophie lehren.

Die beste Philosophie ist daher diejenige, welche
uns am meisten weise, gut und glücklich macht, die schlechteste
Philosophie dagegen jene, welche das Gegenteil tut. Die
beste Philosophie ist ferner die, welche auf den solidesten
Gründen ruht, welche nicht einseitig, sondern allseitig ist und
deshalb über den Parteien steht — die universale
Philosophie. Die beste Philosophie lehrt uns, möglichst die
Welt verstehen, uns selbst verstehen und auch das Ver=
stehen verstehen.

Demgemäß gliedert sich dieses Buch, das diese Philo=
sophie möglichst anstrebt, in drei Teile: der erste behandelt
das Erkenntnis=Problem oder das Verstehen=Verstehen;
der zweite das Welt=Problem oder das Welt=Verstehen
und der dritte das Menschen=Problem oder das Sichselbst=
Verstehen und dementsprechende Handeln.

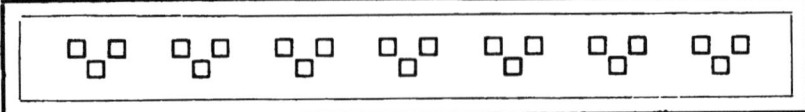

Erster Teil.

Das Erkenntnisproblem.

I. Begriff und Zweck der Erkenntnis.

Erkenntnis ist die denkende Erfassung eines Gegenstandes. Dieser Gegenstand kann entweder bloß vorgestellt und gedacht sein, oder er kann auch wirklich existieren. Im ersteren Falle ist er ein bloßes Gedankending, etwas rein Ideelles, wie z. B. die Gegenstände der Mathematik, die als Geometrie es mit bloß vorgestellten oder gedachten Raumgrößen und deren gesetzlichen Beziehungen, und als Arithmetik es mit bloßen Zahlen und deren Verhältnissen zu tun hat, die in der Wirklichkeit als solche nicht existieren.

Im zweiten Falle ist der Gegenstand der Erkenntnis etwas Reelles, das unabhängig von unserem Vorstellen und Denken besteht. Im ersten Falle spricht man von einer Idealerkenntnis und im zweiten von einer Realerkenntnis.

Dem Inhalte nach soll die Erkenntnis wahr und der Form nach gewiß sein; denn die erkennende Vernunft strebt von Natur nach Wahrheit und Gewißheit.

Es fragt sich nun zunächst: was ist Wahrheit? Dieses Wort kann man im logischen und im ontologischen Sinne nehmen. Die Wahrheit im logischen Sinne besteht in der Übereinstimmung des Inhaltes eines Urteils mit dem beurteilten Sachverhalt. Im ontologischen Sinne versteht man darunter das wirkliche Sein selbst. So z. B. wenn es heißt: „Gott ist die Wahrheit." Hier ist das Wort Wahrheit im ontologischen Sinne genommen; denn es bedeutet hier so viel als das Sein.

Die logischen Wahrheiten kann man wieder, je nach ihrem Geltungsbereiche, einteilen in allgemeinste, allgemeine, besondere und individuelle Wahrheiten. Die allgemeinsten Wahrheiten sind jene Urteile, welche für alle Wesen gelten, wie z. B. die Universalgesetze alles Seienden, die ich noch im folgenden erörtern werde. Die allgemeinen Wahrheiten sind jene, die für einen großen Komplex von Dingen gelten, z. B. die Naturgesetze, besondere Wahrheiten jene, die nur für einzelne Gebiete gelten, und individuelle jene, die nur für ein einzelnes Individuum Gültigkeit besitzen. So z. B. wenn ich sage: ich empfinde jetzt Freude über meine Auffindung der Universalgesetze alles Seienden. Dies ist eine individuelle Wahrheit; denn sie gilt hic et nunc nur von mir und von keinem anderen. Solche individuelle Urteile sind nicht minder wahr als die allgemeinen und ebenso sehr berechtigt wie das sie fällende Individuum selbst, das von Natur aus existiert und berechtigt ist. Ja, man kann sogar mit vollem Grunde behaupten, es gibt nicht einmal zwei Menschen in der Welt, die in allen Beziehungen ganz gleiche Ansichten haben, so wenig als es zwei Menschen gibt, die im Körper gleich sind. Der Grund hierfür liegt in der durchgehenden Individualisation oder in der eigenartigen Beschaffenheit, die sich auf das ganze Sein des

Menschen erstreckt. Infolgedessen herrscht, ähnlich wie in der äußeren Natur, auch in der Menschheit nicht nur auf dem körperlichen, sondern auch auf dem intellektuellen Gebiete die größte Mannigfaltigkeit, und daraus erblüht reiches geistiges Leben.

Was nun die Kriterien oder Kennzeichen der Wahrheit bezw. der Unwahrheit betrifft, so wurden bisher sowohl negative als positive aufgestellt. Ein solch negatives Kennzeichen ist die Unvorstellbarkeit einer Sache. Es meinen nämlich viele, was sie sich nicht anschaulich vorstellen können, das sei nicht wahr, infolgedessen sie gar vieles leugnen, was andere für wahr halten. Diese Ansicht ist jedoch irrig. Denn alles Seelische können wir uns nicht anschaulich vorstellen, aber trotzdem existiert es sicher, wenigstens so sicher als das Sinnlichanschauliche oder Körperliche. Also kommt es nicht auf die anschauliche Vorstellbarkeit einer Sache an, um zu entscheiden, ob sie existiert oder nicht.

Andere halten die Denkbarkeit oder die Denkmöglichkeit für ein Kennzeichen der Wahrheit.

Auch diese Ansicht ist nicht ganz, sondern nur teilweise richtig. Denn wir können uns gar vieles denken, ohne daß es wirklich oder wahr ist. Allerdings muß das Wahre denkbar sein, d. h. es darf unseren Denkgesetzen nicht widersprechen, wenn wir es als wahr erkennen wollen. Aber darum ist es noch nicht wirklich. Die Denkbarkeit ist nur ein Kriterium der logischen Möglichkeit, wie der Denkwiderspruch ein Kriterium der logischen Unmöglichkeit ist. Was mit unseren Denkgesetzen übereinstimmt, ist logisch möglich, aber darum noch nicht wirklich; was mit ihnen in Widerspruch steht, ist logisch unmöglich, und das können

wir auch nicht als wahr anerkennen, weil wir im Denken
an unsere Denkgesetze gebunden sind.

Es gibt für uns nur ein positives Kennzeichen der
realen Wahrheit, und das ist die Denknotwendigkeit.
Denn was sich derart unserem Denken, sei es unmittelbar
oder mittelbar, aufdrängt, daß wir es annehmen müssen,
das ist für uns wahr und zugleich gewiß.

Was nun die Gewißheit — das zweite Element der
Erkenntnis — betrifft, so gab es bisher zwei entgegengesetzte extreme Ansichten: den **entschiedenen Skeptizismus** und den **entschiedenen Dogmatismus.**

Der erstere behauptet, daß wir nichts mit Gewißheit
erkennen können, da nichts für uns sicher sei. Er erhebt
also den absoluten Zweifel auf den Thron. So lehrte schon
der Vater des Skeptizismus, Pyrrho aus Elis, ein Zeit-
genosse Alexanders des Großen, daß es am besten sei, auf
alles Wissen zu verzichten, da wir es doch nicht erreichen
könnten. Die Skeptiker sind die Pessimisten des Kopfes, zum
Unterschied von den Pessimisten des Herzens.

Der entgegengesetzte Standpunkt ist der entschiedene
Dogmatismus, den in der neuen Zeit insbesondere Hegel
vertrat, der da lehrte, daß man von der menschlichen Vernunft nicht hoch genug denken könne, und der deshalb dem
philosophischen Denken sogar die Fähigkeit des absoluten
Wissens zuschrieb.

Was ist nun von diesen beiden einander widersprechenden erkenntnistheoretischen Ansichten zu halten?

Ich erwidere: beide enthalten wohl etwas Wahres,
aber sie sind in der Hauptsache verfehlt. Richtig ist —
das muß man dem Skeptizismus zugeben — daß der menschliche Geist vieles für wahr und gewiß annimmt, was es
bei näherer Prüfung nicht ist, und daß man darum demselben

nicht so ohne weiteres trauen darf, wenn man nicht leicht in Irrtum fallen will. Aber verkehrt ist es, daß der Skeptizismus alle Gewißheit leugnet; denn indem er das tut, hebt er sein eigenes Prinzip und damit sich selbst auf. Wieso? Indem er nämlich alle Gewißheit im menschlichen Erkennen in Abrede stellt, stellt er selbst mit Gewißheit einen allgemeinen Grundsatz auf und widerspricht so seiner eigenen Lehre, daß wir nichts mit Gewißheit erkennen können. Der extreme Skeptizismus ist sonach prinzipiell unhaltbar. Er ist ein wissenschaftlich unmöglicher Stand= punkt, da er nicht imstande ist, sich mit Gründen zu recht= fertigen, und sobald er dieses tut, sich selbst den Garaus macht.

Was sodann den entgegengesetzten Dogmatismus an= langt, so ist es wohl berechtigt, die menschliche Vernunft und deren Produkt, die Wissenschaft, sehr hoch zu schätzen, zumal in der neueren Zeit, wo der Menschengeist so groß= artige Entdeckungen und Errungenschaften auf verschiedenen Gebieten gemacht hat, wovon die Altzeit freilich noch keine Ahnung hatte. Aber verfehlt ist es, der menschlichen Ver= nunft zu viel zu vertrauen und ihr die Möglichkeit des absoluten Wissens zu vindizieren. Denn wie wir im Sein endliche, beschränkte Wesen sind, so sind wir es auch im Erkennen und werden deshalb nie die ganze unendliche Fülle der Wahrheit geistig erfassen, folglich nie zum ab= soluten Wissen gelangen, das nur dem absoluten Geiste zu= kommt. Die Wahrheit liegt also auch hier, wie sonst, in der Mitte von den beiden in Rede stehenden extremen Stand= punkten, und diese Mitte möchte ich den **Kritizismus** nennen[1]).

---

[1]) Hierunter ist aber nicht der spezifische Kritizismus Kants zu verstehen, sondern das Wort ist hier in seiner allgemeinen Bedeutung zu nehmen.

Derselbe besteht darin, daß wir unserer Vernunft weder zu wenig — wie der Skeptizismus — noch zu viel zutrauen, wie der Dogmatismus es tut, sondern bevor wir in der Wissenschaft, speziell in der Philosophie, etwas als wahr und gewiß annehmen, es nach den negativen und positiven Wahrheitskriterien genau prüfen, ob es auch wirklich begründet ist. Dieser Kritizismus hat einen geflügelten Ausdruck in dem apostolischen Wort gefunden: „Prüfet alles und behaltet das Beste!", d. h. das wahrhaft Begründete. Darum darf man in der Wissenschaft möglichst wenig als wahr voraussetzen. Man stellt daher die Forderung auf, die Wissenschaft müsse voraussetzungslos sein.

Über diesen Punkt wurde besonders in den letzten Jahren viel gestritten, indem sich auch in dieser Hinsicht zwei Parteien gegenüberstanden. Die einen sprachen entschieden für, die anderen gegen die proklamierte Voraussetzungslosigkeit der Wissenschaft. Wer hat nun recht? Ich sage: sie haben beide recht und beide unrecht. Inwiefern? Unrecht haben sie, wenn sie ihre Behauptungen im absoluten Sinne stellen; recht haben beide, wenn man sie relativ nimmt. Die Wahrheit liegt also auch hier in der verbindenden Mitte. Eine absolute, d. h. eine vollständige Voraussetzungslosigkeit der Wissenschaft gibt es nicht, hat es nicht gegeben und wird es nicht geben; denn jede Wissenschaft muß wenigstens die Gültigkeit der logischen Grundgesetze und die Möglichkeit der Erkenntnis seitens des Menschen voraussetzen. Sonst kann keiner auch nur einen Schritt machen. Aber richtig ist es, daß jede Wissenschaft darauf sehen muß, so wenig als möglich vorauszusetzen, wenn sie nicht Gefahr laufen will, Irrlichtern nachzugehen. Darum muß die berechtigte Forderung heißen: die Wissenschaft muß möglichst voraussetzungslos sein. Denn wie

vieles wurde schon und wird in der Wissenschaft, besonders
in der Philosophie, einfach frischweg behauptet und daraus
schwerwiegende Folgerungen gezogen, ohne auch nur einen
Schatten von Beweis für die Wahrheit des Behaupteten
vorzubringen. In dieser Beziehung war z. B. Nietzsche
ein Großmeister, der sogar den Grundsatz aussprach: „Eine
Behauptung wirkt stärker als ein Argument, wenigstens
bei der Mehrzahl der Menschen; denn das Argument weckt
Mißtrauen" [1]. Das mag bei den ungebildeten Massen zu-
treffen: da kann man oft frischweg alles Mögliche behaupten, wenn es nur ihren Instinkten und Wünschen entspricht, ohne daß Beweise gefordert werden. Aber bei den
Gebildeten und insbesondere in der Wissenschaft gilt eine
bloße Behauptung so lange wenig oder nichts, als sie nicht
begründet wird, vorausgesetzt, daß sie nicht etwas Selbstverständliches enthält.

Ja, sogar bei den selbstverständlichen Wahrheiten ist
Vorsicht notwendig. Denn nicht selten hält einer etwas für
selbstverständlich, was es gar nicht ist, da auch nur ein-
gelebte Denkgewohnheiten wegen ihrer Geläufigkeit allmählich von vielen als etwas Selbstverständliches betrachtet
werden. So war und ist es z. B. bei den meisten neueren
Philosophen rücksichtlich des erkenntnistheoretischen Idealismus, von dem ich noch sprechen werde. Diese haben sich
mit der Zeit in diese Ansicht so sehr hineingelebt, daß sie
dieselbe schließlich für ganz selbstverständlich halten. Einen
evidenten Beleg hierfür liefert z. B. der Philosoph J. Volkelt,
indem er sagt: „So fest auch der naive Mensch in dem
Glauben leben mag, die transsubjektiven Dinge als solche
vorzustellen, so bewegt er sich doch immer nur in seinen

---

[1] F. Nietzsche, Werke III, 146.

Bewußtseinsprozessen, die er instinktiv auf die Dinge als solche deutet. Nach Locke, Berkeley, Hume, Kant, Schopenhauer[1]) sollte es nicht mehr nötig sein, auf das Aussprechen dieser selbstverständlichen Wahrheit besondere Mühe zu verwenden"[2]). Demnach hält Volkelt die Ansicht, daß die Gegenstände der äußeren Wahrnehmung an sich nur subjektive Vorstellungen unseres Bewußtseins seien, für eine ganz „selbstverständliche Wahrheit". Aber wie kommt es doch, daß weitaus die meisten Menschen, ja fast alle, mit Ausnahme des verhältnismäßig kleinen Häufleins von Idealisten, diese „selbstverständliche Wahrheit" durchaus nicht einsehen, sondern von dem geraden Gegenteil fest überzeugt sind? Antwort: es ist das einfach gar keine selbstverständliche Wahrheit, sondern nur eine subjektive Denkgewohnheit von manchen Philosophen, welche, wie ich später klar zeigen werde, auf einem falschen Schluß oder auf einer unberechtigten Vermischung beruht. Viele meinen, recht kritisch zu verfahren, tun es aber in der Tat nicht, indem sie nicht genau unterscheiden, sondern das Verschiedene als identisch betrachten und behandeln. Darum haben schon die Alten mit vollem Recht gesagt: Qui bene distinguit, bene docet. Ja, auf dem genauen Unterscheiden des Verschiedenen beruht wesentlich der echte Kritizismus[3]).

---

[1]) Vgl. auch Otto Liebmann, Kant und die Epigonen. Stuttgart 1865. S. 43. — Zur Analysis der Wirklichkeit. 2. Aufl. Straßburg 1880. S. 28, 38. — Ebenso J. J. Baumann, Philosophie als Orientierung über die Welt. S. 75 ff.

[2]) J. Volkelt, Erfahrung und Denken. Hamburg und Leipzig 1886. S. 59f.

[3]) Dieser echte Kritizismus fehlt nicht selten, auch selbst bei solchen, die sich das Kritisieren anderer zum besonderen Beruf erkoren haben: ich meine, bei gar manchen Rezensenten, welche sich aber trotzdem auf

Auch bei der Beantwortung der Frage nach dem Zweck
der Erkenntnis wurden zwei entgegengesetzte Ansichten geltend

---

den hohen Richterstuhl setzen und gleichsam ex cathedra sprechen, obschon sie selbst oft noch gar nichts oder nur weniges in der Literatur
geleistet haben. Dieselben sind oft mehr Kritikaster als Kritiker; sie
erfassen nicht das Wesentliche, den Kern, das Spezifische eines Buches,
nicht einmal die besondere Aufgabe, die sich der Autor darin gesetzt
hat, und werden deshalb in ihrem Urteile schief und ungerecht.

So hat z. B. E. Traumann (Heidelberg) bei der Beurteilung
meines letzten Buches über Goethe in der „Frankfurter Zeitung"
(5. Nov. 1905) nicht einmal zwischen der Charakteristik der Persönlichkeit und der ihrer einzelnen Werke zu unterscheiden ver-
mocht, obschon in meiner betreffenden Schrift doch alles darauf hinweist, daß ich nicht die letzteren, sondern die erstere besprechen wollte.
Und was seine Bemerkung betrifft, daß ich nicht wissenschaftlich verfahren habe, weil ich zwei Zitate nicht aus der ersten, sondern aus
zweiter Quelle genommen, so ist das einfach lächerlich; denn die Hauptsache ist doch, daß die Zitate wahr sind, und daß sind sie in meinem
Falle. — Ebenso lächerlich ist beispielsweise auch die weitere kritische
Äußerung Traumanns: „Wie tiefgründig sind seine Bemerkungen
über Goethes Verhältnis zu Spinoza: Er (Goethe) war für Spinoza
nur deshalb eingenommen, weil er auf sein Gemüt einen heilsamen
Einfluß übte." Als ob die einfache Konstatierung dieser Tatsache
etwas „Tiefgründiges" sein sollte! Wahrlich, eine derartige Kritik ist
weder tiefgründig noch tiefsinnig, sondern unsinnig! — Ja, sie ist
noch mehr: sie ist geradezu unmoralisch, da sie absichtlich das Urteil
der Leser über einen Verfasser irrezuführen sucht. Wieso? Denn
hätte der Rezensent meinen oben zitierten Satz in seiner Besprechung
nicht in der Mitte abgebrochen, sondern, wie es seine Schuldig-
keit gewesen wäre, ganz mitgeteilt, dann hätte jeder sicher ersehen,
daß mein bezügliches Urteil vollständig richtig ist, da es Goethe selbst
von sich aussagte.

Ferner, wie höchst einseitig und deshalb borniert ist schon
die Überschrift der Besprechung Traumanns: „Der katholische
Goethe"! Als ob ich den Dichterfürsten nur nach dieser einen Seite,
d. h. in seinem Verhältnis zum Katholizismus, behandelt hätte, während

gemacht. Die einen behaupten: ihr Zweck sei ein theore=
tischer, die anderen sagen: er sei praktischer Art.
Den ersteren zufolge soll durch die Erkenntnis der Wissens=
trieb des Menschen befriedigt werden, nach den anderen soll
die Erkenntnis dem Willen und seiner Betätigung dienen
zur Nutzbarmachung und Beherrschung der Natur und zur

---

ich doch ganz im Gegenteil ihn gerade nach seiner Vielseitigkeit und
Universalität dargestellt habe.

Weiter, wie eng und beschränkt ist auch der Gesichtspunkt, unter
dem Traumann mein Buch betrachtet und behandelt, indem er stets
vom Standpunkte des speziellen Goetheforschers es bespricht, während
es doch für alle Gebildete geschrieben ist, und diesem allgemeinen
Zweck entsprechend auch sein Inhalt und seine Form bestimmt werden
mußte. Das alles hat der Rezensent nicht beachtet und ist deshalb
ein schlechter Kritiker geworden. Doch nicht nur wegen dieser intellek=
tuellen Mängel ist er es, sondern auch insbesondere infolge seiner
Leidenschaftlichkeit, die offenbar aus antireligiösem oder doch
wenigstens aus antichristlichem Sinne entspringt. Denn es leuchtet
aus fast jeder Zeile der Besprechung eine auffallende Gehässigkeit, ja
geradezu ein blinder Fanatismus hervor, der eher pöbelhaft als
wissenschaftlich erscheint und deshalb sich selbst richtet. Auf ein solch
niedriges Niveau plebejischer Manier möchte ich nicht herabsteigen.

Von ähnlichem Fanatismus wie Traumann ist ein anderer
Kritiker, C. Sey, erfüllt, der seine einseitigen, beschränkten Ansichten
und Auffassungen gerne in der Literarischen Rundschau für das evange=
lische Deutschland niederlegt und nicht imstande ist, wenigstens einen
katholischen Autor objektiv zu würdigen. Diese merkwürdige Im=
potenz findet sich übrigens auch bei anderen Schriftstellern sehr häufig
und zeugt von großer Einseitigkeit des Geistes und eingerosteten Vor=
urteilen. Kommt es doch erfahrungsgemäß sehr selten vor, daß ein
katholischer Autor von nichtkatholischen Gelehrten wirklich unbefangen
und objektiv beurteilt wird. Ja, viele von dieser Seite sind so ent=
setzlich engbrüstig, daß sie sich scheuen, das Buch eines katholischen
Verfassers, selbst wenn es gar keine religiösen Dinge behandelt, auch
nur zu lesen! — —

vernünftigen Lebensführung. Die erstere Ansicht heißt man den **Intellektualismus**, die zweite **Voluntarismus**.

Hier haben wir wieder zwei sich gegenüberstehende einseitige Auffassungen. Welche ist die wahre? — Antwort: beide sind wahr und beide falsch. Falsch sind sie, wenn man sie — wie ihre Vertreter es tun — in absoluter Weise einseitig geltend macht; wahr sind sie, wenn man jeder von ihnen nur eine relative Berechtigung zukommen läßt. So ist der Intellektualismus im Recht, wenn er behauptet, daß die Erkenntnis einen theoretischen Zweck habe, indem durch sie die Bedürfnisse unserer Vernunft befriedigt werden. Ja, unsere Erkenntnis strebt von Natur nach Wahrheit, sie ist wissensdürstig und wissenshungrig. Deshalb sagt Goethe im „Faust":

> Daß wir nichts wissen können,
> Will mir schier das Herz verbrennen.

Freilich ist dieser Erkenntnis= oder Wissenstrieb bei den einzelnen Menschen sowohl dem Grade als der Art nach außerordentlich verschieden. Auch hier herrscht die größte Mannigfaltigkeit. Die einen haben für dieses ein lebhaftes Interesse und geben sich viele Mühe, es zu erforschen, die anderen für jenes, während alles übrige sie gleichgültig und kalt läßt. Daher die verschiedenen intellektuellen Bestrebungen. Dieselben beruhen auf verschiedenen Naturanlagen, und von diesen hängt die Geistesgröße ab. Je reicher und vielseitiger nämlich unsere intellektuellen Bedürfnisse sind und je mehr wir dieselben durch den Umfang und die Tiefe unserer wissenschaftlichen Erkenntnis befriedigen, desto größer ist unser Geist. Wer sich dagegen nur mit wenigem hausgebackenen Wissen begnügt, wie es die gewöhnlichen Leute meistens machen, oder nur einem Spezialfach sich immer hingibt und dieses mit Bienenfleiß bearbeitet, der mag wohl etwas Tüchtiges darin leiften, aber trotzdem ift fein Geist eng und befchränkt und wird einseitig, wenn er fich nicht auch um allgemeinere, große prinzipielle Fragen kümmert, fondern jahrein, jahraus nur in der Tretmühle feiner Spezialwiffenfchaft fich bewegt. Deshalb muß jeder Spezialift, wenn er nicht einseitig werden will, über den Bereich feines Spezialftudiums von Zeit zu Zeit hinausgehen und fich auch in den großen Fragen des Daseins und Lebens, die eben in der Philosophie vornehmlich behandelt werden, orientieren. Dadurch erhält der Geist auch eine gewisse Elastizität und Spannkraft und fchrumpft nicht zu einer Mumie ein.

Indes, wenn auch unfere Erkenntniffe zunächst den er= wähnten theoretifchen Zweck haben, dem Verftande zu dienen und deffen Wiffenstrieb zu befriedigen, fo ift doch derfelbe nicht ihr einziger und höchfter Zweck, fondern diefer ift der prakti fche: fie follen auch dem Willen dienen und ihm in feinen Beftrebungen eine Leuchte fein, damit er in den= felben nicht fehlgreift. Infofern hat auch der Voluntarismus recht. Denn die bloß theoretifche Erkenntnis hat nur einen halben Wert, wenn fie nicht auch für die Praxis des Lebens und Handelns etwas leiftet. Selbft das reichfte Wiffen ift ein totes Kapital, wenn es nicht zur Tat wird, oder doch unfere Tätigkeit beeinflußt. Darum fagt Goethe, der doch auf das Wiffen fo viel gehalten hat, in demfelben „Fauft" auch das andere Wort:

„Die Tat ift alles!"

Ja, die Tat ift alles: fie ift mehr als das bloße Wiffen, fie ift das Höchfte, was wir leiften können, und daß fie auch das Befte wird, dazu ift eine richtige und klare Verftandes= und Vernunfterkenntnis notwendig, die unferem Willensdrang die rechten Ziele fetzt.

II. Die Erkenntnismittel.

Die weitere Frage, die sich uns aufdrängt, ist nun: Was für Mittel besitzen die Menschen, um zur Erkenntnis des Wirklichen zu gelangen?

Auch bei der Beantwortung dieser Frage wurden bisher zwei einander entgegengesetzte Theorien aufgestellt: der **absolute Empirismus** oder **Positivismus,** dessen erster Begründer eigentlich Hume war und der später von Comte ausgebildet wurde, von dem er auch seinen Namen erhalten hat, und der **absolute Apriorismus,** der besonders von Fichte, Schelling und Hegel geltend gemacht ward. Nach der ersteren Ansicht ist die reine Erfahrung das wahre und einzige Erkenntnismittel, während nach der zweiten das reine Denken als solches betrachtet wird.

Nach der ersteren Auffassung wird uns die Wahrheit und Wirklichkeit einfach durch die Sinne gegeben, nach der zweiten dagegen erzeugt das Denken lediglich aus sich durch gewisse gesetzmäßige, geistige Prozesse die Wahrheit und Wirklichkeit, welche den Inhalt unserer Erkenntnis bildet.

Welche von beiden Theorien hat nun recht? Darauf erwidere ich: weder die eine noch die andere hat ganz recht, aber auch keine der beiden ist ganz falsch. Denn was zunächst das letztere betrifft, so ist es wahr, daß die Erfahrung oder die Wahrnehmung notwendig ist zur Gewinnung von realer Erkenntnis, aber nicht minder notwendig ist zu diesem Zweck auch das Denken. Denn durch die reine Erfahrung ohne das Denken gelangen wir zu keiner Erkenntnis, indem die reine Erfahrung uns nur das Material zu derselben liefert, aber nicht die Erkenntnis selbst oder die vernünftige Einsicht in das Gegebene.

Doch auch umgekehrt gewinnen wir durch das reine

Denken gleichfalls keine ſichere Erkenntnis des Wirklichen, da wir außerſtande ſind, das letztere durch unſere bloße Denktätigkeit zu produzieren. Ja, wären wir abſolute Weſen und beſäßen wir infolgedeſſen eine abſolute, d. h. ſchöpferiſche Denktätigkeit, dann könnten wir auch lediglich aus uns ſelbſt den Erkenntnisinhalt oder die Wahrheit produzieren und brauchten ihn nicht durch Erfahrung von anderer Seite zu empfangen. Da wir aber tatſächlich nur relative oder bedingte, abhängige Weſen ſind, ſo iſt natür= lich auch unſere Erkenntnis eine relative, bedingte und be= darf, um zu einem realen Wahrheitsinhalt zu gelangen, der Erfahrung. Denn unſer Denken iſt nicht ſchöpferiſch, ſondern nur geſtaltend; es kann nur das ihm durch die Erfahrung gebotene Realitätsmaterial bearbeiten, indem es an demſelben Vergleiche anſtellt, von ihm abſtrahiert, in ihm kombiniert, es ſyſtematiſch ordnet und aus ihm nach dem Kauſalitätsprinzip ſchließt. Die reine Erfahrung ohne das Denken iſt geiſtlos, das reine Denken ohne die Erfahrung inhalts= und realitätslos.

Deshalb gehören zur realen Erkenntnis beide, Er= fahrung und Denken, zuſammen [1]). Die ganze Wahrheit in unſerer Frage liegt alſo weder auf Seite des reinen

---

[1]) Darum gehören auch zur vollen Erfaſſung der Geſamtwirklich= keit die Erfahrungs= oder Einzelwiſſenſchaften — von manchen auch kurzweg „Wiſſenſchaft" genannt—und die Philoſophie zuſammen. Denn „die Wiſſenſchaft ohne Philoſophie iſt wie ein blinder Menſch. Und die Philoſophie ohne Wiſſenſchaft iſt wie ein Menſch ohne Arme und Beine. Philoſophie und Wiſſenſchaft müſſen ſich ergänzen wie Mann und Weib. Die Philoſophie iſt der Mann, die Wiſſen= ſchaft iſt im univerſellen Wahrheitserkennen das ſchwache Weib. Letzteres muß ſich vom Manne führen und dirigieren laſſen." Wahr= heit und Irrtum in der materialiſtiſchen Weltanſchauung. Von einem Selbſtdenker. 2. Aufl. Berlin, G. F. Müller. 1906. S. 10.

Empirismus oder Pofitivismus noch auf der des reinen
Apriorismus, fondern in der beide Theorien harmonifch mit=
einander verbindenden Mitte.

Indeffen auch infofern find diefe beiden Theorien mangel=
haft, weil bei ihnen ein wichtiges Erkenntnismittel fehlt,
nämlich der Glaube. Ja, diefer ift fogar das zeitlich erfte
Erkenntnismittel. Darum wollen wir es auch an erfter
Stelle behandeln.

1. Der Glaube.

Zunächft ift deffen Begriff feftzuftellen; denn wie bei
fo vielen anderen Ausdrücken wird leider auch diefes Wort
nicht eindeutig, fondern in verfchiedenem Sinne gebraucht,
infolgedeffen Verworrenheit im Denken und Sprechen, un=
nötiges Mißverftändnis und Streit entfteht. Darum ftelle
ich zunächft die Frage: was heißt glauben?

Glauben ift im allgemeinen das Fürwahrhalten einer
Sache, die wir nicht felber wahrgenommen und auch nicht
auf Grund von Wahrnehmungen durch das logifche Denken
mit Notwendigkeit erfchloffen haben, fondern infolge fonftiger
Gründe annehmen: fei es wegen der Ausfage eines anderen,
fei es aus inneren, nicht mit dem Glaubensgegenftande ur=
fächlich zufammenhängenden Motiven. Im erfteren Falle
heißt man ihn Autoritätsglaube, im zweiten Ver=
nunft= oder, beffer gefagt, Gemütsglaube. Der Autori=
tätsglaube beruht auf äußeren, der Vernunft= und Gemüts=
glaube auf inneren Gründen. Denn die Perfonen, die uns
als Zeugen für die Wahrheit einer Sache gelten und fomit
für uns Autoritäten find, find uns etwas Äußerliches, während
die Gemütsbedürfniffe, die uns gleichfalls zum Glauben be=
wegen können, uns felbft innewohnen.

Glaubt man zuviel, fo nennt man es Aberglaube

oder richtiger: Überglaube, weil man über das rechte Maß hinaus glaubt; glaubt man dagegen zu wenig oder gar nichts, so ist es Unglaube; glaubt man etwas Falsches, so heißt es Irrglaube.

Der konträre Gegensatz vom Glauben ist das Wissen. Das letztere ist das Fürwahrhalten einer Sache, die man entweder durch die Sinne oder durch die Vernunft mit Sicherheit erfaßt hat.

Es fragt sich nun: In welchem Verhältnis steht der Glaube zur Erkenntnis?

Auch bei der Beantwortung dieser Frage traten zwei entgegengesetzte Anschauungen hervor: die einen nämlich behaupten, der Glaube sei die einzige oder doch wenigstens die hauptsächliche Quelle der Erkenntnis, insbesondere hinsichtlich der religiösen und überhaupt höheren Erkenntnis. So der **Traditionalismus** eines Lamennais, Bonald, Bautain, Bonnetty u. a. Nach der Ansicht dieser haben die Menschen ursprünglich bei ihrer Erschaffung von Gott mit der Sprache auch die religiös=sittlichen Ideen und überhaupt die Begriffe empfangen, welche dann durch fortgesetzte Tradition in der Menschheit von einem Geschlecht auf das andere vererbt und nach der Völker= und Sprachenscheidung durch die Verschiedenheit der Nationen modifiziert worden seien. Folglich beruhe alle geistige Bildung der Menschen und ihre Erkenntnis mehr oder minder auf der Überlieferung, welche durch Erziehung und Unterricht, sowie durch die Lektüre der literarischen Werke den einzelnen übermittelt und von diesen im Glauben angenommen würden. Der Glaube sei also das erste, wichtigste und hauptsächlichste Erkenntnismittel für die Menschen.

Dieser Theorie steht als gerader Gegensatz der **Rationalismus** gegenüber, welcher den Glauben als Erkenntnis=

mittel nicht, sondern lediglich die Vernunft oder das Wissen anerkennt. Der Glaube ist den Rationalisten nichts, das Wissen und die Wissenschaft dagegen alles. Diese Denkweise findet sich heutzutage sehr häufig, besonders bei den Gebildeten und Gelehrten, denen die Wissenschaft oft die höchste Göttin ist, der sie huldigen, während sie den Glauben tief verachten und höchstens nur dem gewöhnlichen Volke überlassen.

Welche von diesen beiden extremen Ansichten hat nun recht?

Darauf bemerke ich: keine hat ganz recht, und keine ist ganz falsch, sondern die Wahrheit liegt auch hier in der verbindenden rechten Mitte oder in der höheren Einheit beider. Wieso?

Die Vertreter des Glaubens oder die Traditionalisten haben recht, wenn sie betonen, daß ein sehr großer Teil unserer Erkenntnisse auf der Überlieferung aus der Vorzeit beruhe, und daß wir der Vergangenheit ein reiches geistiges Erbe verdanken. So haben wir z. B. von den Ariern die Sprache, von den Ägyptern die Schrift, von den Babyloniern die Zeiteinteilung, von den Arabern die Ziffern, von den Griechen die Philosophie und die Kunst, von den Römern die Rechtswissenschaft und die Politik oder das Staatswesen, von den Juden den Monotheismus, von der Kirche das Christentum, vom Mittelalter die Theologie oder die wissenschaftliche Behandlung der christlichen Religion usw. Aber um das geistige Erbe zu besitzen, müssen wir es uns erwerben. Und dieses Erwerben ist kein bloßes Empfangen und einfaches Übernehmen, kein bloßes Glauben an das Ererbte, sondern es verlangt auch geistige Selbsttätigkeit, wenn das Überkommene zu unserem wirklichen geistigen Eigentum werden soll. Deshalb genügte der bloße Glaube oder das einfache Hinnehmen des Überlieferten nicht, sondern

es war und ist zur Fortpflanzung der Kultur auch selb=
ständige Verstandesarbeit nötig.

Außerdem ist zu beachten, daß die Menschheit bei dem
aus der Vorzeit überkommenen und übernommenen Er=
kenntnisschatz keineswegs stehen geblieben, sondern im Laufe
der Jahrhunderte und besonders in der Neuzeit ganz ge=
waltige Fortschritte gemacht hat, daß sie nicht nur immer
das Altüberlieferte reproduzierte, sondern auch neue Ge=
danken, neue Ideen, neue Theorien produziert hat. Das
konnte sie nicht mittels des bloßen Glaubens, sondern dazu
gehörte energische, eigene Verstandestätigkeit, und insofern
hat auch der Rationalismus recht, indem er den Verstand
(ratio) als das Hauptmittel unserer Erkenntnis hervorhebt
und das Wissen und die Wissenschaft hochpreist. Denn das
Wissen und die Wissenschaften sind in den letzten Jahr=
hunderten ganz bedeutend gewachsen und haben herrliche
Triumphe gefeiert, nicht nur in theoretischer, sondern auch
in praktischer Beziehung.

Doch auch der Rationalismus geht zu weit, wenn er
vor lauter Verstandeskultur und Wissenschaftsbegeisterung
den Glauben als Erkenntnismittel ganz und gar verwirft.
Denn da der Mensch und der Menschengeist von Natur aus
beschränkt ist und darum unmöglich alle Schranken der
Erkenntnis beseitigen kann, so vermag er auch nicht, selbst
mit Anstrengung all seiner Kräfte, alle Tatsachen und alle
Wahrheiten durch das Mittel des Wissens zu erreichen,
sondern er muß sich bei sehr vielen, wenn er sie erkennen
will, mit dem bloßen Glauben begnügen und sich nolens
volens dieses Mittels bedienen. Das ist bei all den Dingen
der Fall, die der einzelne weder sinnlich noch geistig wahr=
nehmen und auch nicht auf Grund seiner Wahrnehmungen
mittels des Kausalitätsgesetzes durch logisches Denken mit

Sicherheit . erschließen kann, mögen diese Dinge natürlicher oder übernatürlicher Art sein. Und solcher Dinge gibt es nachweisbar eine ganze Menge, für den einen mehr, für den anderen weniger. Dahin gehören vor allem weitaus die meisten von der Geschichte überlieferten Tatsachen; denn wie wenige geschichtliche Ereignisse haben wir selbst erlebt und wie wenige historische Persönlichkeiten selbst gesehen! Ferner gehören hierher weitaus die meisten geographischen Dinge; denn auch von diesen haben wir die wenigsten mit eigenen Augen geschaut. Wollen wir sie aber doch erkennen, dann bleibt uns kein anderes Mittel übrig als der Glaube.

Ja, selbst unsere wichtigsten Lebensbeziehungen beruhen nur auf dem Glauben; denn daß z. B. diese bestimmten Persönlichkeiten wirklich unsere Eltern sind, weiß jeder von uns lediglich durch den Glauben. Und auch sogar die Wissenschaften kommen ohne Glaube nicht aus; denn alle gehen von bestimmten Voraussetzungen aus, die sie nicht beweisen können, sondern nur gläubig annehmen. Ja, das Wissen und die Erkenntnis überhaupt fußen auf dem Glauben ihrer Möglichkeit; denn die allgemeine Möglichkeit des Wissens und der Erkenntnis läßt sich nicht beweisen, ohne in einen circulus vitiosus zu geraten, noch weniger aber deren Unmöglichkeit. Es beruht also unser Wissen auf dem Glauben, nämlich auf dem Glauben, daß wir imstande sind, zum Wissen zu gelangen, und unser Glaube strebt deshalb nach dem Wissen.

Man kann sonach mit Fug und Recht sagen, daß es in der Tat keinen Menschen, sei er gelehrt oder ungelehrt, in der Welt gibt, der keinen Glauben besäße. Und wenn auch so manche im Übermut behaupten, sie glauben gar nichts, so kann man ruhig annehmen und ihnen leicht nach=

weisen, daß sie nicht wissen, was sie sagen. Mit bloßem Wissen ohne Glauben kommen wir in der Welt nicht aus, da, wie oben bemerkt wurde, selbst unsere wichtigsten Lebens= verhältnisse auf dem Glauben fußen. Auch entspricht das bloße Wissen weder der Natur der Dinge, indem wir die= selben durchaus nicht alle, sei es sinnlich oder geistig, wahr= nehmen können, noch entspricht es unserer eigenen Natur, da wir nicht bloße Verstandes= oder Wissensmenschen sind, sondern auch sittlichen Willen und Gemüt haben. Der bloße Verstandes= oder Wissensmensch ist nur ein fragmentarischer oder Teilmensch. Der ganze Mensch ist auch ein Willens= und Gemütsmensch und bedarf als solcher des Glaubens.

Der Glaube ist daher eine notwendige Ergänzung des Wissens. So hat ihn auch G o e t h e gefaßt, indem er sprach: „Wo das Wissen genügt, bedürfen wir des Glaubens nicht, wo aber das Wissen seine Kraft nicht bewährt oder ungenügend erscheint, sollen wir auch dem Glauben seine Rechte nicht streitig machen. Sobald man nur von dem Grundsatz ausgeht, daß Wissen und Glauben nicht dazu da sind, um einander aufzuheben, sondern um einander zu ergänzen, so wird schon überall das Rechte ausgemittelt werden"[1]). Das ist eine ganz richtige Auffassung. Der Glaube war sonach G o e t h e eine Ergänzung des mangel= haften Wissens und darum von hohem Werte. Ja, Wissen und Glauben können recht wohl in e i n e r Person harmonisch vereinigt sein, und wann ist dies der Fall? Wenn der Glaubensinhalt der Vernunft nicht widerspricht, sondern vielmehr von ihr gefordert wird. Beides ist dann gegeben,

---

[1]) J. F a l k, Goethe aus näherem persönlichen Umgang dar= gestellt. Leipzig 1832. S. 64. Vgl. mein Buch: Goethes Lebens= und Charakterbild. Mit 8 Abbild. Leipzig 1905. Verlag v. H. Schmidt und C. Günther. S. 96.

wenn der Glaubensinhalt mit den allgemeinen Gesetzen der Vernunft oder des logischen Denkens übereinstimmt und zugleich auf einem vernünftigen Grunde ruht. Wenn diese beiden Voraussetzungen vorhanden sind, ist jeder Glaube, mag er Autoritäts= oder Gemütsglaube, mag er weltlicher oder religiöser Glaube sein, vernünftig und gerechtfertigt[1]).

Folglich ist der extreme Rationalismus, der den Glauben als Erkenntnismittel verwirft und nur das Wissen gelten läßt, ebenso verfehlt als der Traditionalismus, der dem Glauben zu viel zuschreibt und das Wissen herabsetzt. Die Traditionalisten fassen den Menschengeist nur von der einen Seite auf: als passiv oder empfangend. Denn durch die Aufnahme der Tradition oder durch den Glauben empfängt man einen Inhalt. Sie sind also einseitig. Ebenso einseitig sind aber auch die Rationalisten oder Szientivisten, nur in der entgegengesetzten Richtung, da sie gleichfalls den Menschengeist nur von einer Seite auffassen, nämlich als aktiv oder gebend, nur als Verstand.

Unser Geist aber ist beides: er ist Weib und Mann, er ist passiv oder empfangend und aktiv oder gebend. Freilich bei den verschiedenen Menschen in sehr verschiedenem Maße. Die einen besitzen mehr einen weiblichen oder passiven Geist — das ist die größere Mehrzahl. Gibt es doch sehr viele, auch unter den Gebildeten, die jahrein, jahraus nicht einen einzigen selbständigen Gedanken fassen, sondern immer nur von den Gedanken anderer leben und diese reproduzieren. — Andere dagegen haben mehr einen männlichen, selbsttätigen und neue Gedanken erzeugenden Geist:

---

[1]) Verkehrt dagegen ist jener Glaube, der entweder mit sich selbst, oder mit den logischen Denkgesetzen, oder mit sicheren Erfahrungstatsachen in unlösbarem Widerspruche steht. Das sind die drei Falschheitskriterien des Glaubens.

das sind die hervorragenden, die großen, die genialen Geister. Doch selbst auch diese zehren von der Tradition, lernen vieles von anderen, wie z. B. Goethe ganz offen von sich selbst bezeugt hat, und bedürfen deshalb des Glaubens.

Wissen und Glauben gehören sonach zusammen. Wo das Wissen aufhört, da fängt der Glaube an, wenn ein vernünftiger Beweggrund dazu vorhanden ist. Wie der Mensch zwei materielle Füße hat, um in der Körperwelt fortzuschreiten, so hat er auch gleichsam zwei geistige Füße, um auf dem intellektuellen Gebiete vorwärts zu kommen: Glauben und Wissen.

Der Glaube ist der Anfang, die unterste Stufe der Erkenntnis und strebt deshalb weiter nach dem Wissen. Darum hat Anselm von Canterbury gesagt: credo ut intelligam, „ich glaube, um einzusehen.“ Abälard aber bemerkte dagegen: intelligo ut credam, „ich sehe ein, um zu glauben.“ Es zeigen sich also auch hier wieder zwei gegensätzliche Standpunkte.

Und ich sage: credo, quia non intelligo, „ich glaube, weil ich nicht einsehe.“ Wer hat nun von uns dreien recht? Antwort: wir alle drei, jeder in seiner Weise. So hat Abälard recht, wenn er sagt: intelligo ut credam, „ich sehe ein, um zu glauben.“ Denn wer keinen einseitigen, beschränkten, sondern einen allseitigen, viel umfassenden Geist und eine dementsprechende Erkenntnis hat, der sieht auch ein, daß wir mit dem Wissen nicht ausreichen, sondern daß der Glaube zur Ergänzung unseres Wissens notwendig ist.

Darum habe aber auch ich recht, indem ich sage: credo, quia non intelligo, „ich glaube, weil ich nicht einsehe“. Denn wenn wir alles einsehen, wenn wir alles wissen könnten, brauchten wir nicht zu glauben.

Aber auch der heilige Anselm hat recht mit seinem Spruch: credo ut intelligam, „ich glaube, um einzusehen"; denn in der Tat soll der Glaube zur Einsicht, zum Wissen führen, wie auch der Apostel Paulus sagt: „Der Glaube geht über ins Schauen." Folglich ist er nur etwas Provisorisches, etwas mit der Zeit Vorübergehendes; das Schauen oder das unmittelbare Wissen ist das definitive Endziel und zugleich das Mittel zur Verifikation oder zur Bestätigung der Wahrheit des Geglaubten. Denn wenn wir das, was wir bisher nur geglaubt haben, weil wir es nicht selber schauen konnten, auf einmal persönlich mit den Augen oder mit sonst einem Sinne wahrnehmen, so hat sich unser Glaube bewahrheitet. Und da dieses tatsächlich sehr oft der Fall ist, so ist diese Erfahrung für uns ein sicherer Beweis, daß der Glaube ein wirkliches Erkenntnismittel der Wahrheit ist. Aber durchaus nicht das einzige, sondern das zweite und wichtigere ist die Sinneswahrnehmung, und von dieser will ich nun handeln.

2. Die Sinneswahrnehmung.

Die Sinneswahrnehmung, auch äußere Erfahrung genannt, ist die Erfassung der Gegenstände mittels der Sinne und gilt gemeinhin als das Mittel der Erkenntnis der äußeren uns erscheinenden Wirklichkeit oder des Körperlichen. Es fragt sich aber, ob wir durch die Sinneswahrnehmung auch in der Tat die äußere Wirklichkeit oder das Körperliche derselben zu erkennen vermögen und wie das möglich sei.

Auch bei der Beantwortung dieser erkenntnistheoretischen Hauptfrage sind zwei einander entgegengesetzte Ansichten zutage getreten: der **extreme Realismus** und der **extreme Idealismus.**

Der erstere lehrt, daß „wir die Dinge genau so wahr=
nehmen, wie sie sind, und dasjenige, was wir wahrnehmen,
ist außer uns objektiv wirklich." So z. B. T. Pesch[1]),
welcher auch die Behauptung aufstellt: Ding an sich und
Wahrnehmungsobjekt gelten nicht bloß als inhaltlich gleich,
sondern auch für numerisch identisch, für ein und dasselbe"[2]).
Das ist kurz und bündig der Standpunkt des extremen
Realismus.

Diesem steht der extreme Idealismus gegenüber, dem=
zufolge wir keineswegs imstande sind, die Dinge an sich
wahrzunehmen, da dieselben nicht in unser Bewußtsein
hereinspazieren und unser Bewußtsein nicht zu ihnen hinaus=
spazieren kann, sondern was wir sinnlich wahrnehmen, sind
nur unsere „Vorstellungen" oder „Ideen", wie nicht wenige
sagen. So vor allem der erste Hauptvertreter dieser Theorie:
Berkeley, der seine diesbezügliche Erörterung folgender=
maßen beginnt: „Jedem, der einen Blick auf die Gegen=
stände der menschlichen Erkenntnis wirft, leuchtet ein, daß
dieselben teils den Sinnen gegenwärtig eingeprägte Ideen
sind, teils Ideen, welche durch ein Aufmerken auf das, was
die Seele leidet und tut, gewonnen werden, teils endlich
Ideen, welche mittels des Gedächtnisses und der Einbildungs=
kraft durch Zusammensetzung, Teilung oder einfache Ver=
gegenwärtigung der ursprünglich in einer der beiden vorhin
angegebenen Weisen empfangenen Ideen gebildet werden.
Durch den Gesichtssinn erhalte ich Licht= und Farbenideen
in ihren verschiedenen Abstufungen und qualitativen Modi=

---

[1]) T. Pesch, Das Weltphänomen. Eine erkenntnistheoretische
Studie zur Säkularfeier von Kants Kritik der reinen Vernunft.
Freiburg i. Br. Herder 1881. S. 42.
[2]) Ebenda S. 76.

fikationen .... Gruppen von Ideen bilden z. B. einen Stein, einen Baum, ein Buch und ähnliche sinnliche Dinge" [1]).

Demgemäß sind die von uns äußerlich wahrgenommenen Gegenstände nichts anderes als „Ideen" oder bloße Vorstellungsbilder, oder wie die neueren Idealisten sich ausdrücken: „unsere Vorstellungen". So vornehmlich Kant: „Die äußeren Gegenstände sind nichts anderes als bloße Vorstellungen unserer Sinnlichkeit, deren Form der Raum ist, deren wahres Korrelatum aber, das ist das Ding an sich selbst, dadurch gar nicht erkannt wird, noch erkannt werden kann" [2]).

Diese idealistische Ansicht vertreten in der Gegenwart die meisten und namhaftesten Professoren der Philosophie, wie z. B. W. Wundt [3]), Windelband [4]), O. Liebmann [5]), J. Volkelt [6]), J. Baumann [7]), W. Schuppe [8]). Desgleichen nicht wenige Naturforscher der neueren Zeit, besonders Physiologen, wie Helmholtz [9]), Aubert [10]),

[1]) G. Berkeley. Principles of human knowledge; deutsche Ausgabe von F. Überweg, Philos. Bibliothek, Bd. XII. 1869. S. 21.

[2]) Kant, Kritik der reinen Vernunft (Ausgabe von Rosenkranz) S. 40.

[3]) Wundt, Physiolog. Psychologie, 1874. — Logik, 2 Bde. 1880. — Essays, 1884. — System der Philosophie, 1889.

[4]) Windelband, Präludien, 1884.

[5]) O. Liebmann, Zur Analysis der Wirklichkeit, 1880.

[6]) J. Volkelt, Erfahrung und Denken, 1886.

[7]) J. Baumann, Philosophie als Orientierung über die Welt, 1872.

[8]) Schuppe, Erkenntnistheoretische Logik, 1878.

[9]) Helmholtz, Physiologische Optik, 1867. — Die Tatsachen in der Wahrnehmung, 1878.

[10]) Aubert, Physiologie der Netzhaut, 1865.

A. Fick[1]), J. Bernstein[2]), J. Rosenthal[3]), und in der jüngsten Zeit M. Verworn, der statt „Vorstellungen" lieber „Empfindungen" sagt und sich also darüber äußert: „Analysieren wir nur, was wir von der Körperwelt wissen! Das Resultat ist für manchen verblüffend. Ich nehme einen Stein in die Hand. Was weiß ich von ihm? Er ist schwer — das ist eine Empfindung —, er ist kalt — auch eine Empfindung —, er ist schwarz — eine Empfindung —, er hat eine Form — ein Komplex von Empfindungen —, er fällt und bewegt sich — ebenfalls ein Komplex von Empfindungen. Etwas anderes als Empfindungen kenne ich nicht von ihm. Ich kann suchen, so viel ich will, ich finde nur Empfindungen. Kurz, was ich „Stein" nenne, ist nur eine bestimmte Kombination von Empfindungen. Das= selbe gilt für jeden Körper, auch für meinen eigenen, auch für den Körper anderer Menschen. So zeigt sich mir, daß die ganze Körperwelt nur aus Bestandteilen sich aufbaut, die ich als psychische zu bezeichnen gewöhnt bin. Der Gegen= satz zwischen Körperwelt und Psyche existiert also in Wirk= lichkeit gar nicht, denn die gesamte Körperwelt ist nur In= halt der Psyche"[4]).

So schreibt noch in unseren Tagen ein Naturforscher!

Es stehen also der extreme Realismus und der extreme Idealismus im geraden Gegensatz zueinander.

Welches von diesen beiden Systemen hat nun recht?

---

[1]) A. Fick, Die Welt als Vorstellung, 1870. — Physiologische Optik, 1879. — In Hermanns Handbuch der Physiologie.

[2]) J. Bernstein, Die fünf Sinne des Menschen, 1889.

[3]) J. Rosenthal, Allgemeine Physiologie der Muskeln und Nerven, 1877.

[4]) M. Verworn, Naturwissenschaft und Weltanschauung. Neue Rundschau. Berlin 1904. 6. Heft, S. 644 f.

Antwort: keines hat ganz recht, und keines ist ganz falsch, sondern die Wahrheit liegt auch hier in der rechten Mitte (juste milieu). Beweis!

Der extreme Realismus behauptet, daß wir die äußeren Dinge in ihrem reinen Ansichsein wahrnehmen, d. h. „genau so, wie sie sind." Das ist sicher wenigstens nicht ganz richtig, denn die allgemeine und konstante Erfahrung lehrt, daß unsere Sinneswahrnehmungen vielfach bedingt und deshalb relativ sind, und zwar sind sie oft physikalisch, durchweg physiologisch und psychologisch bedingt, folglich von außer ihnen selbst liegenden Umständen, besonders vom wahr= nehmenden Subjekt abhängig. Physikalisch bedingt sind die Gesichts= und Gehörswahrnehmungen durch die räum= liche Entfernung von den Wahrnehmungsgegenständen, durch die Beschaffenheit des Lichtes und der atmosphärischen Luft; physiologisch sind sie bedingt durch die Beschaffenheit und den aktuellen Zustand der Sinnesorgane, und psychologisch durch die jeweilige Aufmerksamkeit des Wahrnehmenden.

Infolge dieser mehrfachen Bedingtheiten nehmen die verschiedenen Menschen auch bei normalen Sinnesorganen dieselben Objekte verschieden wahr, und das ist ein schlagender Beweis, daß wir die Dinge nicht in ihrem reinen Ansichsein auffassen. So sehen wir z. B., wie all= gemein bekannt ist, mit ganz normalen Augen und unter normalen Verhältnissen den Mond am Himmel als eine ver= hältnismäßig kleine und flache Scheibe, und doch ist er in Wirklichkeit weder das eine noch das andere. So sehen wir ferner die übrigen Gestirne als kleine, leuchtende Punkte, und doch sind sie in Wahrheit ganz kolossale Körper, sehr viel größer als unsere Erde. So erscheint uns ein vier= eckiger Turm in der Ferne als rund, und doch ist er es in Wirklichkeit nicht, sondern hat Kanten. Auch sehen wir

ferne Gegenstände in anderen Farben, als sie in der
Nähe zeigen. Ein Feuer in finsterer Nacht erscheint uns
näher als es tatsächlich ist. Ein mit hellen Farben ge-
tünchtes oder tapeziertes Zimmer sieht geräumiger aus als
eines mit dunklen Farben. Ein weißes Feld auf schwarzem
Grund erscheint uns größer als ein gleich großes schwarzes
Feld auf weißem Grund.

Aus all diesen und vielen anderen Erfahrungstatsachen
geht hervor, daß das äußerlich Wahrgenommene relativ
und nicht rein objektiv ist, d. h. je nach den verschiedenen
Bedingungen, unter denen es aufgefaßt wird, zeigt es sich
verschieden. Wir nehmen also nicht die Dinge an sich
wahr — darin hat Kant und der Idealismus recht —
sondern sie nur in ihrer Beziehung zu uns, speziell zu
unseren Sinnesorganen, und darum heißen sie Phänomene;
denn ohne diese reale Beziehung gibt es keine Sinneswahrnehmung. Darum sagt Goethe richtig: „Die Phänomene sind das, was sie sind, nur für die respektiven Sinne[1]."
„Um die Natur zu erkennen, mußte der Mensch sie selbst
sein. Was er von der Natur ausspricht, das ist etwas,
d. h. es ist etwas Reales, es ist ein Wirkliches, nämlich
in bezug auf ihn. Aber was er ausspricht, das ist nicht
alles, es ist nicht die ganze Natur, er spricht nicht die
Totalität derselben aus. Von den Dingen an sich können
wir nichts sagen, eben weil es Dinge an sich, d. h. außer
Bezug auf uns und wir auf sie sind"[2].

---

[1] Brief an Riemer vom 28. Juni 1829. Näheres über Goethes
philosophische Anschauungen in meinem Buche: „Goethes Lebens- und
Charakterbild, mit besonderer Rücksicht auf seine Stellung zur christlichen Religion. H. Schmidt und C. Günther. Leipzig 1905.
[2] Biedermann, Goethes Gespräche. Berlin 1890. Bd. II.
S. 180 f.

Das ist sehr wahr und widerlegt den extremen Realis=
mus, der das Gegenteil behauptet.

Ebenso verfehlt ist aber auch der extreme Idealismus,
der da lehrt, daß die äußeren Wahrnehmungsgegenstände
nichts anderes als unsere „Empfindungen" oder „Vor=
stellungen", also etwas Subjektives und Psychisches sind,
und daß wir durch sie von den objektiven Dingen nichts
erkennen. Daß diese, besonders in der neueren Philosophie
sehr verbreitete, ja man kann sagen, herrschende Ansicht
irrig ist, läßt sich sicher nachweisen und habe ich bereits in
meinen beiden erkenntnistheoretischen Werken: „Die Grund=
fragen der Erkenntnistheorie" [1]) und „Theorie der Gesichts=
wahrnehmung" [2]) sehr eingehend getan, indem ich darin
alle Gründe, welche die Idealisten gegen den Realismus
und für ihre Theorie geltend machen, ausführlich prüfte
und in ihrer Haltlosigkeit darlegte. Ich will deshalb hier
auf alle diese Einzelheiten nicht noch einmal eingehen,
sondern nur das Allerwichtigste daraus hervorheben, indem
ich diejenigen von meinen Lesern, welche sich näher mit
dieser Frage befassen wollen, auf die genannten Werke
verweise.

Die Wahrnehmungsobjekte sollen also nach der idea=
listischen Theorie nichts anderes sein als unsere Vorstellungen
und darum etwas rein Subjektives und Psychisches.

Wenn das wahr wäre, dann müßten die äußeren
Wahrnehmungsobjekte offenbar auch dieselben wesentlichen
Merkmale haben, welche allen psychischen oder seelischen
Gebilden zukommen. Welches sind nun laut allgemeiner
und konstanter innerer Erfahrung diese Merkmale?

---

[1]) Mainz, Kirchheim 1887.
[2]) Ebendaselbst 1891.

Ich erwidere folgendes: 1. nehmen wir alle pfychifchen oder feelifchen Vorgänge und Gebilde nur in unferem Bewußtfein wahr. Wenn ich z. B. das Gefühl einer Freude habe, fo ift das unftreitig ein feelifcher Zuftand. Einen folchen erlebe ich aber nie anders als in meinem Bewußtfein. Und fo ergeht es auch ficher jedem anderen Menfchen. Dasfelbe ift der Fall mit allen Erinnerungs= und Phantafievorftellungen, allen Gedanken, Gemütsbewegungen und allen Willensakten, kurz, mit allem Pfychifchen;

2. kann dasfelbe nur von jedem felbft, der es erlebt, und nicht von einem andern unmittelbar wahrgenommen werden. Wenn ich beifpielsweife die Vorftellung von einem Baume in mir habe, kann diefelbe von keinem andern als nur von mir wahrgenommen werden. Und fo ift es mit allen Vorftellungen, allen Gedanken, allen Gefühlen und allen Willensakten;

3. entbehrt alles anerkannt Pfychifche der körperlichen Eigenfchaften: es hat keine Ausdehnung, keine Geftalt, keine Farbe, keinen Ton, kein Gewicht, keine Geruchs=, Gefchmacks= und Taftqualitäten;

endlich 4. kann man fich an dem wirklich Pfychifchen auch nicht praktifch betätigen. So kann man fich z. B. auf einen bloß vorgeftellten Stuhl nicht fetzen, mit einem bloß vorgeftellten Meffer nicht fchneiden, kein bloß vorgeftelltes Brot effen, einen bloß vorgeftellten Stein nicht bewegen ufw.

Diefe vier Charakterzüge find laut Zeugnis der unwiderleglichen allgemeinen und konftanten Erfahrung allem wirklich Pfychifchen oder Seelifchen eigen und deshalb ihm wefentlich.

Wenn wir nun mit demfelben die äußeren Wahrnehmungsobjekte vergleichen, fo werden wir finden, daß

diese in der genannten vierfachen Hinsicht die gerade ent=
gegengesetzten Eigenschaften an sich tragen. Denn 1. er=
scheinen uns diese Objekte nie innerlich oder als etwas
in unserem Bewußtsein Seiendes, sondern stets äußerlich;
2. können dieselben nicht nur von uns, sondern auch von
anderen wahrgenommen werden; 3. kommen ihnen allen
körperliche Eigenschaften zu, wie Ausdehnung, Ge=
stalt, Farbe usw., und 4. kann man sich an ihnen praktisch
betätigen; denn wenn man sich auf einen bloß vorgestellten
Stuhl nicht setzen kann, so doch auf einen äußerlich wahr=
genommenen, und wenn man auch mit einem bloß vor=
gestellten Messer nicht schneiden kann, so doch mit einem
äußerlich wahrgenommenen Messer usw.

Aus dem Gesagten geht mit Sicherheit hervor, daß die
äußeren Wahrnehmungsobjekte, da sie gerade entgegen=
gesetzte Eigenschaften wie das Psychische haben, unmöglich
etwas Psychisches sein können wie etwa Empfindungen,
Vorstellungen oder Bewußtseinsinhalte. Sie stehen unserem
Bewußtsein gegenüber, sind deshalb Gegenstände des=
selben, aber sie sind nicht in unserem Bewußtsein, nicht
Bewußtseinsinhalte, wie der Idealismus bis auf den
heutigen Tag durchweg behauptet. Folglich sind die äußeren
Wahrnehmungsobjekte etwas von unserem Bewußtsein Un=
abhängiges, also etwas Objektives, Reales[1]). Somit ist
der Idealismus, der sie für bloße Vorstellungen erklärt,
falsch.

Doch da wird man entgegnen: es ist rein unmöglich,

---

[1]) „Real" im erkenntnistheoretischen Sinne ist dasjenige Sein,
das keine bloße Vorstellung, kein bloßer Gedanke ist; „objektiv"
dasjenige Sein, das nicht zum wahrnehmenden und vorstellenden Sub=
jekt gehört.

daß wir etwas außer uns empfinden und wahrnehmen. Folglich müssen unsere Empfindungen und Wahrnehmungen etwas in uns sein und können nicht etwas Objektiv-Reales bilden.

Darauf erwidere ich: Ja, das Empfinden und Wahrnehmen kann als Akt gewiß nicht außer uns stattfinden; ob aber auch das Objekt oder der Gegenstand der Empfindung und Wahrnehmung nicht außerhalb sein kann, das läßt sich ohne weiteres nicht behaupten. Darin liegt eben der erste Hauptfehler des erkenntnistheoretischen Idealismus, daß er zwischen Empfindungs- bezw. Wahrnehmungsakt und Empfindungs- bezw. Wahrnehmungsgegenstand nicht unterschieden hat und, weil der erstere etwas Subjektives ist, auch den letzteren zu etwas Subjektivem gemacht hat. Nichts zwingt oder berechtigt uns zu der Annahme, daß der Wahrnehmungsgegenstand dem Wahrnehmungsakt immanent sein müsse.

Man ist zu diesem Vorurteile dadurch gekommen — und das ist der zweite Hauptfehler des Idealismus — daß man das Wahrnehmen nach Art der körperlichen Ergreifung einer Sache auffaßte. Das ist jedoch eine ganz falsche Auffassung; denn die Bewußtseinsvorgänge — und das Wahrnehmen ist ein solcher — sind nichts Körperliches, sondern etwas Geistiges und deshalb auch in ihrem Wirken von dem Körperlichen wesentlich verschieden. Darum darf man auch die Sinneswahrnehmung nicht wie eine körperliche Ergreifung eines Gegenstandes betrachten und behandeln. Wenn auch bei der letzteren eine Art Immanenz erforderlich ist, so folgt daraus nicht im geringsten, daß etwas Derartiges auch bei der Wahrnehmung als einem seelischen Akte notwendig ist. Da genügt, daß der Wahrnehmungsakt und das Wahrnehmungsobjekt in einer natur-

gesetzlichen organischen Beziehung oder Verbindung mit=
einander stehen.

Überhaupt ist die ganze Frage: wie ist äußere Wahr=
nehmung möglich? schon von vornherein verfehlt. Denn
die Begriffe „außen" und „innen", „äußere" und „innere"
haben eigentlich nur bei den körperlichen Dingen Geltung,
aber nicht beim Geiste und seinem Bewußtsein. Für das
letztere gibt es daher von Rechts wegen weder ein Außen
noch ein Innen, und es ist deshalb auch eigentlich verkehrt
zu fragen: ob wir „außerhalb" unseres Bewußtseins etwas
wahrnehmen können, weil es einfach kein „außerhalb"
unseres Bewußtseins gibt, ebenso wenig wie ein „innerhalb".
Darum ist es auch eigentlich unrichtig, von einer äußeren
und inneren Wahrnehmung zu sprechen; denn die Wahr=
nehmung ist in letzter Instanz ein Bewußtseinsakt und
darum als solcher weder äußerlich noch innerlich. Es gibt
für uns ein Äußeres und Inneres nur mit Rücksicht auf
unseren Körper und die anderen Körper, aber nicht mit
Rücksicht auf unser Bewußtsein. Bei dem letzteren handelt
es sich in Wahrheit nur um seine eigenen Zustände und
Akte, und um das, was nicht sein eigen, sondern ihm an
sich fremd und darum „Objekt" oder „Gegenstand" für es
ist. Dieser ist für das Bewußtsein weder äußerlich noch
innerlich, sondern einfach etwas, auf das es sich zwecks
seiner Erkenntnis bezieht.

Hier zeigt sich eine merkwürdige Ironie des Schicksals.
Wieso? Die erkenntnistheoretischen Idealisten nämlich sind im
Grunde nur deshalb Idealisten, weil sie hier Materialisten
sind, d. h. weil sie die Sinneswahrnehmung zu materiell
oder körperlich auffassen und sie deshalb nicht erklären
können, während umgekehrt die erkenntnistheoretischen
Realisten nur deshalb Realisten sind, weil sie eigentlich hier

Jdealisten sind, d. h. weil sie die in Rede stehende Sache nicht so grob, sondern geistig auffassen, wie sie in Wahrheit aufzufassen ist.

Die Gegenstände unserer Sinneswahrnehmung sind also dem oben Gesagten zufolge etwas Objektiv=Reales und darum von unserem Bewußtsein unabhängig. Aber ab= hängig sind sie in gewisser Beziehung, wie wir bereits ge= sehen haben, doch vom wahrnehmenden Subjekt, nämlich von dessen Sinnesorganen. Denn je nach deren Beschaffen= heit und aktuellem Zustande sind sie bei den verschiedenen Menschen verschieden, und insofern tragen sie auch einen subjektiven Charakter an sich. Das ist das Wahrheitsmoment des Jdealismus. Dieser hat daher recht, wenn er sagt, daß wir die äußeren Dinge nicht in ihrem reinen Ansichsein oder in ihrer reinen Objektivität wahr= nehmen; aber er ist im Unrecht, wenn er infolgedessen in das andere Extrem fällt und behauptet, daß die äußerlich wahrgenommenen Dinge nichts anderes als unsere Vor= stellungen, also etwas rein Subjektives seien. Denn sie sind, wie wir oben gezeigt haben, auch etwas Objektiv= Reales. Und hierin liegt die Wahrheit des Realismus. Folglich sind sie beides: sie sind sowohl subjektiv als ob= jektiv, d. h. sie haben sowohl subjektive als objektive Be= standteile. Denn sie sind die Resultanten aus der Ein= wirkung der Dinge von außen und der Rückwirkung seitens des betreffenden Sinnesapparates, ähnlich wie das Spiegel= bild meines Körpers das Produkt meines Körpers und des Spiegelglases ist.

Der wahre erkenntnistheoretische Standpunkt ist sonach weder der Jdealismus noch der Realismus; denn beide sind extreme Einseitigkeiten — sondern ihre harmonische Ver= bindung zu einer höheren Einheit: der **Jdeal=Realismus.**

Die Wahrnehmung ist gleichsam eine geistige Emp=
fängnis. Diese muß sich innerlich entwickeln, um Taten
zu gebären. Aber dazu gehört auch das Denken. Denn
die Wahrnehmung ist für sich allein noch keine eigentliche
Erkenntnis; sie bietet uns nur das Erkenntnis material,
welches durch das Denken erst zur wirklichen Erkenntnis
bearbeitet wird. Denn wenn ich etwas bloß sehe oder
bloß höre oder nur betaste oder nur schmecke, so weiß ich
noch nicht, was es ist; folglich habe ich es noch nicht er=
kannt. Aber ich habe dadurch eine Grundlage oder feste
Anhaltspunkte für die Erkenntnis gewonnen. Daß ich es
dann wirklich erkenne, dazu sind noch weitere seelische Tätig=
keiten notwendig, die man Denkoperationen nennt. Erst
diese letzteren erheben die Sinneswahrnehmung zur wirk=
lichen Erkenntnis.

Die Erkenntnis des Sinnlichen oder Körperlichen erfolgt
in drei Stufen: die unterste ist die einfache, gewöhn=
liche, vulgäre Sinneswahrnehmung; dieselbe ist
meistens unwillkürlich, ungenau und sehr unvollständig. Die
zweite Stufe ist die wissenschaftliche Beobachtung.
Diese wird in bestimmter Absicht, methodisch und in exakter
Weise angestellt. — Die dritte, noch höhere Stufe ist das
Experiment, welches die vorzüglichste wissenschaftliche
Erforschungsart der Körperwelt bildet.

Bei allen drei Stufen muß mit der Sinnestätigkeit auch
das entsprechende vernünftige Denken mitwirken, wenn
wirkliche und wahre Erkenntnis des Körperlichen erfolgen
soll. Deshalb sind sowohl der **Sensualismus,** welcher
unsere Erkenntnis nur von den Sinnen ableitet, als auch
der **Rationalismus,** welcher nur die Vernunft als
ihre Quelle gelten läßt, einseitige und insofern verfehlte

Standpunkte. Zur Erkenntnis der Außenwelt ist sowohl Sinnes= als Vernunfttätigkeit notwendig.

Die Philosophie und überhaupt die Wissenschaften nähren sich daher gleichsam an zwei Brüsten: an der Wahrnehmung (Erfahrung) und am Denken. Die Wahrnehmung ohne Denken ist geistlos, und das Denken ohne Wahrnehmung ist inhaltslos. Die Wahrnehmung befruchtet das Denken, das Denken vergeistigt die Wahrnehmung.

Aber es gibt nicht nur Sinnliches oder Körperliches, sondern auch Übersinnliches oder Unkörperliches, und um dieses zu erkennen, dazu ist nur die Vernunft befähigt. Deshalb handeln wir nun von der Vernunfterkenntnis.

3. Die Vernunfterkenntnis.

a. Die unmittelbare Vernunfterkenntnis.

Während die Sinneswahrnehmung das Mittel zur Er= kenntnis des Sinnlichen, des Materiellen oder Körperlichen ist, bildet die Vernunft das Mittel der Erkenntnis des Über= sinnlichen, des Immateriellen oder des Geistigen (Psychischen). Das Übersinnliche, Immaterielle kann entweder in uns oder außer uns sein. Ist es in uns, nennt man es die psychische oder seelische Wirklichkeit, und von dieser ist hier zunächst die Rede.

Es fragt sich nun: haben wir von unserem seelischen Innenleben eine unmittelbare reale Erkenntnis oder nur eine ideelle, d. h. durch Vorstellungen vermittelte?

Auch diese Frage wurde bisher verschieden beant= wortet: von den einen im realistischen, von den anderen im idealistischen Sinne, so daß also auch hier diese beiden entgegengesetzten Theorien hereinspielen. Während nämlich die Realisten behaupten, wir besäßen eine unmittelbare reale Erkenntnis von unseren seelischen Vorgängen, leugnen das die Idealisten, indem sie sagen, in der Zeit, in welcher wir die inneren Vorgänge erleben, besäßen wir kein Wissen von ihnen, sondern erst nachträglich könnten wir sie mittels der Erinnerungsvorstellungen zum Gegenstand der Erkenntnis machen.

Die Frage ist wieder: wer von beiden hat recht? Antwort: sie haben beide teilweise recht und teilweise unrecht. Die Wahrheit liegt auch hier wieder in der verbindenden Mitte. Inwiefern? Was zunächst die idealistische Ansicht betrifft, so kann dieselbe deshalb nicht ganz richtig sein, weil sie zugibt, daß wir Erinnerungsvorstellungen von unseren seelischen Vorgängen haben; denn wie können wir solche Erinnerungen von ihnen besitzen, wenn wir dieser Vorgänge zuvor nicht inne oder bewußt geworden sind? Man kann sich doch keiner Sache erinnern, von der man vorher noch nichts gewußt hat. Erinnern heißt ja nichts anderes, als wieder ins Bewußtsein bringen und als solches wieder erkennen, was man früher einmal gewußt hatte.

Haben wir also wirklich Erinnerungen von unseren früheren seelischen Vorgängen, dann müssen wir auch ur= sprünglich, als sie in uns stattfanden, irgend ein Wissen um sie gehabt haben. Wenn ich mich z. B. erinnere, daß ich vor einiger Zeit ein bestimmtes lebhaftes Verlangen nach etwas hatte, dann muß ich doch damals, als dieses Ver= langen in mir war, etwas von demselben gewußt haben; denn wie könnte ich mich sonst später dessen erinnern. Des= halb hat die realistische Ansicht recht, wenn sie sagt, daß wir in der Tat ein unmittelbares reales Wissen oder eine unmittelbare Erkenntnis von unseren seelischen Ereignissen, Zuständen und Tätigkeiten haben und nicht bloße Vor= stellungen von ihnen. Die seelischen Vorgänge haben das

Eigentümliche an sich, daß sie bei den Tieren mit Bewußtsein und bei den Menschen mit Gewußtsein oder mit einem
Wissen um sie verbunden sind, und dieses unmittelbare Wissen
nennt man auch „innere Wahrnehmung" oder „innere
Erfahrung", zum Unterschiede von der äußeren.

Aber freilich ist dieses unmittelbare, mit den gegenwärtigen seelischen Vorgängen verbundene Wissen um sie
im Grade sehr verschieden: es ist bald ein schwaches, bald
ein stärkeres, und es ist nicht imstande, uns direkt eine
genaue wissenschaftliche Erkenntnis unserer seelischen
Vorgänge zu bieten. Denn um eine solche zu erlangen,
dazu ist konzentrische Aufmerksamkeit auf dieselben, Vergleichung, Unterscheidung und Zerlegung in ihre Bestandteile notwendig, also eine Reihe von Denkakten, die unmöglich zugleich während des aktuellen Stattfindens der
seelischen Erlebnisse vorhanden sein können, sondern erst
nach denselben, indem wir sie in der Erinnerung als Vorstellungen reproduzieren und dann erst gedanklich unter-
suchen. Das ist die Fundamentalmethode der
Psychologie[1]). Und insofern hat auch der in Rede stehende
Idealismus recht, da wir eine genaue wissenschaftliche Erkenntnis von unserem seelischen Innenleben uns nicht
lediglich durch das unmittelbare, dasselbe begleitende Wissen
um es erwerben können, sondern durch die Methode der
Reflexion auf dasselbe in der Erinnerung. —

Welch allgemeinen Charakter bekunden nun
unsere seelischen Vorgänge, wenn wir sie, sei es unmittelbar,
sei es mittelbar, erfassen?

Vor allem zeigen sie sich nicht wie die äußeren Wahr-

---

[1]) Vgl. A. Pfänder, Einführung in die Psychologie. Leipzig
1904. S. 130 ff.

nehmungsgegenstände als etwas Sinnliches, sondern als etwas Übersinnliches, da wir sie mit unseren Sinnen nicht wahrnehmen können; denn wir können das Sehen nicht sehen und das Hören nicht hören, das Tasten nicht tasten und das Schmecken nicht schmecken, überhaupt keinen seelischen Vorgang mit irgendeinem Sinn erfassen. Wir brauchen dazu eine höhere Fähigkeit, die wir Vernunft nennen. Die letztere ist daher die Fähigkeit, das Übersinn= liche zu erkennen.

Diese Fähigkeit geht den Tieren ab. Sie haben wohl ein Bewußtsein; ihre seelischen Vorgänge vollziehen sich, so= weit wir es beurteilen können, bewußt, aber nicht gewußt, sie haben kein Wissen von denselben und deshalb auch kein Selbstbewußtsein. Und dadurch unterscheiden sie sich wesentlich von dem Menschen, da ihnen diese sehr wichtige Fähigkeit, die Vernunft, auf welcher das ganze höhere Geistesleben beruht, mangelt.

Ferner bekunden sich laut Zeugnis der inneren Er= fahrung unsere seelischen Vorgänge und Bewußtseinsinhalte: all unsere Erinnerungs= und Phantasievorstellungen, unsere Gedanken, Gefühle, Strebungen, Willensakte — wieder im Gegensatz zu den Objekten der äußeren Wahrnehmungen — als etwas Immaterielles oder Unkörperliches; denn sie besitzen keine von den Eigenschaften, welche die äußeren Wahrnehmungsobjekte haben: sie sind nicht aus= gedehnt, nicht lang und nicht breit, sie haben keine Gestalt und keine Farbe, sie sind nicht rauh und nicht hart, nicht fest und nicht weich usw. Auch deshalb können sie nur durch die Vernunft erfaßt werden.

Eine weitere Art unmittelbarer Vernunfterkenntnis kommt uns rücksichtlich der principia per se nota zu.

Darunter sind jene allgemeinen Urteile zu verstehen, deren Wahrheit uns unmittelbar, d. h. ohne weitere Begründung, als sicher einleuchtet. Solche Grundsätze sind z. B.: jedes Ding ist sich selbst gleich; es kann nicht etwas so beschaffen und zugleich in derselben Beziehung anders sein; aus nichts wird nichts. Das Ganze ist größer als jeder seiner Teile; es gibt keine Bewegung ohne ein Bewegendes, kein Denken ohne ein Denkendes, kurz: keine Tätigkeit ohne ein Subjekt derselben usw.

Es fragt sich nun: woher diese unmittelbar einleuchten= den, gewissen Grundsätze?

Auch bei der Beantwortung dieser Frage wurden bis= her zwei sich widersprechende Theorien aufgestellt, deren eine als **Nativismus**, deren andere als **Empirismus** be= zeichnet wird.

Nach der ersteren Theorie sind diese Grundsätze unserem Geiste a n g e b o r e n — Lehre von den angeborenen Ideen (Leibniz).

Diese Ansicht ist jedoch unhaltbar. Die Grundsätze sind Urteile, diese aber Denkfunktionen. Funktionen jedoch können als solche nicht angeboren sein, sonst müßten wir sie beständig aktuell in uns haben, was aber, wie die durch= gängige Erfahrung lehrt, tatsächlich nicht der Fall ist.

Indes auch die zweite Theorie, der Empirismus, der da behauptet, daß wir die in Rede stehenden Grundsätze aus der Erfahrung geschöpft hätten (Locke), ist irrig. Denn die Erfahrung bietet uns immer mehr oder minder zahlreiche E i n z e l f ä l l e, aber nie unbedingt allgemein= gültige Wahrheiten. Nun aber sind die betreffenden Grund= sätze solche allgemeingültige Wahrheiten. Also können sie nicht aus der Erfahrung stammen.

Wo liegt nun in unserem Problem die Wahrheit?

Ich sage: die fraglichen Grundsätze sind deshalb in allgemeingültiger Weise unserer Vernunft unmittelbar als wahr einleuchtend, weil sie nichts anderes sind als konkrete Ausdrücke unserer natürlichen allgemeinen Denk= gesetze oder doch unmittelbare Folgerungen aus denselben. Sie beruhen nämlich auf dem Identitäts= und Wider= spruchsgesetz, auf dem Kausalitäts= und Substanzialitäts= prinzip.

Demnach hat doch die nativistische Theorie etwas Wahres an sich; denn wenn auch nicht, wie sie meint, diese Grund= sätze als solche uns angeboren sind, so doch die realen Anlagen oder Fähigkeiten zu denselben in den logischen Naturgesetzen unseres Geistes.

Aber auch der Empirismus ist nicht ganz unwahr, in= dem die ursprünglichen Anlagen unseres Geistes nur durch die Erfahrung in Funktion treten und entwickelt werden und durch die Erfahrung in ihrer Wahrheit bestätigt werden.

Zur Erkenntnis der unmittelbar einleuchtenden Grund= sätze gehören also beide Faktoren zusammen: das a priori der angeborenen logischen Denkanlagen und das a posteriori der Erfahrung; denn ohne das erstere kann das letztere nicht gesetzmäßig stattfinden, und ohne das letztere wird das erstere nicht aktualisiert und betätigt.

Ich stehe also auch hier über den bezüglichen ein= seitigen Theorien; aber ich verwerfe sie nicht ganz, sondern vereinige ihre Wahrheitsmomente in einer höheren Einheit.

Endlich gibt es noch eine dritte seltenere Klasse un= mittelbarer Vernunfterkenntnis: das sind die unwillkürlichen Geistesblitze, die ursprünglichen neuen Gedanken, die In= tuitionen der Seher, Dichter, Künstler und originalen Denker, überhaupt der genialen Persönlichkeiten [1]). Die Erleuchtungen dieser erscheinen oft wie Eingebungen von oben oder wie Inspirationen des Weltgeistes, wenn sie auch aus dem Tiefgrunde ihres eigenen Geistes stammen.

Ja, selbst im Traume kommen bedeutenden Geistern nicht selten solche unmittelbaren neuen Einsichten; denn während des Schlafes geht das Seelen= und Geistesleben fort; es ist sogar bei manchen oft noch konzentrierter und intensiver als im wachen Zustande, weil es nicht durch die Einwirkungen der Außenwelt gestört wird und deshalb produktiver sich betätigt. Glücklich, wer eine solche Geistesverfassung besitzt; denn diese Intuitionen sind die Quellen des bedeutenden Fortschrittes auf dem Gebiete der Religion, der Wissenschaft, der Kunst und des praktischen Lebens durch die neuen Theorien, Entdeckungen und Erfindungen, die dadurch gemacht werden. Aber verhältnismäßig nur wenigen hocharistokratischen Geistern kommt diese Art Vernunfterkenntnis zu.

b. Die vermittelte Vernunftserkenntnis.

α. Die begriffliche Erkenntnis.

Durch die Sinneswahrnehmungen, mögen sie einfach oder kombiniert sein, erfassen wir nur das Einzelne, das Konkrete, das uns hier und jetzt Erscheinende, das Verschiedene, das Viele, das Sichverändernde, das Vergehende, das Individuelle. Wir nehmen durch die Sinne keinen Raum wahr, sondern nur Räumliches, keine Zeit, sondern nur Zeitliches, keine Veränderung, sondern nur Sichverändern-

---

[1] Vgl. die soeben erschienene Schrift von F. Volkelt, Die Quellen der menschlichen Gewißheit. München, O. Beck. 1906. S. 114 ff.

des, keine Bewegung, sondern nur Bewegtes, keine Farbe,
sondern nur in bestimmter Weise Gefärbtes, keine Gestalt,
sondern nur bestimmt Gestaltetes usw. Das allein be=
friedigt aber unseren Geist nicht. Denn er trägt in sich das
treibende Bedürfnis, das Allgemeingeltende, das Einheit=
liche, das Wesentliche, das Beharrende, das Typische in den
Dingen zu erkennen.

Woher nun dieses Bedürfnis?

Weil er selbst von Natur diese Charakterzüge in sich
trägt. Ja, unser Geist findet in sich bei allem Wechsel
seiner Zustände und Tätigkeiten etwas Beharrliches und
damit etwas Substanzielles, ferner bei aller individueller
Eigentümlichkeit im Vergleich mit anderen Menschen etwas
Gemeinsames, ihnen allen Zukommendes und darum Wesent=
liches, bei aller Vielheit eine Einheit. Und das drängt ihn
zu erforschen, ob nicht etwas derartiges auch bei den ihn
umgebenden Dingen der Fall ist. Zu diesem Zweck muß
er die letzteren, soweit sie ihm durch die Sinneswahrnehmung
zugänglich sind, zunächst miteinander vergleichen, sie in ein=
heitliche Gruppen ordnen, das ihnen gemeinsam und kon=
stant Zukommende oder das Allgemeine und Wesentliche
derselben herausheben und in Begriffen zusammenfassen.

Den Geist, insofern er dies tut, nannte Aristoteles
den „tätigen Verstand", und die Scholastiker den intellectus
agens, und seine bezügliche Tätigkeit die Abstraktion. Das
Resultat derselben sind sonach die Allgemeinbegriffe oder
die platonischen Ideen, durch die man das Wesen der
Dinge zu erfassen sucht, freilich nicht in anschaulicher, sondern
in abstrakter, mehr oder minder unvollkommener Weise.
Und diese Art der Erkenntnis nennt man die begriffliche,
weil sie mittels der Begriffe sich vollzieht.

Doch da erhebt sich die Frage: vermögen wir wirklich

auf dieſe Weiſe oder durch die Allgemeinbegriffe eine reale
Erkenntnis von dem Weſentlichen der Dinge uns zu ver=
ſchaffen? Mit anderen Worten: haben die Allgemeinbegriffe
eine reale Bedeutung oder nicht?

Auch in dieſer Beziehung ſind zwei einander entgegen=
geſetzte Anſichten im Laufe der Zeit geltend gemacht worden:
der **Nominalismus** und der **Realismus,** welche ins=
beſondere im Mittelalter in der Philoſophie eine Hauptrolle
ſpielten. Dem erſteren zufolge ſind die Allgemeinbegriffe
oder die Univerſalien, wie man ſie nannte, bloße Gebilde
unſeres Geiſtes (conceptus mentis) und nur in demſelben,
da in der objektiven Wirklichkeit nichts Allgemeines exiſtiere,
ſondern nur die Einzeldinge, nur Individuen.

Dagegen behauptet der Realismus, daß den Allgemein=
begriffen etwas Wirkliches entſpreche. Sie ſind entweder
nach P l a t o etwas Fürſichbeſtehendes, Tranſzendentes, oder
nach A r i ſ t o t e l e s, dem auch T h o m a s v o n A q u i n o
folgte, in den Dingen verwirklicht als deren geiſtiger Gehalt.

Welche von dieſen beiden Theorien hat nun recht? Ich
erwidere: ſie enthalten beide relative Wahrheiten. Der
Nominalismus hat recht, wenn er behauptet: es gibt nur
Individuen; denn alle wirklich exiſtierenden Weſen ſind
Einzeldinge, welche derart voneinander verſchieden ſind, daß
keines dem anderen ganz gleicht. Das iſt ein Univerſal=
geſetz des Seienden, welches man als den durchgängigen
Individualismus bezeichnen kann.

Dieſes Geſetz gilt nicht nur von allen Dingen der
äußeren Natur, ſondern auch von allen Menſchen. Die=
ſelben ſind nicht nur in ihrem körperlichen Sein alle von=
einander verſchieden, die einen mehr, die anderen weniger,
ſondern auch in ihrem Geiſtes= und Gemütsleben, folglich
auch in ihrem Denken und Erkennen, ſo daß man mit

Recht sagen kann, es existieren keine zwei Menschen in der
Welt, die vollständig und in jeder Beziehung und zu aller
Zeit gleich denken und erkennen. Wohl gebrauchen sie oft
dieselben Worte und Formeln und einigen sich auf diese,
aber in deren Auffassung weichen sie mehr oder minder
voneinander ab.

Das ist der Individualismus im Denken und Erkennen.
Da derselbe in unserer Natur begründet ist, so ist er im
allgemeinen berechtigt. Er wird besonders in unserer Zeit
sehr betont im Gegensatz zum Generalismus, zum
Schablonentum. Und der Grund hierfür liegt in der stärkeren
Entwicklung des Individuums, der konkreten Persönlichkeit.
Das ist ein Charakteristikum der modernen Zeit im Gegen=
satz zum Mittelalter, wo das Gemeinsame mehr betont und
auf die Einheit im Denken und Glauben streng gesehen
wurde. Das Individuum trat da zurück gegenüber den
Gemeinsamkeiten in Staat und Kirche, während umgekehrt
in unserer Zeit es stark hervortritt, infolgedessen es wohl
mehr widerstreitende Ansichten und Kämpfe, aber auch mehr
Mannigfaltigkeit, mehr Leben und Fortschritt gibt.

Soweit ist der Nominalismus, der die Individualität
aller Dinge vertritt, im Recht. Aber er ist im Unrecht,
wenn er meint, daß es nur Individuelles, nur Verschiedenes
in der Welt gäbe. Denn tatsächlich haben die Dinge und
die Menschen, wie die Erfahrung lehrt, auch vieles mit=
einander gemein, und insofern existiert auch das Allgemeine
in der Wirklichkeit. Denn allgemein ist dasjenige, was
allen gemein ist. So gibt es gemeinsame Eigenschaften bei
den Mineralien, den Pflanzen, den Tieren und den Menschen.
Und darauf beruht ihr Zusammenhang und ihre Einteilung
in Arten und Gattungen. Deshalb kann man mit Recht
sagen: jedes Ding ist nicht nur ein Individuum oder Einzel=

wesen, sondern auch ein Art= und Gattungswesen; es enthält also auch etwas Allgemeines. Und hierin liegt die Wahr= heit des in Rede stehenden Realismus, der da lehrt, daß den Allgemeinbegriffen in der Welt eine Realität entspricht. Wäre das nicht der Fall, dann wären alle Wissenschaften, die ja nichts anderes als Systeme von Allgemeinbegriffen sind, eitel und nichtig, da ihnen dann nichts Wirkliches entspräche.

Und was speziell die Menschen betrifft, so gäbe es unter der genannten Voraussetzung keine Menschheit, sondern nur einen Haufen von individuellen Menschen, die einander nichts angingen. Aber tatsächlich sind die Menschen mehr oder minder innig miteinander verbunden, und zwar durch das, was ihnen gemeinsam ist, also durch das Allgemeine in ihnen. Das gilt sowohl rücksichtlich ihrer Körperorgani= sation, indem in allen Menschen bei aller leiblichen Ver= schiedenheit dennoch ein gemeinsamer Grundtypus sich zeigt, als auch hinsichtlich ihres Denkens, Fühlens und Wollens. Und daher die gemeinsamen wissenschaftlichen, künstlerischen und ethischen Bestrebungen bei aller Individualität.

Folglich hat sowohl der Realismus oder, besser gesagt: der Generalismus als auch der Nominalismus oder Indivi= dualismus recht, aber jeder nur relativ, nur teilweise, da die ganze Wahrheit in ihrer harmonischen Vereinigung liegt[1]).

Heißt es daher nach P l a t o: universalia ante res, da= gegen nach den Nominalisten, wie z. B. nach Roscellin:

---

[1]) Nietzsche aber, der sowohl im Denken als in der Kunst und in der Ethik den absoluten Individualismus vertrat, verfiel ins Ex= treme und wurde einseitig, infolgedessen vielfach unwahr und unklar. Ähnlich O. Wilde, der den bezeichnenden Ausruf tat: „Ah! sagen Sie nicht, daß Sie mit mir übereinstimmen. Wenn Leute mit mir übereinstimmen, so fühle ich immer, daß ich Unrecht habe." Inten= tions, S. 166.

universalia post res, und nach Aristoteles und Thomas von Aquino: universalia in rebus, so sage ich: universalia sowohl ante res (als göttliche Ideen von den Dingen), als auch post res (als unsere von den Dingen abstrahierten Allgemeinbegriffe) und in rebus (als die Gattungs= und Arttypen in denselben).

Dem Gesagten zufolge haben also die richtig gebildeten Allgemeinbegriffe objektive oder reale Geltung, indem wir durch dieselben das den Dingen Gemeinsame, ihnen Wesent= liche, bei allem Wechsel Bleibende oder Substanzielle er= fassen. Die begriffliche Erkenntnis, die wir durch sie ge= winnen, beruht auf dem Substanzialitätsgesetz, das zunächst ein Denkgesetz ist und das da lautet: jeder Tätig= keit liegt ein Tätiges, jedem Wirken ein Wesen, jeder Eigen= schaft ein Subjekt zugrunde, und dieses Subjekt ist etwas relativ Beharrendes oder eine Substanz. Das Gegenteil hiervon können wir uns nicht vernünftigerweise denken.

Aber nicht nur ein Denk=, sondern auch ein Seins= gesetz ist das in Rede stehende Prinzip: denn wir finden es auch durchgängig in der Erfahrung bestätigt. So vor allem in uns selbst: bei allen Veränderungen, die wir so= wohl körperlich als seelisch=geistig erleben, bemerken wir an und in uns etwas Bleibendes, Beharrliches, das allem Wechsel einheitlich zugrunde liegt und dadurch sich als etwas Wesentliches und Substanzielles bekundet. Dasselbe be= obachten wir auch an den übrigen Dingen: wenn auch fort und fort die Formen an ihnen sich ändern, so bleibt doch immer etwas Substanzielles, das nicht vergeht. Und selbst auch in den Formen der Dinge lassen sich wesentliche oder substanzielle und unwesentliche oder accidentelle unterscheiden. Die ersteren sind die typischen, die zweiten die individuellen Formen. —

β. Die kaufale Erkenntnis.

Doch nicht nur das Was oder das Wefentliche, das hauptfächliche der Dinge will unfere Vernunft erkennen, fondern auch deren Urfachen. Sie will die Dinge nicht nur geiftig ergreifen, fondern auch geiftig begreifen, d. h. fie in ihren Gründen oder Urfachen erfaffen. Dazu treibt fie ein weiteres Gefetz: das Kaufalitätsgefetz. Diefes lautet: keine Veränderung, keine Wirkung ohne hinreichende Urfache. Denn jedes Wefen ift zunächft fich felbft gleich (Identitätsgefetz); wenn es fich aber verändert, dann muß etwas vorhanden fein, durch das die Veränderung bewirkt wurde, und diefes nennen wir die Urfache.

Es fragt fich nun: was für ein Gefetz ift die Kaufalität?

Auch auf diefe Frage wurden zwei entgegengefetzte Antworten gegeben: Nach Hume und John Stuart Mill ift fie ein empirifches oder apofteriorifches Grundgefetz, nach Kant dagegen ein apriorifcher Stammbegriff unferes Verftandes. Hier ftehen fich alfo wieder zwei Theorien gegenüber. Prüfen wir, wer recht hat!

Hume zufolge ift das Kaufalitätsaxiom ein Satz der Erfahrung. Denn wenn wir gefunden haben, daß ein Ding bisher mit einer beftimmten Wirkung verbunden war, fo erwarten wir mit Zuverficht, daß andere ihm ähnliche Dinge in der Folge mit ähnlichen Wirkungen verknüpft fein werden. Woher nun diefe Erwartung?

Hume meint, diefelbe beruhe auf einem Inftinkt unferes Bewußtfeins oder unferer Seele, der unwiderftehlich und unwillkürlich, ähnlich wie der Trieb nach Bewegung oder das Verlangen nach Sättigung in uns wirke und fo den

„trügerischen Begründungen" der Vernunft enthoben sei[1]). Diesen Naturtrieb hielt er aber nicht für einen ursprünglichen, sondern für einen sekundären Instinkt, indem er ihn aus der G e w o h n h e i t ableitete.

Wenn wir nämlich — bemerkt er — wiederholt wahrnehmen, daß Ereignisse beständig miteinander verbunden sind oder einander folgen, verknüpfen sich deren Vorstellungen derart in uns miteinander, daß, wenn das eine Ereignis wieder in den Kreis unserer Erfahrung tritt, wir mit innerer Nötigung erwarten, auch das andere folgen werde. Das erste der beiden stets miteinander zusammenhängenden Ereignisse nennt man Ursache, das zweite Wirkung; denn „die Ursache ist das, nach welchem ein anderes beständig existiert". Durch die häufig gemachte Erfahrung der Verkettung zweier Tatsachen wird also unser Gemüt daran gewöhnt, von der einen zu der anderen überzugehen.

Ähnlich M i l l, demzufolge das Kausalitätsgesetz bloß in der Wahrheit besteht, daß die Erfahrung eine Unveränderlichkeit der Aufeinanderfolge zwischen einer Tatsache in der Natur und einer anderen, die ihr vorhergegangen ist, nachweist. Gewisse Tatsachen sind bisher beständig, soweit unsere Beobachtung reicht, gewissen Tatsachen gefolgt, und daraus schließen wir, daß sie ihnen auch in der Zukunft immer folgen werden. Die unveränderlich vorhergehende Tatsache wird die Ursache, die unveränderlich folgende die Wirkung genannt. Und die Allgemeinheit des Kausalitätsgesetzes besteht darin, daß eine jede folgende auf irgendeine Weise mit der vorhergehenden oder mit einer Reihe von vorhergehenden Tatsachen verknüpft ist[2]).

---

[1]) H u m e, Enquiry concerning human understanding; deutsch von F. H. v. Kirchmann. S. 52.

[2]) M i l l, Logik; deutsch von S c h i e l. 1877. Bd. I. S. 406.

Nach Kant dagegen stammt das Kausalitätsgesetz nicht aus der Erfahrung; denn in derselben zeige sich keine Kausalität, sondern diese sei ein ursprünglicher Stammbegriff oder eine Kategorie unseres Verstandes[1]).

Welche von diesen beiden einander widerstreitenden Theorien hat nun recht?

Ich sage: sie haben beide unrecht und enthalten beide etwas Richtiges. Wieso?

Unrecht hat vor allem die erste Ansicht, wenn sie das Kausalitätsgesetz für einen aus der äußeren Erfahrung entnommenen Satz erklärt. Denn die äußere Erfahrung gibt uns bloß einzelne zeitlich aufeinanderfolgende Tatsachen, aber keine allgemeingültige, notwendige kausale Verknüpfung derselben.

Im Unrecht ist aber auch die zweite Theorie, welche Kant aufstellte, demzufolge die Kausalität ein ursprünglicher Stammbegriff oder eine apriorische reine Form unseres Verstandes ist. Denn unser Verstand oder unsere Vernunft besitzt ursprünglich so wenig apriorische Begriffe als angeborene Ideen, da alle unsere Begriffe erst spätere Ergebnisse unserer Denkoperationen am Erfahrungsmaterial sind. Der Säugling weiß daher noch nichts von dem Gesetz der Verursachung, weil er keinen Begriff von der letzteren hat. Erst nachdem das Denken zum logischen geworden und zur Selbstbesinnung gelangt ist, kommen wir zu diesem Begriffe und zur Erkenntnis dieses Gesetzes.

Doch etwas Wahres liegt in der Theorie Humes und Mills. Was nämlich den Begriff der Verursachung oder der Kausalität anlangt, so haben wir diesen wohl aus der Erfahrung geschöpft, freilich nicht aus der äußeren

---

[1]) Kant, Kritik der reinen Vernunft. Ausg. von K. Kehrbach. 2. Aufl. Leipzig. Reclam. S. 180 ff.

Erfahrung oder der Sinneswahrnehmung. Denn sinnlich nehmen wir nie eine Verursachung wahr; wir sehen nie, wie das eine das andere bewirkt, sondern nur das Resultat des Wirkens, nur die Aufeinanderfolge und die Gleichzeitigkeit der Erscheinungen.

Aber die innere Erfahrung bietet uns reale Daten zur Bildung des in Rede stehenden Begriffes. Wir erleben uns nämlich innerlich selbst als Ursachen, welche mit Absicht bestimmte Wirkungen oder Veränderungen hervorbringen. So lenken wir z. B. unseren Vorstellungslauf im Gegensatz zu seinen rein psychischen Assoziationstendenzen aus logischem Interesse bald in diese, bald in jene zielbewußte Bahnen, wenn und wann wir dieses wollen. Ebenso sind wir bei jeder Apperzeption, bei jeder Aufmerksamkeit auf ein bestimmtes Objekt, bei jedem absichtlichen Besinnen auf einen gewissen Gedanken kausal tätig. Dasselbe ist der Fall bei den absichtlichen und willkürlichen Bewegungen unseres Körpers. Dieselben erfolgen nur dann, wenn ich will, wann ich will, wie ich will und so lange ich will. Folglich sind sie durch meinen Willen ursächlich bedingt.

In diesen inneren Erfahrungstatsachen, die jeder an sich selbst erlebt, liegt der Ursprung des Kausalbegriffes seinem Inhalte nach. Es fragt sich nun aber: wie kommen wir dazu, auch in der Außenwelt Kausalität anzunehmen, obwohl die äußere Wahrnehmung rein für sich — wie oben gezeigt wurde — uns direkt keine Ursachen zeigt?

Man ist geneigt, die ständige Aufeinanderfolge zweier Ereignisse als einen Beweggrund zur Annahme eines obwaltenden ursächlichen Verhältnisses zwischen ihnen zu betrachten. In der Tat ist dieses nicht selten der Fall. Daß jedoch die ständige Aufeinanderfolge nicht das entscheidende Merkmal für das Vorhandensein von Kausalität sein kann,

geht schon daraus hervor, weil es Fälle gibt, wo eine der=
artige Konstanz vorliegt, ohne daß man eine ursächliche
Beziehung anzunehmen berechtigt ist. So folgt z. B. Tag
und Nacht ständig einander, und doch besteht kein Kausal=
verhältnis zwischen ihnen.

Der nächste Grund für die Behauptung einer objek=
tiven Kausalität wird vielmehr in der Tatsache gelegen
sein, daß wir mannigfache Einwirkungen von außen an
uns selbst erfahren. Vermittels unseres Körpers wirken
wir beständig auf die Außendinge ein, und diese wirken
je nach ihrer Beschaffenheit in verschiedener Form auf uns
zurück und bekunden sich dadurch unserem Bewußtsein und
Gefühl als wirksame Realitäten, als Ursachen. Auf diese
Weise erkennen wir, daß ihnen Kausalität zukommt. Und
wie sie zu unserem Körper in ursächlicher Beziehung
stehen, so schließen wir, daß sie auch mit den anderen
Körpern, d. h. untereinander, eine solche Beziehung
haben, woraus uns die Veränderungen, die wir an ihnen
wahrnehmen, im allgemeinen erklärlich werden.

Dieser Schluß der gemeinen Erfahrung erhält sodann
noch exakte Bestätigung durch das wissenschaftliche
Experiment. Indem wir nämlich die durch den Natur=
lauf herbeigeführten Verbindungen der Stoffe absichtlich
lösen und sie dann unter selbstgewählten Bedingungen in
andere Synthesen bringen, werden wir finden, daß sie
jedesmal unter gleichen Bedingungen gleiche Wirkungen
zeigen, daß dagegen bei Abänderung auch nur einer ein=
zigen bestimmten Bedingung stets auch ein anderes ent=
sprechendes Resultat sich ergibt, infolgedessen wir imstande
sind, bei genauer Kenntnis aller mitwirkenden Faktoren
ein gewisses Phänomen mit Sicherheit vorauszusagen. Dies
aber wäre unmöglich, wenn nicht die Dinge auf ganz be=

ſtimmte Weiſe in urſächlichem Zuſammenhang miteinander
ſtänden[1]). Und dieſen urſächlichen Zuſammenhang der Dinge
zu erforſchen, das bildet die kauſale Erkenntnis.

Den Begriff der Kauſalität ſchöpfen wir alſo dem
Inhalte nach aus unſerer inneren Erfahrung — das iſt das
Wahrheitsmoment der bezüglichen Theorie Humes und
Mills —, aber nicht den Grundſatz der Kauſalität.
Dieſes Prinzip können wir unmöglich aus der Erfahrung —
weder aus der inneren noch der äußeren — entnommen
haben, da es unbedingt und allgemein gültig iſt, die Er=
fahrung aber uns nie Unbedingt= und Allgemeingültiges
bietet. Das Kauſalitätsprinzip kann alſo nicht etwas
Apoſterioriſches, ſondern muß etwas Aprioriſches ſein, und
das iſt das Wahrheitselement in der bezüglichen Lehre
Kants. Allerdings kann es, wie ſchon früher betont wurde,
nicht ein urſprünglicher „Stammbegriff“ oder eine „reine
Form“ des Verſtandes ſein, wie Kant annahm; denn von
Natur aus hat unſer Verſtand oder unſere Vernunft keine
Begriffe und keine reine Formen in ſich, ſondern nur reale
Anlagen und Geſetze, und ein ſolches Denkgeſetz iſt auch
das Kauſalitätsprinzip, ebenſo wie das Identitätsprinzip,
auf dem es ruht. Infolge dieſes Geſetzes hat unſere Ver=
nunft das lebhafte Bedürfnis, die Urſachen der Dinge zu
erforſchen, weshalb ſie immer nach dem Warum derſelben
fragt. Dieſer geiſtige Trieb zeigt ſich ſchon frühzeitig beim
Menſchen, indem bereits die Kinder, nachdem ihr Seelen=
leben kaum etwas entwickelt iſt, ſehr oft dieſe Frage ſtellen.
Und je reifer und ſtärker unſer Geiſt iſt, deſto energiſcher
macht ſich der Kauſalitätsdrang in ihm geltend.

---

[1]) Näheres in meinem Werk: Die Grundfragen der Erkenntnis=
theorie. Mainz, Kirchheim. 1887. S. 460 ff.

γ. Die metaphysische Erkenntnis.

Doch strebt unsere Vernunft nicht nur nach der Erkenntnis der Einzelursachen, sondern auch nach der ersten
oder Ururfache, und nicht nur nach der Erforschung des
Wesens der Dinge, sondern auch nach der des Grundwesens
alles Seienden. Das ist das eigentliche metaphysische Bedürfnis, das bei den verschiedenen Menschen dem Grade
nach sehr verschieden ist, wenn es auch bei keinem normalen
Geist ganz fehlt. Denn es beruht auf unabweislichen
Forderungen der denkenden Vernunft, die ich die logischen
Postulate nenne. Diese Postulate sind folgende: wenn
Vieles existiert, dann notwendig auch Eines; wenn Relatives, dann sicher auch ein Absolutes; wenn Bedingtes, dann
gewiß auch ein Unbedingtes; wenn Zufälliges, dann unstreitig auch ein Notwendiges; wenn Endliches, dann auch
ein Unendliches; wenn Zeitliches, dann auch ein Ewiges;
wenn Wirkungen und Ursachen, die wieder Wirkungen sind,
dann sicher auch eine Ururfache, die nicht eine Wirkung ist,
sondern aus sich selbst besteht. Warum? Weil das Erste
ohne das Zweite nicht existieren kann, so wenig als ein
Teil ohne ein Ganzes, ein Rechts ohne ein Links, ein Oben
ohne ein Unten.

Das sind die höchsten unumgänglichen Forderungen
unserer Vernunft, und zwar nicht nur der praktischen, wie
Kant meinte, sondern auch der theoretischen. Auf ihnen
beruht die Metaphysik.

Man hat zwar schon oft gesagt, wir dürften nicht vom
Vielen auf das Eine, nicht vom Relativen auf das Absolute, nicht vom Bedingten auf das Unbedingte usw. schließen.
Ich aber sage: wir müssen diesen Schluß machen, wenn
wir logisch und konsequent im Denken verfahren wollen;

denn das Eine fordert notwendig das Andere. Das Erste
ist der Erkenntnisgrund für das Zweite, das Zweite
der Seinsgrund für das Erste. Indem man beides nicht
genau unterschieden hat, ist schon viele Konfusion entstanden.

Ob es in Wirklichkeit das Erste gibt: ob Vieles,
Relatives, Bedingtes, Zufälliges, Endliches, Zeitliches, Ur=
sachen und Wirkungen existieren, das lehrt uns nur die Er=
fahrung; wenn wir aber durch die Erfahrung das wissen,
dann lehrt uns die Vernunft, daß auch das Zweite existiert:
das Eine, Absolute, Unbedingte, Notwendige, Unendliche,
Ewige, Ururfächliche, und dieses nennt man Gott. Gott
ist sonach das höchste Objekt und das höchste Ziel der Er=
kenntnis, und die metaphysische Erkenntnis, die ihn zum
Hauptgegenstand hat, ist deshalb die höchste Erkenntnis[1]).

Gott ist aber auch der tiefste Möglichkeitsgrund
unserer Erkenntnis. Wieso?

Damit wir Objektiv=Wirkliches erkennen können, dazu
ist unbedingt die Übereinstimmung unserer Denkgesetze mit
den Gesetzen des Seins notwendig; denn ständen beide im
Widerspruch zueinander, dann wäre es unmöglich, mittels
des Denkens das Sein zu erfassen. Ja, wäre das objektive
Sein nur Sein, d. h. stände es in gar keiner Beziehung
zum Denken, enthielte es nichts Gedankliches, dann wäre
es unbegreiflich, wie das Denken es in sich aufnehmen
könnte. Folglich kann das Sein nur unter der Voraus=

---

[1]) Darum sagt mit Recht „ein Selbstdenker" unserer Tage: „Nur
die Personen haben Anspruch auf erstklassiges Menschentum, die im
intensiven Streben nach Selbst= und Weltkultur über den Bannkreis
unseres Erdenlebens hinaus denkend, sich für Metaphysik, für den
Gottes= und Unsterblichkeitsgedanken, für Ewigkeitswerte ernst und
anhaltend zu interessieren vermögen." Wahrheit und Irrtum in der
materialistischen Weltanschauung. 2. Aufl. Berlin 1906.

ſetzung, daß es ſelbſt etwas Gedankliches, daß es ein Gedankenausdruck iſt, von uns wieder auf einen Gedankenausdruck gebracht werden. Denn nur ein Gedankenpro-
dukt kann im Gedanken reproduziert werden.

Daß aber die objektive Welt wirklich ein Gedanken-
produkt iſt, ergibt ſich daraus, daß die Geſetze unſeres
Denkens durchgängig in ihr walten. So das Identitäts-,
das Subſtantialitäts-, das Kauſalitätsgeſetz.

Woher nun dieſe merkwürdige Übereinſtimmung? Von
uns Menſchen rührt ſie ſicherlich nicht her; denn wir können
der objektiven Welt keine Geſetze geben. Ebenſowenig
kann aber auch dieſe Übereinſtimmung von der objektiven
Welt herkommen; denn dieſe iſt gleichfalls nicht imſtande,
unſerem Geiſt weſenhafte oder unabänderliche Geſetze zu
geben. Um nun die in Rede ſtehende tatſächliche Übereinſtimmung zu erklären, bleibt nichts anderes übrig, als
anzunehmen, daß das objektive Sein und unſer ſubjektives
Denken urſprünglich zueinander hingeordnet und beide
demſelben Prinzip entſprungen ſind.

Was für einem Prinzip?

Dieſes Prinzip kann keine bloße Idee ſein, wie der
metaphyſiſche Idealismus meint; denn eine ſolche iſt ohne
einen ausführenden Geiſt ein ohnmächtiges Abſtraktum und
vermag deshalb die erwähnte Übereinſtimmung nicht hervorzubringen. Vielmehr muß das betreffende Prinzip ein
reales und zugleich logiſch denkendes Weſen ſein, das ſeine
Gedanken im Sein verwirklicht und dem menſchlichen Geiſte
die entſprechenden Normen oder Geſetze gegeben hat, vermöge deren er imſtande iſt, die objektiv verwirklichten Gedanken ſubjektiv ideell zu reproduzieren. So weiſt alſo die
tatſächliche Harmonie der Geſetze unſeres Denkens mit den
Geſetzen der objektiven Welt, auf welcher die Möglichkeit

unserer realen Erkenntnis beruht, auf ein gemeinsames, ab=
solutes, intelligentes Prinzip, d. h. auf Gott hin, ohne
welches dieselbe unerklärlich bleibt[1]).   Die Existenz Gottes
ist sonach auch ein Postulat zur Erklärung der Möglichkeit
der Erkenntnis der Welt.

---

[1]) Vgl. mein **Werk**: Der Triumph der christlichen Philosophie.
Mainz, Kirchheim 1900.   S. 108 f.

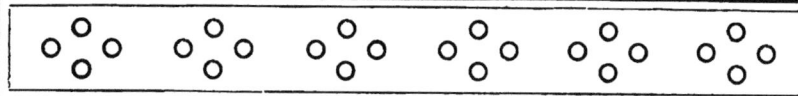

Zweiter Teil.
Das Weltproblem.

I. Ewigkeit oder Zeitlichkeit der Welt.

Das Weltproblem umfaßt die kosmologischen Grund=
fragen: Ist die Welt ewig oder zeitlich? ist sie unendlich
oder endlich? wenn sie entstanden, wie ist sie geworden?
wie entstand das Leben? woher die verschiedenen Arten
der Lebewesen? wodurch ist die Welt geworden? oder
welches ist ihr Urheber? welches der allgemeine Charakter
der Welt? worin besteht das Grundwesen und die Grund=
gesetze aller Dinge? Gewiß, hochbedeutsame Fragen, die
für jeden Geistiggebildeten von großem Interesse sind.

Was nun zunächst die erste kosmologische Frage be=
trifft: Ist die Welt ewig oder zeitlich? so wurden auf die=
selbe, im Laufe der Zeit zwei entgegengesetzte Antworten
gegeben und ist dieses heute noch der Fall. Die einen näm=
lich behaupten mit aller Entschiedenheit: sie ist ewig, während
die anderen ebenso entschieden das Gegenteil annehmen.

Die Ewigkeit der Welt wurde meistens in der antiken
Philosophie gelehrt; aber auch in unserer Zeit hat diese

Ansicht noch viele Vertreter. Dahin gehören alle Materia=
listen und Pantheisten, die sich heutzutage lieber Monisten
nennen, wie beispielsweise D. F. Strauß, L. Büchner,
E. Dühring, Haeckel. So bemerkt der erstere: „Sehen
wir auf das Universum im ganzen, so hat es niemals eine
Zeit gegeben, wo dasselbe nicht war, wo in demselben kein
Unterschied von Weltkörpern, kein Leben, keine Vernunft
gewesen wäre, sondern das alles, wenn es in einem Teile
des All noch nicht war, so war es in einem anderen Teile
schon da, in einem dritten nicht mehr da; es war hier im
Werden, dort im vollen Bestande, an einem dritten Orte
im Vergehen begriffen; das Universum ein unendlicher In=
begriff von Welten in allen Stadien des Werdens und Ver=
gehens, und eben in diesem ewigen Kreislauf und Wechsel
es selbst in ewig gleicher absoluter Lebensfülle sich er=
haltend" [1]).

Desgleichen sagt Haeckel: „Es gibt einen Anfang der
Welt ebensowenig als ein Ende derselben. Wie das Uni=
versum unendlich ist, so bleibt es auch ewig in Bewegung;
ununterbrochen findet eine Verwandlung der lebendigen
Kraft in Spannkraft statt und umgekehrt; und die Summe
dieser aktuellen und potentiellen Energie bleibt immer die=
selbe" [2]).

Wie steht es nun mit der Wahrheit dieser Lehre?
Haben diese Männer ihre Ansicht von der Ewigkeit der
Welt auch bewiesen? Nein, durchaus nicht, sondern sie
haben sie nur einfach behauptet. Aber bloße Behauptungen
gelten in der Wissenschaft nichts, solange sie nicht sachlich
begründet werden.

---

[1]) Strauß, Der alte und der neue Glaube. 9. Aufl. 1877. S. 100 f.
[2]) Haeckel, Welträtsel. Stuttgart, Kröner. 1903. S. 100.

Doch einen Verſuch machte Haeckel wenigſtens, ſeine Behauptung von der Ewigkeit der Welt zu beweiſen, indem er dieſelbe aus dem Geſetz der Erhaltung der Energie ab= leitet. Er ſagt: „Die Geſamtſumme der Kraft oder Energie im Weltall bleibt beſtändig, gleichviel, welche Veränderungen uns erſcheinen; ſie iſt ewig und unendlich wie die Materie, an die ſie untrennbar gebunden iſt" [1]).

Sein Schluß lautet alſo folgendermaßen: weil die Ge= ſamtſumme der Kraft oder Energie im Weltall beſtändig bleibt, deshalb muß ſie, beziehungsweiſe die Welt, ewig oder immer geweſen ſein. Wie? Iſt dieſer Schluß berechtigt?

Nein; denn das Konſtanzgeſetz der Energie hat eben= ſogut Geltung, auch wenn die Welt einmal angefangen hat. Sowenig aus der Unſterblichkeit der Seele die Ewigkeit der letzteren folgt, ebenſowenig folgt aus der Lehre der Beſtändigkeit der Energie deren Ewigkeit und damit die Ewigkeit der Welt.

Alſo feſte Gründe für die Ewigkeit der Welt hat bis jetzt keiner vorgebracht. Wohl aber gibt es Gründe, die gegen dieſelbe ſprechen. Gewiß iſt, daß alle Dinge der Welt im Laufe der Zeit geworden ſind. Nun aber iſt die Welt nichts anderes als der Inbegriff oder das Geſamt= ſyſtem aller Dinge. Sind alſo dieſe alle geworden, dann iſt auch die Welt geworden, die ja deren Summe iſt. Iſt aber die Welt geworden, dann iſt ſie nicht ewig, ſondern zeitlich; denn ewig iſt nur das Nichtgewordene, zeitlich dagegen das Gewordene.

Doch, da wird man vielleicht ſagen: ja, wenn auch alle Dinge im Einzelnen geworden und folglich zeitlich ſind, ſo doch nicht deren Subſtanz oder die Allgemeinmaterie.

---

[1]) Haeckel, a. a. O. S. 94

Diese ist ewig; denn sie beharrt in allem Wechsel der Dinge; wir können sie nicht vernichten; folglich ist sie auch nicht entstanden.

Darauf erwidere ich: Vor allem gibt es in der Wirklichkeit keine Allgemeinmaterie und hat es nie eine solche gegeben. Warum? Weil das Allgemeine a l s s o l c h e s nicht real existiert, sondern nur im Einzelnen. Das Allgemeine als solches ist eine bloße Abstraktion unseres Verstandes, aber keine objektive Realität. Denn jede Materie, die wir als etwas Wirkliches aus der Erfahrung kennen, ist mehr oder weniger bestimmt, ist immer etwas Besonderes. Eine allgemeine Materie läßt sich wohl begrifflich denken, aber kann nicht als solche objektiv sein, weil alles Objektivseiende etwas Bestimmtes oder irgendwie Beschaffenes ist. Folglich kann die Allgemeinmaterie auch nicht ewig als Weltsubstanz existiert haben, weil sie überhaupt nicht wirklich existiert, sondern nur als Idee in unserem Verstande.

Die Materie als Substanz besteht nur in den einzelnen stofflichen Grundelementen, aus denen die Körper zusammengesetzt sind. Nun ist aber j e d e s dieser Elemente in seiner Wirksamkeit und darum auch in seinem Sein durch andere bedingt. Folglich sind a l l e bedingt, folglich auch die ganze Materie, welche ja nur deren Summe darstellt. Ist aber die Materie bedingt, dann kann sie auch nicht ewig sein; denn nur das Unbedingte, das Absolute ist ewig.

Und was den weiteren Punkt betrifft, daß die wirklich vorhandene materielle Substanz in ihrer Quantität bei allem Wechsel der Form beharrt und von uns nicht vernichtet werden kann, so folgt daraus so wenig deren Ewigkeit, wie aus der Beharrlichkeit der Energie die ewige Existenz dieser. Denn auch unter der Voraussetzung, daß die materielle Substanz einmal entstanden und folglich zeit-

lich ist, könnte sie doch in alle Zukunft beharren. Also ist
ihre Konstanz kein Beweis für ihre Ewigkeit, wie Haeckel
meint.

Die Zeitlichkeit der Welt ergibt sich ferner auch aus
der Betrachtung der Naturvorgänge oder der physika=
lisch=chemischen Prozesse, die sich in ihr abspielen. Jeder
dieser Prozesse entsteht und vergeht, jeder ist also zeitlich.
Folglich muß auch der ganze Weltprozeß, der ja nur die
Summe aller einzelnen ist, zeitlich sein.

Insbesondere folgt dies aus dem zweiten Haupt=
satz der modernen Energielehre. Der erste Hauptsatz ist
der bereits oben erwähnte von der Energie=Beharrlich=
keit. Aus diesem schloß Häckel, wie gezeigt, fälschlicher=
weise die Ewigkeit der Welt. Der zweite Hauptsatz aber
ist der von der Energie=Verwandlung, und da aus dem=
selben die Zeitlichkeit der Welt hervorgeht, hat ihn Haeckel
einfach in seinen „Welträtseln" geleugnet[1]). Dieser zweite
Hauptsatz besagt, daß bei den Umwandlungen der Energie
eine Entwertung und Zerstreuung derselben eintritt. Mecha=
nische Bewegung setzt sich in Wärme um; diese kann aber
nicht wieder ganz in mechanische Bewegung verwandelt
werden. Die Folge davon ist, daß die aktuelle Energie in
der Welt allmählich abnimmt, während die neutrale wächst.
Schließlich muß demnach aller Kraftvorrat in Wärme über=
gehen und alle Wärme in das Gleichgewicht der Natur
kommen. „Dann ist jede Möglichkeit einer weiteren Ver=
änderung erschöpft, dann muß vollständiger Stillstand aller
Naturprozesse von jeder nur möglichen Art eintreten. Auch
das Leben der Pflanzen, Menschen und Tiere kann natür=
lich nicht weiter bestehen, wenn die Sonne ihre hohe

---

[1]) Haeckel, Welträtsel. S. 101.

Temperatur und damit ihr Licht verloren, wenn sämtliche Bestandteile der Erdoberfläche die chemischen Verbindungen geschlossen haben werden, welche ihre Verwandtschaftskräfte fordern. Kurz, das Weltall wird von da an zu ewiger Ruhe verurteilt sein"[1]. Daraus folgt, wie auch der Natur= forscher A. Fick mit Recht geschlossen hat, daß der Welt= prozeß vor endlicher Zeit begonnen haben muß, weil er sonst schon zum Gleichgewichtszustande geführt haben müßte, daß er also nicht von Ewigkeit her sein kann[2].

Zu demselben Schluß kam auch der Philosoph E. v. Hart= mann, indem er sagt: "Der naturwissenschaftliche Mate= rialismus glaubte aus der Konstanz der Energie während der Dauer des Prozesses auf ihre Ewigkeit unabhängig vom Prozeß schließen zu können. — Der zweite Hauptsatz zeigt die Voreiligkeit dieser Schlußfolgerungen und läßt das Dogma von der Ewigkeit des Weltprozesses als ein falsches Vorurteil erscheinen"[3].

Indes da wird Haeckel entgegnen: wenn auch diese Welt zeitlich ist, so sind ihr doch unendlich viele andere vorausgegangen und werden ihr unendlich viele folgen; denn "die Universalbewegung der Substanz im Weltraum ist ein ewiger Kreislauf mit periodisch sich wiederholenden Entwicklungszuständen". "Das ewige Spiel beginnt immer wieder von neuem" und verläuft in der "ewigen Zeit"[4].

Hierauf bemerke ich: Wohl ist es möglich, daß dieser

---

[1] Helmholtz, Populärwissenschaftliche Vorträge. 1871. Heft 2 S. 116.

[2] A. Fick, Die Naturkräfte in ihrer Wechselbeziehung. Würz= burg 1869. S. 69 f.

[3] E. v. Hartmann, Die Weltanschauung der modernen Physik. Leipzig 1902. S. 30.

[4] Haeckel, Welträtsel. S. 98, 99.

unſerer Welt, auch wenn ſie bereits Millionen von Jahren
in der Entwicklung iſt, viele andere Welten vorausgegangen
ſind; aber unendlich viele, wie Haeckel meint, können
es nicht geweſen ſein. Warum? Einfach deshalb, weil es
eine unendliche Zahl nicht geben kann, da dieſelbe ein
Widerſpruch mit ſich ſelbſt iſt. Denn unendlich iſt dasjenige,
was weder vermehrt noch vermindert werden kann. Jede
Zahl aber, auch wenn ſie noch ſo groß iſt, kann vermehrt
und vermindert werden. Folglich iſt eine unendliche Zahl
eine Unmöglichkeit.

Ferner, wenn auch unſerer Welt vielleicht viele andere
Welten vorausgegangen ſind, ſo hat doch jede von ihnen
nur eine Zeitlang, wenn auch Millionen von Jahren, ge=
dauert. Folglich war jede etwas Zeitliches; denn jede hat
angefangen und geendet. Wenn wir nun auch alle dieſe
großen Zeitquanta, die jede dieſer angenommenen Welten
gewährt hat, ſummieren, ſo kommt doch immer wieder,
wenngleich ein unſagbar gewaltiges Zeitquantum, aber nie
die Ewigkeit heraus, ſowenig als aus der Addierung vieler
Millionen von Nullen je eine poſitive Zahl entſteht. Darum
iſt auch ein „ewiger Kreislauf“ von entſtehenden und ver=
gehenden Welten, wie Strauß und Haeckel ihn annehmen,
eine Unmöglichkeit, da jeder Kreislauf etwas Zeitliches iſt
und ein „ewiger Kreislauf“ eine „ewige Zeit“ ſein würde,
eine „ewige Zeit“ aber ein Widerſpruch mit ſich ſelbſt iſt
und darum nicht exiſtieren kann. So iſt alſo die vielfach
vertretene Anſicht von der Ewigkeit der Welt oder der
Welten ein Irrtum.

Und doch, ſage ich, enthält dieſe Anſicht etwas Wahres.
Wieſo? wird man erſtaunt fragen. Ich erwidere: Die
Welt oder das Zeitliche iſt eine Wirkung aus dem
Ewigen und geht in ſeinen Wirkungen ins Ewige.

Die Wahrheit dieses sehr wichtigen Satzes ergibt sich aus dem Kausalitäts= und Identitätsgesetze, welche in den beiden Grundsätzen zum Ausdruck kommen: aus Nichts wird Nichts, und das Sein kann nicht aus sich zum reinen Nichts werden. Denn wenn aus Nichts das Sein würde, dann wäre das Nichts gleich dem Sein, und wenn aus dem Sein ein Nichts würde, dann wäre das Sein gleich dem Nichts, was beides unmöglich ist, weil es sich selbst widerspricht.

Ist also das Zeitliche geworden, so kann es ursprüng= lich nur aus dem Ewigen geworden sein; denn es hat ja sonst Nichts gegeben. Folglich muß das Zeitliche der Potenz nach in dem Ewigen gelegen sein; denn anderen= falls hätte es nicht aus demselben entstehen können, weil es sonst aus Nichts entstanden wäre, was unmöglich ist.

Folglich ist die Welt oder das Zeitliche ewig der Potenz nach, zeitlich aber in der Aktualität oder in der Wirklichkeit.

Ferner ist zur Lösung des in Rede stehenden großen Problems noch eine weitere wichtige Unterscheidung zu machen. Man muß nämlich unterscheiden zwischen der Schöpfung als Tätigkeit und der Schöpfung als Pro= dukt dieser Tätigkeit. Die Schöpfung als Tätigkeit kann recht wohl ewig sein und ist es wahrscheinlich, d. h. das Absolute oder Gott kann von Ewigkeit her schöpferisch tätig sein. Aber die Schöpfung als Produkt kann nicht ewig sein; denn als Produkt ist sie etwas Gewordenes und darum etwas Zeitliches.

Das ist meines Erachtens die einzig richtige und klare Lösung des alten, so sehr umstrittenen Problems der Ewig= keit und Zeitlichkeit der Welt.

Ich stehe also auch in dieser großen Frage über den beiden einander entgegengesetzten Parteien und vermittle

sie in einer höheren Einheit, indem ich sage und oben bewiesen habe: die Welt ist sowohl ewig als zeitlich: ewig
der Potenz nach, zeitlich in der Wirklichkeit. Das Zeitliche
ist sonach potentiell ewig, und das Ewige ist potentiell zeitlich. Die Ewigkeit ist gewissermaßen die Mutter der Zeit,
und die Zeit gewissermaßen die Tochter der Ewigkeit. Bisher
hat man Ewigkeit und Zeit durchgehends schroff voneinander
getrennt. Das war meines Erachtens ein großer Fehler.
Infolgedessen konnte man sie nie in das rechte Verhältnis
zueinander bringen. Nach meiner Theorie aber sind beide
nicht voneinander zu trennen, sondern sie gehören zusammen;
sie bilden eine großartige, harmonische Synthese.

II. Unendlichkeit oder Endlichkeit der Welt.

Auch in der Frage rücksichtlich der Unendlichkeit oder
Endlichkeit der Welt standen sich bisher zwei konträre Anschauungen gegenüber; die einen behaupten: die Welt sei
unendlich, die anderen, sie sei endlich. Die ersteren sind
diejenigen, welche auch die Ewigkeit der Welt lehren, die
zweiten jene, welche die Welt für zeitlich halten. Ein Hauptvertreter der ersten Ansicht ist in der Gegenwart wieder
Haeckel. Nach ihm ist die Welt sowohl dem allgemeinen
Inhalt oder der Substanz nach als auch der allgemeinen
Form oder dem Raum nach unendlich. So sagt er z. B. in
seinen „Welträtseln": „Der Weltraum ist unendlich groß
und unbegrenzt; er ist nirgends leer, sondern allenthalben
mit Substanz erfüllt"[1]. „In alle Ewigkeit war, ist und
bleibt das unendliche Universum dem Substanzgesetz unter-

---

[1] Haeckel, Welträtsel. S. 98.

worfen" [1]). „Das unendliche, raumerfüllende Medium ist
die Materie . . . Die unendliche Materie, welche objektiv
den Kosmos erfüllt, nennen wir in unserer subjektiven Vor=
stellung Raum [2]. Folglich ist nach Haeckel die Welt so=
wohl dem Inhalt als der Form nach unendlich.

Welches ist nun dieser Inhalt? Haeckel erwidert: die
Materie oder die körperliche Substanz. Diese Substanz be=
findet sich überall und jeder Zeit in ununterbrochener Be=
wegung und Veränderung; nirgends herrscht vollkommene
Ruhe und Starre; dabei bleibt aber die unendliche Quantität
der Materie ebenso unverändert wie diejenige der ewig
wechselnden Energie. Die Universalbewegung der Substanz
im Weltall ist ein ewiger Kreislauf mit periodisch sich
wiederholenden Entwicklungszuständen. Diese Phasen be=
stehen in einem periodischen Wechsel der Aggregatzustände,
wobei zunächst die primäre Sonderung von Masse und Äther
eintritt" [3]).

Folglich besteht nach Haeckel der Weltinhalt aus den
Körpern in den verschiedenen Aggregatzuständen, und dieser
Inhalt ist ihm zufolge unendlich. Ist das richtig? Nein;
denn es ist unmöglich. Warum? Die Welt besteht ihrem
Inhalt nach doch aus lauter endlichen oder begrenzten
Dingen, seien es gasförmige oder flüssige oder feste Körper.
Die Gesamtsumme dieser endlichen Dinge kann aber nichts
Unendliches sein; denn mag man noch so viel Endliches zu
Endlichem addieren, so kommt nie ein Unendliches, d. h. ein
völlig unbegrenztes Sein heraus, so wenig als aus der Ad=
dition von vielen Millionen Nullen eine positive Zahl ent=

---

[1]) Haeckel, Ebenda.
[2]) Haeckel a. a. O. S. 99.
[3]) Haeckel a. a. O. S. 98.

steht. Wer also behauptet, die Welt sei ihrem Inhalt nach unendlich, der nimmt ein unendliches Endliches an, was ein Widerspruch mit sich selbst ist und deshalb unmöglich existieren kann. Nur ein ganz unklares Denken kann die Unendlichkeit der Welt behaupten.

Aber nicht nur dem Inhalt nach kann die Welt nicht unendlich sein, sondern auch der Form oder dem Raum nach.

Was ist der Raum? Auch in der Beantwortung dieser Frage stehen sich zwei Ansichten gegenüber. Nach dem Idealismus, speziell Kants, ist der Raum nur eine sub=jektive Anschauungsform unserer Sinnlichkeit; nach dem Realismus dagegen ist er etwas Objektives, gleichsam ein Be=hältnis, in dem die Körper sich befinden und sich bewegen. Wer hat nun recht? Ich sage: Keine von diesen beiden Ansichten hat ganz recht, aber auch keine ganz falsch. Wieso?

Der Raum als solcher ist allerdings etwas Subjek=tives, aber keine Anschauungsform unserer Sinnlichkeit; und gar als bloß subjektive Form, denn wir schauen keinen Raum als solchen, als bloße Form, sondern immer nur Räumliches, nur ausgedehnte Körper. Der all=gemeine Raum ist nur ein allgemeiner Begriff unseres Denkens, abstrahiert aus der konkreten Anschauung des Räumlichen oder der ausgedehnten Körper, und als all=gemeiner Begriff unseres Denkens ist er allerdings etwas Subjektives wie jeder Begriff, aber keine Anschauungsform unserer Sinnlichkeit [1]). Unsere Sinnesanschauung bietet uns

---

[1]) Man spricht in der Wissenschaft auch von einem physika=lischen und einem mathematischen Raum. In welchem Ver=hältnis stehen beide zueinander und zu unserer Raumanschauung? Der mathematische Raum ist eine Abstraktion aus dem physikalischen, und der physikalische Raum eine Abstraktion aus unserer Sinnes=anschauung des Räumlichen.

keinen allgemeinen Raum, wie überhaupt nichts Allgemeines, sondern immer nur Konkreträumliches oder Körperliches.

Dieses aber ist nicht unendlich, sondern stets etwas Endliches, Beschränktes, und kann auch nicht objektiv unendlich sein, da es ja nichts anderes ist als der äußere Zusammenhang der Körper miteinander oder deren Ausdehnung. Weil es nun, wie wir oben gezeigt haben, nicht unendlich viele ausgedehnte Körper gibt, so kann es auch keine unendliche Ausdehnung, keinen unendlichen Raum aktuell geben.

Folglich ist die Welt weder ihrem Inhalt noch ihrer Form oder dem Raum nach unendlich, sondern in dieser zweifachen Beziehung endlich. Das lehrt uns die philosophische Betrachtung der Sache.

Dasselbe Resultat ergibt sich auch aus einem physikalischen Grund: nämlich aus dem ersten Hauptsatz der Energielehre, aus dem Gesetz von der Erhaltung der Kraft. Wieso? Dieses große Naturgesetz hat nur Geltung in einem geschlossenen materiellen System; denn nur in einem geschlossenen System von Körpern und Massenpunkten bleibt die Energie konstant. Folglich muß die Welt ein geschlossenes und somit endliches System von Körpern sein, wenn das Gesetz von der Erhaltung der Energie in ihr gültig sein soll.

Wie also nach dem Vorhergehenden aus dem zweiten Hauptsatz der modernen Energielehre die Zeitlichkeit der Welt sich ergibt, so ergibt sich aus deren erstem Hauptsatz die Endlichkeit der Welt.

Zu dem gleichen Resultat führt auch eine kurze astronomische Erwägung: jeder Himmelskörper und jedes Sonnensystem bewegt sich um seinen Schwerpunkt. Ebenso müssen sich auch viele Sonnensysteme zusammen um ihren Schwerpunkt bewegen; denn würden sie regellos in der

Welt umherſchwärmen, dann könnten ſie unmöglich ſeit Millionen Jahren ſo geordnet beſtehen, ſondern die Welt würde ſchon längſt in Trümmer zerfallen ſein. Folglich muß auch das ganze Univerſum oder das Syſtem aller Syſteme um einen Schwerpunkt ſich bewegen, wenn wir ihn auch nicht kennen. Wäre nun die Welt unendlich aus= gedehnt, dann könnte ſie keinen Schwerpunkt haben; denn derſelbe läge überall, d. h. nirgends. Folglich ergibt ſich auch aus der Konſtellation der Himmelskörper die Endlich= keit der Welt. —

Aber dennoch enthält auch die entgegengeſetzte Anſicht von der Unendlichkeit der Welt eine Wahrheit. Iſt nämlich auch die Welt aktuell endlich, ſo iſt ſie doch potenziell unendlich, und zwar im großen wie im kleinen, im Univerſum wie im Molekül. Wieſo? Im Univerſum hat ſie die Möglichkeit, ſich ins Unendliche auszudehnen, und im Molekül liegt die Möglichkeit, ins Unendliche geteilt zu werden. Dieſe beiden Möglichkeiten haben keine Grenzen, gehen alſo ins Unendliche. Freilich iſt dieſes Unendliche nur relativ, wie die Welt ſelbſt etwas Relatives iſt; ab= ſolut unendlich iſt nur das Abſolute oder Gott.

So löſt ſich alſo befriedigend die Antinomie der End= lichkeit und Unendlichkeit der Welt in Harmonie auf. Die Welt iſt endlich aktuell, ſie iſt unendlich potenziell, ähnlich wie ſie aktuell zeitlich und potenziell ewig iſt, wie wir im Vorhergehenden geſehen haben. So ſtehe ich alſo auch in dieſer Frage über den beiden bisher entgegengeſetzten ein= ſeitigen Theorien, indem ich ihre Wahrheitsmomente in einer höheren Einheit verbinde.

III. Die Entstehung der Welt.

Wir haben dargetan, daß die Welt nicht von Ewigkeit ist; folglich muß sie geworden sein. Es fragt sich nun:
wodurch ist sie geworden?

Auch auf diese Frage wurden bisher zwei konträre
Antworten gegeben: die einen sagen durch Schöpfung, die
anderen durch Entwicklung. Die erstere Lehre nennt man
den **Kreationismus,** die zweite den **Evolutionismus.**

Die erstere Ansicht hat ihre meisten Anhänger auf
jüdisch-christlicher Seite, indem man sich hauptsächlich auf
das I. Buch Moses stützt. Und zwar nimmt man auf dieser
Seite gewöhnlich eine wiederholte Schöpfung an: eine
Schöpfung des ursprünglichen Chaos, eine Schöpfung des
Lichtes, eine Schöpfung der Mineralien, eine Schöpfung der
Pflanzen, eine Schöpfung der Tiere nach ihren Arten und
eine Schöpfung des Menschen [1]). Das heißt: man schreibt
alle diese Dinge einer unmittelbaren Wirksamkeit Gottes
zu und meint, diese Gebilde seien ursprünglich fix und fertig
aus der Hand des Allmächtigen hervorgegangen. Das ist
die gewöhnliche, naive und populäre Auffassung der Welt-
werdung.

Dieser steht gegenüber die Evolutionstheorie, der zufolge sowohl die Welt im großen oder die Himmelskörper
als auch die Welt im kleinen oder die Einzelwesen im Laufe
der Zeit durch die ihnen innewohnenden Kräfte sich entwickelt haben. Das ist heutzutage die Anschauung fast
aller Naturforscher und Philosophen sowie der meisten
wissenschaftlich Gebildeten.

---

[1]) Manche reduzieren auch diese Schöpfungsannahmen auf nur
drei: auf die Schöpfung des Urstoffes, der ersten Lebewesen und des
Menschen.

Es fragt sich nun wieder: welche von diesen beiden einander gegenüberstehenden Ansichten hat recht?

Ich erwidere: jede von ihnen enthält nach meinem Dafürhalten Wahres, aber auch jede Falsches. Wieso?

Nicht befriedigend erscheint mir vor allem die erste Ansicht wegen ihrer Einseitigkeit, ihrer Übertreibung und ihres unwissenschaftlichen Charakters. Denn einer der ersten methodologischen Grundsätze der Wissenschaft ist: zur Erklärung der Dinge keine übernatürlichen Kräfte herbeizuziehen, wenn sie durch natürliche erklärt werden können. Dieser Grundsatz ist ganz vernünftig und darum als gültig anzunehmen. Dazu kommt ein zweiter, ebenso richtiger: will man Unbekanntes erkennen, so gehe man von dem mit ihm ursächlich zusammenhängenden Bekannten aus und schließe von diesem auf jenes, also von dem gegenwärtigen Weltzustand und dem gegenwärtigen Weltlauf auf den vergangenen.

Wenden wir nun diese beiden Grundsätze in unserer Frage an!

Betrachten wir die Welt, wie sie gegenwärtig ist, so finden wir, daß sie sowohl im großen wie im kleinen in einer gesetzlichen Entwicklung begriffen ist. Das sehen wir vor allem an jedem Lebewesen: jede Pflanze, jedes Tier, jeder Mensch entwickelt sich durch seine natürlichen Kräfte von einfachen Formen zu zusammengesetzteren und höheren. Auch die unorganischen Wesen, die Mineralien, besonders die Kristalle, bekunden eine Art Entwicklung. Und wie die Einzelkörper auf Erden, so lassen auch die gewaltigen Weltkörper auf eine Entwicklung im großen schließen.

So zunächst unsere Erde. Ihre verschiedenen immensen Gesteinschichtungen weisen auf eine Jahrmillionen dauernde

6*

Geſtaltung derſelben hin. Ferner deuten ihre heißen Quellen und Vulkane auf einen noch jetzt glühenden Erdkern. Die Abplattung der Erde an ihren Polen beweiſt, daß auch die Rinde derſelben urſprünglich glühend = flüſſig war. Dazu kommt dann noch der beachtenswerte Umſtand, daß ſowohl die Erde als auch die übrigen Planeten unſeres Syſtems in derſelben Richtung die Sonne umkreiſen, wie dieſe ſich um ihre Achſe dreht; daß ferner unſere Erde und die anderen Planeten auch in derſelben Ebene ſich bewegen, nämlich ungefähr in der Äquatorialebene der Sonne; und daß, wie die Spektralanalyſe von Kirchhoff und Bunſen dargetan hat, dieſelben Grundſtoffe, wie ſie unſere Erde beſitzt, auch auf den anderen Himmelskörpern vor= kommen; endlich daß die letzteren jetzt noch verſchiedene Entwicklungsſtufen darſtellen. So ſind die Nebelflecke z. B. der Andromeda glühende Gasmaſſen, unſere Sonne ein glühendflüſſiger Körper, die Erde dagegen hat eine feſte, erkaltete Rinde und einen glühendflüſſigen Kern.

All dieſe Tatſachen deuten auf einen gemeinſamen Urſprung zunächſt unſeres Sonnenſyſtems und weiterhin auch der übrigen Sonnenſyſteme, deren Geſamtheit das un= geheuere Weltſyſtem ausmacht. So läßt ſich alſo mit gutem Grund annehmen, daß die Welt ſich in vielen Millionen Jahren aus dem Urſtoff oder den Grundelementen infolge der ihnen innewohnenden Kräfte und Geſetze allmählich entwickelt hat.

Den erſten Verſuch, dieſe kosmiſche Entwicklung im großen darzuſtellen, machte bekanntlich Kant in ſeiner „Allgemeinen Naturgeſchichte und Theorie des Himmels" (1755) und dann unabhängig von ihm der Aſtronom Laplace in ſeiner „Exposition du système du monde" (1796), welche Verſuche ſpäter durch andere Aſtronomen, wie

3. B. Haye, Zöllner und K. Braun, im einzelnen ver-
bessert wurden.

Nach dieser verbesserten Theorie war im Anfang die
gesamte Masse des Weltalls wohl millionenmal dünner als
unsere Luft und wahrscheinlich von der Temperatur des
absoluten Nullpunktes. Wenn die Masse auch gleichmäßig
verteilt war, an den äußersten Grenzen war doch die Anziehung einseitig, und so mußte an vielen Stellen der
Stoff sich verdichten, wie auch jetzt das gleichmäßig ver-
teilte Wassergas zu Schneekristallen sich verdichtet. Daß
die Gase keine Anziehung haben, sondern sich auszubreiten
streben (Daltonsches Gesetz), ist gegen die Verdichtung des
Urstoffes kein Hindernis; denn die Abstoßungskraft der
kleinsten Teilchen wirkt nur in nächster Nähe, die Anziehungskraft aber auch in die Ferne, und da die zusammen-
gedrückte Abstoßungskraft in Wärme übergehen kann, so
kann die Anziehungskraft überhandnehmen. Hätte sich die
gesamte Masse nur nach einem Zentrum hin zusammen-
gezogen, so hätte sie wohl eine Sonne, aber weder eine
Drehung noch Planetensysteme hervorgebracht.

Jede angefangene Verdichtungsstelle, wenn auch so
dünn wie unsere Luft, mußte immer mehr Stoffteilchen an
sich ziehen und den gewichtlosen Äther hinausdrängen, und
diese Verdichtungen mußten sich langsam gegeneinander bewegen und zu größeren Massen vereinigen. Auf ihren
Wegen wurden sie aber häufig durch die Anziehung seit-
wärtsstehender Stoffmassen etwas abgelenkt, so daß sie
nur selten mit zentralem Stoß zusammenkamen, sondern
einander streifend und umkreisend ineinander flossen. Und
diese unzähligen Tangentialstöße der kleineren Massen gegen
größere mußten doch zuletzt irgendeine vorherrschende
Richtung haben und so im größeren Ball eine Drehung

bewirken. In diesem Zustande sind heute noch manche spiralförmige Nebel, z. B. im Sternbild der Jagdhunde. Wie leicht eine Drehung entstehen kann, beweist auch jeder Wasserstrudel und Rauchwirbel. Nun bestand das Weltall aus zahllosen, in verschiedenen Richtungen langsam rotieren= den Gasbällen, wo jetzt die Fixsterne, das ist Sonnensysteme, sich befinden, und ein solcher Gasball von einigen tausend Millionen Meilen Durchmesser war auch unser System. Be= trachten wir nun dieses allein!

Innerhalb des in Rede stehenden gewaltigen Gasballes mußten sich wieder, wie früher im Universalnebel, Ver= dichtungszentren bilden, und zwar meistens näher am Umfange, wo die Wärme ausstrahlte. Dort hatten sie aber einen größeren Weg zu durchlaufen, also eine größere Ge= schwindigkeit als die innere Masse, und sie behielten die= selbe vermöge der Beharrung auch beim Einsinken und teilten so auch der ganzen Masse von außen her eine schnellere Drehung mit. (So wird die Fallbewegung in Tangentialbewegung umgewandelt). Diese Bälle durcheilten also die ganze rotierende Masse in immer engeren Spiralen, bis endlich jeder in einer solchen Bahn verblieb (etwa fünfmal näher dem Zentrum), wo die Fliehkraft der An= ziehungskraft das Gleichgewicht hielt.

Wie kamen sie nun zu ihrer Achsendrehung?

Da die Masse des ganzen Systems durch Gravitation auswendig dünner und inwendig dichter war, fanden die hindurchziehenden Planetengasbälle an ihrer unteren Seite, d. h. näher dem Zentrum des ganzen Systems, einen größeren Widerstand als an der oberen Seite gegen die Peripherie zu; also wurde die untere Seite dieser Kugeln durch den Widerstand des dichteren Mittels etwas zurückgehalten. Und so hatten sie einen beständigen Antrieb sich umzuwälzen, und zwar in derselben Richtung wie das ganze System. Und diese Drehung des Planetenumfangs versetzte durch allmähliches Einsinken der Umfangsschichte natürlich auch seine ganze Kugel in Rotation; und durch Zusammenziehung immer schneller drehend wurden die Kugeln abgeplattet. Auf ihren Wegen rissen die Planeten viele Massen an sich, so daß sie immer freier durch den gereinigten Äther flogen, während alles, was sie nicht verschlingen konnten, sich gegen das Zentrum senkte und den Gasball der Sonne vergrößerte.

Die Planeten wiederholten dann dasselbe Spiel im kleineren Maßstab und bildeten sich ihre Familie von Monden. So wurde bei der Zusammenziehung unseres Systems zuerst der Planet Neptun, dann Uranus, Saturn, Jupiter usw. gleichsam von der Sonne geboren und später ebenso unsere Erde, welche, als sie noch im gasförmigen Zustand sich befand, wieder den Mond gebar. Und dieser hat als eine kleinere Masse sich schon früher abgekühlt und beinahe ausgelebt" [1]). So entstanden also die Welt-

---

[1]) C. Hasert, Antworten der Natur. 1903. S. 16 ff. — Man hat schon oft die Frage aufgeworfen, ob die Sterne bewohnt seien. Da alle Himmelskörper dieselbe Entwicklung durchmachen wie unsere Erde, so ist mit Grund anzunehmen, daß wie diese so auch sie im Laufe der Zeit, wenn die entsprechenden Existenzbedingungen vorhanden sind, lebende und vernünftige Wesen, ähnlich unseren Pflanzen, Tieren und Menschen, beherbergen. So hat z. B. der Planet Venus eine ähnliche Atmosphäre, ähnliche Tage und Nächte und wahrscheinlich auch ähnliche Jahreszeiten wie unsere Erde, so daß auf ihm auch ähnliche Organismen wie bei uns gedeihen können. Ferner hat der Planet Mars fast ebenso lange Tage und Nächte wie die Erde; auch auf ihm können jetzt lebende Wesen bestehen. Dagegen kann auf unserem Monde, da die Luft und das Wasser schon gänzlich von ihm eingesaugt und verbraucht sind, und jede Hälfte von ihm 14 Tage lang von der Sonne durchglüht wird und 14 Tage in der kältesten

körper und fpeziell unfere Erde durch eine Jahrmillionen lange Entwicklung. Demnach haben die kosmifchen Evo-

---

Nacht fich befindet, gegenwärtig kein organifches Wefen mehr exiftieren. Der Planet Jupiter, der 300 mal fo groß ift als unfere Erde, fowie die anderen großen Planeten Saturn, Uranus und Neptun find in ihrer Entwicklung noch weit zurück, infolgedeffen wohl noch keine Organismen auf ihnen fich bilden konnten.

Außer den vier oder fünf gewöhnlich fichtbaren Planeten nun find alle glänzenden Punkte am nächtlichen Himmel lauter Sonnen, von denen manche 100 mal größer als unfere Sonne find, und diefe haben ebenfalls ihre Planeten. Es fragt fich nun: wozu diefe Milliarden Sonnen mit ihren Planeten? Darauf erwidert Hafert: „Zur Bewegung unferer Erde um die Sonne tragen fie gar nichts bei. Sollten fie nur zur nächtlichen Beleuchtung unferer Erde mithelfen, dann wäre es geradezu unfinnig, für einen fo kleinen Zweck einen fo ungeheueren Aufwand zu veranftalten. Sollten fie dazu dienen, daß wir daran den Schöpfer bewundern können, dann könnten höchftens die glänzenden Sonnen diefen Zweck erfüllen, aber die weit zahlreicheren unfichtbaren Planeten derfelben nicht. Nach der alten ptolemäifchen Anfchauung, als man die Erde für den Mittelpunkt des Weltalls hielt und die äußerften Sterne nicht einmal fo weit entfernt glaubte, wie in Wirklichkeit die Sonne entfernt ift, war es faft felbftverftändlich, daß nur unfere Erde bewohnt fei. Mit dem kopernikanifchen Weltfyftem aber ift es ebenfo felbftverftändlich, daß die vielhundertmal größeren Planeten diefelbe Beftimmung haben wie unfere Erde, und es fcheint geradezu unglaublich und lächerlich, daß unfer ganz unbedeutendes Planetchen allein bewohnt fein follte. Wer wird denn das Dafein von Pflanzen und Tieren in irgendeiner unerforfchten Gegend von Afrika ableugnen, bloß aus dem Grunde, weil er fie noch nicht gefehen hat? Wenn auf unferer Erde die ganze Oberfläche und die Luft und jeder Waffertropfen lebendige Wefen enthält, follen dann die anderen Milliarden Planeten nur tote Steinmaffen fein? Findet man irgendwo ein bewohnbar eingerichtetes Haus, dann fchließt man doch ganz ficher, daß auch wirklich Bewohner darin fein werden; die Bewohnbarkeit ift aber an den beftbekannten Planeten nachgewiefen, was müffen wir alfo fchließen? Für alle Kenner der Aftronomie ift diefer Schluß ganz felbftverftänd-

lutioniſten recht, welche die Welt durch allmähliche, un=
geheuere Zeiträume umfaſſende naturgeſetzliche Entwicklung
entſtehen laſſen.

Dieſer Theorie huldigen jetzt auch gut chriſtlichgeſinnte,
hervorragende Denker und Forſcher auf katholiſcher Seite,
wie z. B. Prälat C. Gutberlet, der in dieſer Beziehung
bemerkt: „Ich acceptiere die Kant=Laplaceſche Hypo=
theſe in ihren Grundzügen bereitwilligſt und glaube, daß
manche der für unlösbar gehaltenen Schwierigkeiten in
derſelben noch gelöſt werden" [1]).

Ferner ſagt in dieſer Beziehung der Ehrenkanoniker
Duilhé de Saint=Projet und ſein deutſcher Heraus=
geber Profeſſor K. Braig: „Die Kant=Laplaceſche Welt=
erklärung, zumal in ihrer durch Faye verbeſſerten Form,
iſt eine Hypotheſe auf dem Wege empiriſcher Beſtätigung.

lich, und wirkliche Einwendungen dagegen gibt es eigentlich gar keine,
weder von ſeiten der Wiſſenſchaft noch von ſeiten der Religion.

Daß Chriſtus nichts darüber geoffenbart hat, das beweiſt nichts
dagegen; denn hätte er uns das offenbaren wollen, dann hätte er
uns zugleich das kopernikaniſche Weltſyſtem mitteilen müſſen, aber
das war überhaupt nicht ſeine Miſſion. Gerade von ſeiten der Religion
kann man ſagen; zahlloſe tote Kugeln im Raume zu erſchaffen, wäre
für den Schöpfer ſo viel wie eine Spielerei; denn ſie ſind nur dann
eine wahre Verherrlichung Gottes, wenn ſie von vernünftigen Ge=
ſchöpfen benutzt und auf Gott bezogen werden; und in Anbetracht der
großen Zahl von Heiden und Übeltätern kann man fragen: Wenn
ein Vater die Wahl und die Macht dazu hätte, gute oder böſe Kinder
zu haben, wird er ſich dann mit einer übergroßen Mehrzahl von un=
geratenen Kindern umgeben? Warum ſollte Gott nicht auch ſolche
Welten haben, wo ſeine Geſchöpfe nicht gefallen ſind?" A. a. O.
S. 30. Vgl. J. Pohle, Die Sternenwelten und ihre Bewohner.
4. Aufl. 1904.

[1]) Gutberlet, Der mechaniſche Monismus. Paderborn 1893.
S. 49.

Ihre schönen kosmogonischen Induktionen lassen sich, wie die vorher naturwissenschaftliche Methode es fordert, durch die Beobachtung kontrollieren und zur wohlbegründeten Probabilität führen" [1]).

Desgleichen betont der Jesuit und Astronom C. Braun: „Der Kern der Theorie ist richtig, und nur in nebensächlichen Teilen bedarf sie einiger Abänderungen" [2]).

Ähnlich äußert sich der Präsident der Görresgesellschaft G. v. Hertling: „So stellt sich in der Tat der Weltprozeß dar als ein einziger umfassender Mechanismus. Was die Eigentümlichkeit unserer Maschinen im kleinen ausmacht, scheint er im großen zu wiederholen ... Ein Lösungsversuch (die Bildung der Weltkörper physikalisch zu erklären) liegt vor in der Kant-Laplaceschen Hypothese, und weit mehr als das Gewicht prinzipieller Erörterungen hat der Glanz und die anschauliche Kraft, womit sie uns den Ursprung unseres Sonnensystems vorstellig zu machen weiß, der mechanischen Anschauungsweise Anhänger zugeführt" [3]).

Aber wenn die kosmische Entwicklungstheorie anzuerkennen ist, wie steht es dann mit der Schöpfungslehre?

Darauf erwidere ich: auch diese hat im Prinzip recht. Inwiefern? Die in Rede stehende Entwicklungstheorie setzt den Urstoff oder die Substanzen der Dinge einfach voraus, indem sie von denselben ausgeht. Es fragt sich aber: woher diese Substanzen oder Grundelemente? Dieselben

---

[1]) Duilhé de Saint-Projet, Apologie des Christentums auf dem Boden der empirischen Forschung. Deutsche Ausgabe von K. Braig. 1889. S. 185.

[2]) C. Braun S. J., Über Kosmogonie vom Standpunkt christlicher Wissenschaft. 1889. S. 22.

[3]) G. v. Hertling, Über die Grenzen der mechanischen Naturerklärung. 1875. S. 7 f.

können nicht von Ewigkeit her existieren; denn sie sind alle in ihrem Wirken voneinander abhängig, also bedingt; folglich nicht ewig, sondern zeitlich, somit entstanden. Sie setzen also die Existenz des Absoluten oder des unbedingten Seins, das man auch Gott nennt, voraus und können nur durch dieses geworden oder geschaffen sein. Denn erschaffen, d. h. Dinge nicht nur der Form, sondern auch der Substanz nach hervorbringen, oder absolut produzieren kann nur das absolute Sein oder Gott. Die relativen oder bedingten Wesen können nur relativ oder in bedingter Weise produzieren: nämlich die vorhandenen Substanzen umschaffen oder umformen.

Gott hat also alle Dinge der Substanz nach hervorgebracht, aber die Entwicklung dieser Substanzen hat er ihnen selbst überlassen, nachdem er ihnen bei ihrer Schöpfung die Kräfte und Gesetze verliehen, und sie ursprünglich in eine solche Anordnung gebracht hat, daß daraus der herrliche Kosmos im Laufe der Zeit sich bilden konnte.

Demnach hat sowohl die kosmische Kreations- oder Schöpfungslehre als auch die kosmische Evolutions- oder Entwicklungslehre recht, aber jede nur relativ oder teilweise. Ich sage daher: Die Welt ist entstanden substanziell durch Schöpfung, formell durch Entwicklung. Ich stehe also auch in dieser wichtigen Frage über den beiden einander widerstreitenden Parteien, indem ich ihre beiderseitigen Wahrheitsmomente in einer höheren Einheit harmonisch verbinde.

IV. Der Ursprung der Lebewesen.

Ein weiteres bedeutendes und sehr viel bis in unsere Tage verhandeltes kosmologisches Problem ist die Frage nach der ersten Entstehung des Lebens auf der Erde. Denn daß das organische Leben hienieden nicht immer war, sondern daß es einmal eine Zeit gegeben haben muß, in der es zum erstenmal aufgetreten ist, unterliegt keinem Zweifel, weil während des feuerflüssigen Zustandes der Erde kein Lebewesen auf ihr existieren konnte. Es fragt sich daher: wodurch ist das Leben ursprünglich entstanden?

Auch bei der Beantwortung dieser Frage wurden bisher zwei konträre Ansichten geltend gemacht: die Lehre von der besonderen Schöpfung der ersten Lebewesen, **Spezialkreationismus** genannt, und die Hypothese der **Urzeugung** (generatio spontanea s. aequivoca), der man den Namen **Autogonismus** geben kann.

Nach der ersteren Ansicht wurden die ursprünglichen Organismen von Gott besonders erschaffen, nach der zweiten sind sie aus den unorganischen, physikalisch-chemischen Stoffen unter besonders günstigen äußeren Verhältnissen d u r c h Z u - f a l l v o n s e l b s t entstanden. Und zwar soll sich nach H a e c k e l auf rein chemischem Wege „jene Kohlenstoff- verbindung" gebildet haben, die wir Protoplasma nennen, weshalb er die feierliche Erklärung abgibt: „Der Kohlen- stoff ist der eigentliche Schöpfer der organischen Welt."

Es fragt sich nun: Welche Gründe haben die Vertreter der Urzeugung oder die Autogonisten für ihre Annahme?

Vor einigen Jahren noch haben sie sich darauf be- rufen, daß jetzt noch lebende Wesen, Mikroorganismen, wie z. B. die Brand- und Rostpilze, die Infusorien usw., sich aus leblosen Stoffen von selbst bilden. Aber durch die genauen scharfsinnigen Untersuchungen verschiedener Forscher, besonders von Pasteur in Paris, wurde diese Ansicht als falsch nachgewiesen, indem gezeigt ward, daß auch diese kleinsten Lebewesen aus bereits organisierten Keimen oder Eiern entstehen, und daß folglich auch bei ihnen der Grundsatz gilt: omne vivum ex vivo. Deshalb bezeichnete selbst E. du Bois-Reymond, der große Vertreter der mechanischen Naturerklärung, der in seinem Vortrag über „die sieben Welträtsel" die Urzeugung als eine logische Notwendigkeit behauptete, in seinem Schwangesang, nämlich in seiner letzten Rede in der Berliner Akademie (28. Juni 1894) die Heterogonie oder die Urzeugung als „rettungslos verloren", und dessen Freund R. Virchow bemerkte auf der internationalen Naturforscherversammlung zu Moskau (1897): „Die Richtigkeit des Gesichtspunktes, daß es keine Urzeugung gibt, ist so allgemein, daß die internationale Gesetzgebung auf diesen Boden ist gestellt worden. Wenn trotzdem hie und da ein Widerspruch gehört wird, von Urzeugung die Rede ist, so ist das ein Anachronismus . . . Demnach ist die Kontinuität des Lebens ein anerkannt sicheres Resultat der Naturwissenschaft. Es gibt kein anderes Leben als erbliches, es gibt kein diskontinuierliches Leben. Der Satz: omnis cellula e cellula ist eine nie untergehende Errungenschaft der Wissenschaft. Diesen Satz können wir als Resultat der Forschung des 19. Jahrhunderts dem 20. übermachen" [1]).

So viel ist also gewiß, daß es gegenwärtig, soweit unsere Erfahrung reicht, keine Urzeugung gibt.

Aber, entgegnen die Autogonisten, früher muß es eine gegeben haben.

---

[1]) Virchow, Archiv für pathologische Anatomie und Physiologie. Bd. 150.

Darauf ist zu erwidern: Wenn jetzt niemals aus un=
organisierten, ja nicht einmal aus leblosen organischen
Stoffen trotz aller, auch der sorgfältigsten Bemühungen und
Anstrengungen der bedeutendsten Chemiker auch das ge=
ringste Lebewesen entsteht, wie sollen früher lediglich aus
unorganischen Stoffen ohne jegliche Mitwirkung irgendeiner
Intelligenz oder sonst einer besonderen Ursache von selbst
Organismen geworden sein? Das ist durchaus nicht ein=
zusehen. Denn wenn die chemischen Stoffe, wie die un=
organische Natur sie bietet, sich selbst überlassen bleiben, so
entsteht nie auch nur das organische Baumaterial, wie
Eiweißkörper, Kohlenhydrate, Fette, Lecithin usw., aus
denen der einfachste Organismus, die Zelle, besteht. Um
diese organischen Baustoffe der Pflanzen und Tiere aus
unorganischer Materie herzustellen, dazu sind zielstrebige
Richtungen der Bewegungen nötig, die nur durch intensives
bedeutendes Nachdenken der Chemiker gegeben werden
können. Und doch ist dieses organische Baumaterial noch
lange nicht hinreichend, daß daraus auch nur eine einzige
lebende Zelle wird. Diese Kunst hat bis jetzt noch nicht
einmal die bedeutendste Intelligenz eines Chemikers fertig=
gebracht, und früher sollen dies die blinden unorganischen
Stoffe, wie die Autogonisten meinen, von selbst ohne weiteres
fertiggebracht haben! Um das wirklich zu glauben, dazu
gehört mehr als ein Köhlerglaube. Und einen solchen ge=
waltigen Köhlerglauben hat Haeckel und sein Monisten=
bund — sie, die den religiösen Glauben über Bord ge=
worfen haben. —

Doch da wird man seitens der Vertreter der Urzeugung
sagen, früher waren die physikalisch=chemischen Verhältnisse
unseres Planeten ganz anders geartet, und deshalb konnten
damals aus toten Stoffen lebende Wesen werden.

Darauf antwortete ich: Will man auch zugeben, daß in den einstigen Epochen der Erdbildung andere physikalisch-chemische Zustände als jetzt bestanden, so beweisen sie nichts für die behauptete Urzeugung. Wieso? Entweder waren die damaligen Naturverhältnisse des Erdballs d u r c h g r e i f e n d und w e s e n t l i c h verschieden von den gegenwärtigen oder nicht. Waren sie das erstere, dann konnten keine Organismen leben und bestehen. Warum? Denn es ist Tatsache, daß die Organismen unter den j e t z i g e n Naturverhältnissen leben und bestehen, und daß, wenn dieselben bedeutend abgeändert werden, sie zu leben aufhören. Folglich hätten auch e i n s t die Organismen nicht bestehen können, wenn damals die Naturverhältnisse wirklich bedeutend oder gar völlig andere gewesen wären als jetzt. Konnten sie aber unter dieser Voraussetzung nicht b e s tehen, dann konnten sie natürlich noch viel weniger bloß infolge jener ungewöhnlichen physikalisch-chemischen Verhältnisse e n t stehen. Eine Urzeugung war also damals gerade so unmöglich als jetzt.

Aber, entgegnet man, wenn die Hypothese der Urzeugung nicht haltbar ist, dann bleibt zur Erklärung des Ursprunges des Lebens nichts anderes übrig als die Annahme einer besonderen Schöpfung oder eines Wunders. So sagt H a e c k e l: „Wenn wir diese (nämlich die Urzeugung) verwerfen, so sind wir genötigt, einen Schöpfungsakt anzunehmen". Und Nägeli bemerkt: „Die Urzeugung leugnen, heißt das Wunder verkünden" [1]).

Das ist eine fast allgemein verbreitete Ansicht, daß es in unserer Frage nur die Alternative gäbe: Urzeugung oder

---

[1]) Nägeli, Mechanisch-physiologische Theorie der Abstammungslehre. München 1884. S. 83.

Schöpfung. Die ursprüngliche Entstehung der ersten Lebe=
wesen durch eine besondere Schöpfung Gottes zu erklären,
ist vorwiegend die populäre und religiöse Ansicht. Aber
auch in der Wissenschaft findet sie Vertreter, und sogar ein
noch gegenwärtig lebender tüchtiger Naturforscher, der
Botaniker J. Reinke in Kiel, huldigt derselben, indem er
schreibt: „Die erste Zelle kann nach meiner Überzeugung
nur entstanden sein durch einen Eingriff kosmischer Ver=
nunft an unserer Erdoberfläche. Diese Vernunft durchbrach
dabei die Naturgesetze keineswegs, sondern sie arbeitete mit
den Naturkräften und richtete diese, wie ein Chemiker tut,
wenn er eine Synthese ausführt, ein Mechaniker, wenn er
eine Maschine baut. Aber so hoch die sich fortpflanzenden
Organismen über allen Maschinen stehen, am Maßstabe
menschlicher Intelligenz gemessen, so erhaben ist die kos=
mische Schöpfungskraft über den Fähigkeiten auch des be=
gabtesten Menschen. Ich schließe hieran eine Äußerung von
Lotze: „Wir leugnen nicht, daß in dem einmal vorhandenen
Zusammenhange der Welt die organische Bildung sich nur
durch eine mechanische Tradition forterhält; aber die erste
Stiftung jener Keime, in deren blinder und notwendiger
Entfaltung der Naturlauf jetzt besteht, glauben wir nicht
ohne die Voraussetzung eines ordnenden Bewußtseins ein=
zusehen. Ich bin der Meinung, daß wir, gerade wenn wir
die Zurückführbarkeit aller Lebensprozesse auf physikalisch=
chemisches Geschehen voraussetzen, die Bildung der ersten
Zellen einer schöpferischen Intelligenz zuschreiben müssen,
und diese Intelligenzhypothese ist meines Erachtens die ein=
zige, die dem Kausalitätsbedürfnis Genüge leistet" [1]).

---

[1]) J. Reinke, Die Welt als Tat. 4. Aufl. Berlin, Paetel
1905. S. 340.

Aber mit Recht bemerkt er selbst dazu: „Die Annahme
einer Erschaffung der ersten lebendigen Wesen auf der Erd=
oberfläche hat vielen Widerspruch und viele Anfeindung er=
fahren". Denn die Annahme eines besonderen göttlichen
Eingriffes in den Naturlauf widerstrebt dem Geiste der
modernen Wissenschaft und erscheint als Mystizismus.
Während man früher, besonders in der Altzeit und im
Mittelalter, fast alles direkt durch göttliche Macht erklärte
und so einem übertriebenen Supernaturalismus ergeben war,
steht man heutzutage auf dem entgegengesetzten Standpunkt
der rein natürlichen Erklärung der Dinge. Wer hat nun recht?

Ich bin der Ansicht, daß es nicht richtig ist, wenn man
wie gewöhnlich meint, es gäbe nur die Alternative: ent=
weder Urzeugung oder Schöpfung, sondern ich stehe auch
in dieser Frage über den beiden betreffenden Parteien
und habe schon vor sechs Jahren meine diesbezügliche Auf=
fassung, die ich „Prädispositionstheorie" nenne, folgender=
maßen ausgesprochen: „Wir gehen von der allgemein in
der Wissenschaft anerkannten Tatsache aus, daß die Welt,
wie sie vor uns steht, das Ergebnis einer großartigen Ent=
wicklung ist. Das haben wir bereits an der Entstehung
der Himmelskörper gesehen, und diesen Grundsatz wenden
wir nun auch speziell auf die Organismen an, indem wir
dieselben als das naturgesetzliche, höchste und darum
letzte Entwicklungsprodukt der planetarischen
Bildungsvorgänge betrachten. Denn die Organismen
hängen aufs innigste mit der Gestaltung und den physi=
kalisch=chemischen Verhältnissen der Erde zusammen, so zwar,
daß sie einen integrierenden, ja den vorzüglichsten Teil
unseres Planeten ausmachen. Wir dürfen deshalb ihre
Entwicklung nicht von der Erdentwicklung gesondert denken,
sondern im notwendigen Kausalzusammenhang mit derselben

oder als ihr spezielles höchstes Produkt, indem die gesetz=
mäßige Entwicklung der Erde es mit sich brachte, daß an
verschiedenen geeigneten Stellen ihrer Oberfläche eigenartige
komplizierte Atom= und Molekularsysteme oder organische
Zellen sich bildeten.

Das konnte aber nur dann der Fall sein, wenn gleich
anfangs die ganze kosmische Entwicklung darauf an=
gelegt war. Denn es ist ein Grundgesetz der Entwicklung,
daß das Höhere nur dann aus dem Niederen sich bilden
kann, wenn es in diesem angelegt ist.

Die Wahrheit dieses Grundgesetzes lehrt sowohl die
durchgängige Erfahrung als auch die Vernunft. Denn
wenn das Höhere sich aus dem Niederen, ohne darin ver=
anlagt zu sein, entwickeln könnte, dann würde es als
solches, d. h. soweit es das Niedere überragt, aus dem
Nichts entstehen. Das ist aber unmöglich, indem aus Nichts
nie Etwas werden kann. Wer das Gegenteil behauptet,
widerspricht den obersten Gesetzen des logischen Denkens
und Seins. Darum muß überall, wo eine Entwicklung aus
dem Niederen zum Höheren stattfindet, dieses in jenem der
Anlage nach bereits vorhanden sein.

Dieses Gesetz, das man das Gesetz der Veranlagung
nennen kann, gilt durchgängig bei allen Bildungen und
Entwicklungen, ist also allgemein. Ist es doch im Grunde
nichts anderes als das angewandte Kausalitätsgesetz. Es
muß daher auch Geltung haben für die Entstehung der
ersten Lebewesen auf Erden. Diese müssen in den ihnen
vorausgehenden Zuständen der Erdbildung begründet ge=
wesen sein. Darum darf man weder den Anfangszustand
der Erde noch den der Welt überhaupt als ein völlig regel=
loses Chaos oder wirres Durcheinander fassen; denn aus
einem solchen hätte sich weder der herrliche Kosmos im

großen noch speziell die bewunderungswürdige Organismen=
welt entwickeln können. Wir müssen vielmehr annehmen,
daß schon von Anfang an die Stoffelemente in einer der=
artigen Lage, Bewegung und Richtung zueinander sich be=
fanden, daß daraus infolge ihrer naturgesetzlichen Wechsel=
wirkung allmählich die verschiedenen Bildungsphasen der
Weltkörper und schließlich auch die Organismen hervor=
gingen. Solcher Hauptbildungsphasen lassen sich in der Welt=
entwicklung im allgemeinen drei unterscheiden: 1. Die
Bildungsphase der astronomischen Körper, 2. die der physi=
kalisch=chemischen Körper und 3. die der organisierten Körper.
Die letztere Phase bildet den Höhepunkt und die Blüte der
Weltentwicklung und zugleich den fruchtbaren Mutterboden
für eine großartige Weiterentwicklung innerhalb des orga=
nischen Reiches selbst" [1]).

Doch da könnte man fragen: Wie soll der leblose Stoff
Anlagen haben zu dem in so vielen Punkten spezifisch ver=
schiedenen Leben?

Darauf erwidere ich: Keineswegs sage ich, daß in dem
leblosen Stoff als solchen die Anlage zum Leben lag,
sondern der nächste Grund für die erste Entstehung der Lebe=
wesen lag in dem planetarischen Entwicklungs=
gesetz, das wieder in der uranfänglichen Konstellation der
Elemente und der daraus resultierenden besonderen Be=
wegungsrichtung derselben begründet war. Denn wären
ursprünglich die Stoffelemente anders gelagert gewesen, als
sie es wirklich waren, oder hätte die Entwicklung unseres
Planeten eine durchgreifende Störung erlitten, dann wären
keine Organismen entstanden, auch wenn dieselben Stoffe
in derselben Anzahl und mit denselben physikalisch=

---

[1]) Siehe mein Werk: Triumph der christl. Philosophie. 1900.
S. 210 ff.

chemischen Kräften und Gesetzen vorhanden gewesen wären. Folglich war die Entstehung der Organismen bereits im Anfangszustand der Welt sowie in den späteren Phasen ihrer Entwicklung virtuell angelegt oder prädisponiert.

Daraus ergibt sich auch die Lösung der weiteren Frage: Warum zeigt der unorganische Stoff jetzt weder in der Natur noch in den Laboratorien der Chemiker eine solche Anlage zum Leben? Antwort: In dem physikalisch=chemischen Stoffe als solchem liegt, wie schon oben betont wurde, über= haupt nicht die Anlage zum Leben, sie hat also auch einst nicht in demselben gelegen, so wenig wie jetzt, sondern nur in dem planetarischen Entwicklungsgesetz oder in der be= stimmten Richtung, welche die Erdentwicklung an bestimmten Punkten ihrer Oberfläche nahm. Nachdem aber die Erde den Zweck ihrer Entwicklung: nämlich die Produktion der Lebewesen, erreicht hatte, hörte sie natürlich auf, fernerhin solche hervorzubringen, da die entstandenen Organismen nun selbst das bezügliche Produktionsgesetz in sich tragen.

Weil sonach in den unorganischen Stoffen mit ihren physikalisch=chemischen Kräften und Gesetzen nicht selbst der Grund zur Entstehung von Lebewesen lag und liegt, so muß zum Zwecke der Erklärung des Lebens ein besonderes Naturgesetz, das man Organisationsgesetz nennen kann, angenommen werden. Dieses ist ein höheres Gesetz als die physikalisch=chemischen Gesetze; es steht zwar nicht im Gegensatz zu diesen, aber über ihnen und macht sich deshalb dieselben gewissermaßen dienstbar.

Dieses Spezialgesetz ist natürlich nicht erst später ent= standen, sondern ist so alt wie die anderen Naturgesetze auch; aber wie diese, so ist auch es in seiner Wirksamkeit bedingt und von bestimmten Umständen abhängig. Und so kam es, daß erst, nachdem die Erde eine solche Höhe ihrer

Entwicklung erreicht hatte, daß die Bedingungen zum Be=
ftande des organiſchen Lebens gegeben waren, das bisher
in ihr latent vorhandene Organiſationsgeſetz in Kraft trat,
infolgedeſſen an beſtimmten geeigneten Punkten der Erd=
oberfläche die phyſikaliſch=chemiſchen Stoffe in eine derartige
ſyſtematiſche Anordnung kamen, daß daraus lebende Zellen
und damit die erſten Lebeweſen entſtanden.

Aber — wird man fragen — wie verhält ſich das
Organiſationsgeſetz zu dem Geſetz der Erhaltung des Stoffes
und der Kraft, dem gemäß ſowohl der eine wie die andere
im Weltall weder vermehrt noch vermindert werden kann?
Woher ſoll im Organismus ein neuer Stoff und eine neue
Kraft entſtehen, und wohin ſollen ſie vergehen?

Darauf iſt zu bemerken: Das von uns angenommene
Organiſationsgeſetz widerſpricht keineswegs dem Geſetze der
Erhaltung des Stoffes und der Kraft; denn es iſt weder
ein beſonderer Stoff noch eine neue mechaniſche Kraft,
ſondern an ſich etwas Immaterielles, Unſtoffliches,
wenn es auch mit dem Stoffe aufs innigſte verbunden iſt;
es iſt ein dynamiſches Formalprinzip. Wieſo?

Jedes Ding iſt nämlich ein Ganzes aus Stoff und Form.
Das iſt die Wahrheit des ariſtoteliſchen Grund=
prinzips. „Wie nun der an ſich unbeſtimmte Urſtoff durch
die weſentliche Form zu beſtimmten chemiſchen Elementen
wurde, ſo werden dieſe toten Elemente zu organiſierten
Körpern durch eine neue beſondere Form: eben durch das
in Rede ſtehende Organiſationsgeſetz, das man auch Lebens=
prinzip nennen kann. Das letztere iſt alſo keine eigent=
liche Kraft, ſondern nur eine Form, ein Formalprinzip.
Dasſelbe ſitzt nicht neben oder zwiſchen den Atomen wie
ein Maſchinentreiber, ſondern es liegt im Innerſten des
Stoffes; es iſt ganz eins geworden mit dem Stoffe, es macht

nur den Stoff zu einem lebendigen Stoff; es fügt zu den
stofflichen Kräften nicht neue Kräfte hinzu, es leistet
selber absolut gar keine mechanische Arbeit,
sondern es nimmt alle Bewegung nur aus der Chemie des
Stoffes und aus der Sonnenwärme; es macht nur, daß die
vorhandenen Stoffe und Kräfte, die sonst ein zweckloses
Spiel treiben, nun zielstrebig wirken; es ist das Lebendig-
sein des Stoffes. Wenn das niedere Wesen zu einem höheren
erhoben wird, wenn der tote Stoff lebendig wird, dann
bleiben die niederen Formen, die Eigenschaften der Elemente
nur virtuell, sowie das Dreieck im Viereck oder wie die
niedere Zahl in der höheren enthalten ist, und so arbeiten
die chemischen Elemente in den lebendigen Zellen nicht mehr
selbständig, sondern im Dienste des Ganzen; und wenn die
Lebensform aufhört, kommen die niederen Formen wieder
zur Geltung, und so haben nach dem Tode des Organismus
die chemischen Kräfte wieder vollständig ihre frühere Wir-
kungsweise. Durch die Geburt eines Lebewesens kommt also
nicht eine neue Kraft in die Welt, durch das Auswachsen
desselben wird nicht die Kraft vermehrt, durch den Todesfall
ist nicht eine Kraft verschwunden, sondern nur eine Regu-
lierung der Kraft, die Lebensursache.

Auch hinkende Vergleiche dürften die Sache etwas ver-
ständlicher machen: die Intelligenz des Uhrmachers gibt nicht
den geringsten Anstoß zur Bewegung der Uhr, sondern
alles leisten Feder und Anker; aber eine selbstgehende
Uhr wäre nicht zustande gekommen ohne das Ankerprinzip,
welches der Uhrmacher hineingelegt hat. Oder: Die Kunst-
form macht den Marmor zur Statue, aber dabei verändert
sie nicht den kohlensauren Kalk des Steines; sie ist etwas,
ja das Wesentliche an der Statue; aber kein Wesen, das
für sich allein bestehen kann, sondern sie wird getragen vom

Stein. Wird die Statue zerschlagen, so ist ihre Gestalt verschwunden und nur die Steinmasse noch vorhanden. So gibt auch das Lebensprinzip dem Stoffe nicht eine Kraft oder Bewegung, sondern es bestimmt nur die Art und Richtung seiner Bewegung, es ist ein Gesetz für seine Tätigkeit.

Falsch ist also die Ansicht, es müsse ein selbständiges Wesen in den Pflanzen und Tieren herumgeistern, und falsch ist die Meinung, Stoff und Chemie allein könne den Lebensprozeß hervorbringen, sondern in der Mitte liegt die Wahrheit: es ist der belebte Stoff. Jeder neu zu bildenden Zelle wird von der Mutterzelle schon lebendiger Stoff mitgegeben und damit auch die Kraft, weiterhin die neuen Nahrungsstoffe in lebendige umzuwandeln"[1]).

Mit dieser Fassung und Klarlegung des von uns angenommenen Organisationsprinzips für Erklärung der Lebewesen, glauben wir, lösen sich alle Einwände, Bedenken und Schwierigkeiten, die man bisher gegen dasselbe vorgebracht hat.

Wie verhält sich nun unsere Prädispositionstheorie in betreff des Lebensursprunges mit den beiden anderen einander gegenüberstehenden Theorien der Urzeugung und der besonderen Schöpfung?

Antwort: Sie anerkennt, daß beide Theorien Wahrheitsmomente enthalten und nimmt dieselben in sich auf, vermeidet aber deren Einseitigkeiten und Mängel und steht über ihnen. So ist es vor allem richtig, daß das Organische aus dem Unorganischen, das Lebendige aus dem Leblosen ohne besondere Schöpfung Gottes durch natürliche Faktoren ursprünglich hervorgegangen ist — das ist die Wahrheit der Lehre von der Urzeugung. Aber es ist

---

[1]) Hafert, Antworten der Natur. S. 123 f.

falsch, wenn diese Theorie behauptet, daß dieses Hervor=
gehen einst durch bloßen Zufall oder von selbst, ledig=
lich wegen besonders günstiger äußerer Umstände erfolgt
sei. Denn das widerspricht nicht nur jeder bisherigen Er=
fahrung, sondern auch dem allgemeingültigen Kausalitäts=
gesetze, dem gemäß aus dem Niederen das Höhere nie von
selbst entstehen kann, da keine Ursache mehr zu wirken
vermag, als sie selber enthält. Ebensowenig können bloß
äußere Einflüsse auf ein Ding dasselbe derart abändern,
daß es spezifisch, ja wesentlich neue Fähigkeiten empfängt,
wie sie die Organismen gegenüber den toten Körpern zeigen.
Deshalb konnte das Organische aus dem Unorganischen
nur dann hervorgegangen sein, wenn zu dem letzteren eine
spezifisch neue, innere Ursache kam, die wir Organisations=
gesetz oder Organisationsprinzip genannt haben.

Aber dieses Naturgesetz oder Prinzip entstand nicht
durch eine besondere göttliche Schöpfung erst später,
nachdem die Erde sich soweit abgekühlt hatte, daß in ihr
die Bedingungen zur Entstehung lebender Wesen gegeben
waren — das ist die unwissenschaftliche Ansicht der Kreations=
theorie. Dieselbe ist deshalb unwissenschaftlich, weil sie zur
Erklärung des Natürlichen unnötigerweise übernatürliche
Eingriffe Gottes in den Naturlauf annimmt. Denn einer
der ersten methodologischen Grundsätze der Wissenschaft ist,
wie bereits bemerkt: man soll bei der Erklärung der Natur=
vorgänge keine übernatürlichen Gründe annehmen,
wenn natürliche ausreichen. Und das ist eben hier der
Fall. Es genügt die Hypothese, daß von Anfang an der
Urstoff so angelegt war, daß er sich zusammenziehen und
die bestimmten Elemente: Wasserstoff, Kohlenstoff, Sauer=
stoff usw. bilden mußte, und daß alle physikalischen und
chemischen Verhältnisse sich so gestalten mußten, daß endlich

an vielen Orten der Erde die komplizierten Moleküle der lebendigen Zellen entstanden.

Freilich konnte der Urstoff diese Veranlagung und groß- artige Gesetzlichkeit, kraft deren er sich im Laufe der Zeit zu dem herrlichen Kosmos entwickelte, nicht sich selbst geben und auch nicht aus seiner eigenen Natur von Ewigkeit her besitzen. Denn erstens existiert er nicht, wie bereits im vorhergehenden nachgewiesen wurde, aktuell von Ewigkeit, und zweitens ist er seiner Natur nach an sich unbestimmt. Deshalb sagt H. Schell mit Recht: „Der Stoff ist seinem ganzen Wesen nach das Gegenteil von Selbstbestimmtheit, der Inbegriff allseitiger Unbestimmt- heit und vielfältiger Bestimmbarkeit. Die Grundeigenschaften der Materie offenbaren keine innere Notwendigkeit, sondern die Tatsächlichkeit positiver Anordnung. Die Materie ist unbestimmt und indifferent hinsichtlich ihrer substanziellen Gestaltung, Einheit und Vielheit in den Elementen, Körpern, Aggregatzuständen, Kräften, Eigenschaften, dem Verhältnis der latenten zur lebendigen Energie, hinsichtlich der Zeit und der zeitlichen Konstellationen des Ortes und der Orts- veränderung, der Bewegung nach Art, Richtung und Schnellig- keit, der Gattung und Art ihrer Mischung und Organi- sation" [1]).

Auch selbst E. du Bois-Reymond bemerkt in dieser Beziehung in seiner Rede über die sieben Welträtsel, daß es einer Anzahl von Kohlenstoff-, Sauerstoff-, Wasserstoff-, Stickstoff- usw. Atomen gleichgültig sei, wie sie liegen und sich bewegen, liegen und sich bewegen werden. Wenn das der Fall ist, wenn die Materie an sich indifferent ist gegen die Bewegung überhaupt und deren verschiedene Richtungs-

---

[1]) H. Schell, Dogmatik. Bd. I. S. 232.

möglichkeiten, dann kann die primitive Veranlagung des Urstoffes, aus welcher die Welt und die Lebewesen sich entwickelten, unmöglich von ihm selbst herrühren, sondern nur, da es sonst nichts gab, von dem absoluten Sein, das alles Relative prinzipiell bedingt, und das daher auch den Urstoff mit seinen Kräften und Gesetzen geschaffen hat.

Insofern hat also auch die Schöpfungslehre recht, indem sie die erste Entstehung der Lebewesen prinzipiell vom Schöpfer abhängig sein läßt; aber sie geht zu weit, wenn sie meint, daß die ersten Organismen einer besonderen nachträglichen Schöpfung ihren Ursprung verdanken; denn es genügt die Annahme einer einmaligen Schöpfung des Urstoffes und dessen Veranlagung zur Weltentwicklung am Anfange. Das ist nicht nur eine viel wissenschaftlichere, sondern auch eine viel würdigere Auffassung des absoluten Wesens und seines erhabenen Werkes, als wenn man annimmt, Gott habe durch wiederholte wunderbare Eingriffe seiner Schöpfung nachgeholfen, wie etwa ein ungeschickter Uhrmacher oder Mechaniker seinem Werke.

Auch E. du Bois-Reymond hat in seiner letzten Rede in der Berliner Akademie (1894), gleichsam in seinem Schwanengesang, im Gegensatz zu seiner früheren materialistischen Richtung derselben Ansicht beredten Ausdruck gegeben, indem er sprach: „Ihrer (der göttlichen Allmacht) würdig allein ist sich zu denken, daß sie vor undenklicher Zeit durch einen Schöpfungsakt die ganze Materie so geschaffen habe, daß nach den der Materie mitgegebenen unverbrüchlichen Gesetzen da, wo die Bedingungen für Entstehen und Fortbestehen von Lebewesen vorhanden waren, beispielsweise hier auf Erden, einfachste Lebewesen entstanden, aus denen ohne weitere Nachhilfe die heutige Natur von einer Urbazille bis zum Palmenwalde, von einem Urmikrokokkus bis zu Suleimas holden Gebärden, bis zu Newtons Gehirn ward."

Diese unsere Hypothese steht auch keineswegs im Widerspruch mit der Religion, speziell der christlichen, sondern im Gegenteil in schönster Harmonie mit derselben; denn wenn wir die Bibel genau ins Auge fassen, so werden wir finden, daß dieselbe nicht, wie man oft meint, lehrt, daß die Organismen durch besondere Schöpfungsakte Gottes ins Dasein getreten seien; denn es heißt nicht daselbst: Gott schuf das Gras und die Fruchtbäume; nicht: Gott schuf das kriechende Tier und Geflügel, sondern es heißt ausdrücklich: „Die Erde sprosse Gras und Fruchtbäume; das Wasser bringe hervor kriechendes Tier und Geflügel; die Erde bringe hervor lebende Wesen nach ihrer Art" (Gen. 1, 11 f.). Hier wird ganz deutlich die Hervorbringung der Organismen ursprünglich der Erde und dem Wasser zugeschrieben, und zwar derart, daß Gott sie dazu befähigt habe. Das läßt sich aber vernünftigerweise nur so denken, daß die Erde und das Wasser damals infolge der planetarischen Entwicklung die Anlage zur Hervorbringung der ersten Organismen hatte. Und diese Anlage war wieder nur eine naturgesetzliche Folge des von Gott gesetzten kosmischen Urzustandes. Man braucht sonach auf christlichem Standpunkt durchaus keine besondere Schöpfung der Lebewesen anzunehmen.

Demnach entspricht unsere Auffassung vom Ursprung des Lebens recht wohl der Religion, wie sie nicht minder mit der Naturwissenschaft — dessen ist du Bois=Reymond Zeuge — und mit der Philosophie unter allen Theorien am meisten harmoniert.

〇▢〇

V. Die Bildung der Organismenarten.

An die Frage nach dem Ursprung des Lebens über=
haupt, die wir bisher behandelt haben, schließt sich un=
mittelbar die weitere Frage nach der Entstehung der ver=
schiedenen Arten der Lebewesen, eine Frage, die besonders
in den letzten vierzig Jahren bekanntlich sehr viel erörtert
wurde. Auch in dieser Beziehung wurden zwei einander
entgegengesetzte Ansichten geltend gemacht: Die **Stabilitäts=
theorie** und der **mechanische Transformismus,** auch
Darwinismus genannt.

Nach der ersteren Anschauung entstanden die ver=
schiedenen, jetzt existierenden Organismenarten schon ur=
sprünglich durch Schöpfung, nach der zweiten haben sie sich
erst später im Laufe langer Zeiträume aus wenigen Ur=
formen oder vielleicht nur aus einer einzigen Grundform
durch allmähliche Umbildung infolge äußerer Verhältnisse
mittels Abstammung auseinander entwickelt.

Die erstere Ansicht ist die alte, gewöhnliche, bis in die
Neuzeit sowohl im populären Bewußtsein als auch selbst
in der Naturwissenschaft herrschend gewesen, die zweite ist
die moderne, erst in den letzten Jahrzehnten lebhaft ver=
handelte Auffassung. Den Artbegriff hat der große Bota=
niker Linné dahin formuliert, daß zu einer und derselben
Art alle diejenigen Individuen gehören, welche in der Ge=
stalt übereinstimmen und durch die Fortpflanzung zusammen=
hängen. Ihm zufolge stammen die zu einer Art gehörigen
Individuen von einem Urindividuum oder von einem Ahnen=
paar ab, das der Schöpfer ins Leben gerufen habe. Auch
er stand also noch auf dem Standpunkte der Stabilitäts=
theorie. Und zwar muß man auf diesem Standpunkte
wiederholte Schöpfungen Gottes rücksichtlich der Organismen=

arten annehmen. Denn so unzweifelhaft, wie die Paläontologie uns lehrt, viele ursprünglich bestehende Arten später
untergegangen sind, so sicher haben die meisten jetzt lebenden Arten in der paläozoischen Zeit und in der Mehrzahl
der mesozoischen Formationen noch nicht existiert. Sind nun
die Arten der Gegenwart nicht durch Umwandlung von
Formen früherer Erdperioden entstanden, dann müssen sie
durch wiederholte besondere Schöpfungen Gottes geworden
sein. Das ist die Ansicht der alten Stabilitätstheorie.

Es fragt sich nun, ob dieselbe heutzutage noch haltbar
ist oder nicht. Darauf ist zu erwidern: Diese Ansicht hat
in der gegenwärtigen Wissenschaft keinen festen Boden mehr;
denn durch ihre angenommenen wiederholten göttlichen Eingriffe in die Naturentwicklung widerspricht sie der Kontinuität des Naturgeschehens und damit einem Hauptprinzip
der neuzeitlichen Wissenschaft. Ihre Hauptstütze ist die Konstanz der Arten der Gegenwart. Diese Konstanz ist zu-
zugeben; denn wir kennen kein Beispiel von lebenden Arten,
die ineinander übergehen. Das tun nur Kreuzungen von
Arten oder Varietäten. Freilich, wenn, wie es manchmal
der Fall ist, der Umfang einer Art sehr groß ist, dann
können deren Varietäten einander sehr unähnlich werden,
und darauf sind meistens jene Beobachtungen zurückzuführen,
in denen vom Übergang einer Art in eine andere die
Rede ist [1]). Aber einen wirklichen derartigen Übergang hat
man in unserem Erfahrungsbereich noch nicht konstatiert
und eben darauf beruft sich hauptsächlich die Stabilitätstheorie. Doch mit Recht bemerkt dazu Reinke: „Aus
der Beständigkeit der Arten in der Gegenwart folgt noch
nicht ihre Beständigkeit in der Vergangenheit" [2]).

---

[1]) J. Reinke, Die Welt als Tat. 1905. S. 354.
[2]) A. a. O. S. 355.

Schon Linné ist daher von der von ihm anfänglich vertretenen starren Stabilitätstheorie später abgekommen und hat sich der Entwicklungsansicht sehr genähert, indem er sagt: „Lange habe ich die Dermutung gehegt, die ich doch nicht für unzweifelhafte Wahrheit auszugeben wage, sondern nur als eine Hypothese vorlege, daß alle Spezies derselben Gattung am Anfange nur eine Spezies bildeten, später aber durch hybride Zeugung sich hervorgebildet haben" [1]).

Ein Haupthindernis für den Entwicklungsgedanken war außer den vermeintlich biblisch=religiösen Bedenken die An=sicht, daß die Samen der meisten aus Dermischung ver=schiedener Arten entstandenen Bastarde nicht entwicklungs=fähig seien. Daß aber diese Meinung irrig ist, hat ins=besondere Kerner gezeigt, der zu dem Schluß kam, daß gerade in der Kreuzung die Ursache der Neubildung von Arten gegeben sei, und daß die in der Gegenwart lebenden Arten zum größten Teil die Abkömmlinge von Bastarden seien, deren Stammeltern in früheren Erdperioden lebten und später ausstarben. So viel ist gewiß, daß nach Aus=weis der Paläontologie die jetzt lebenden Arten in der Vorzeit der Erdentwicklung noch nicht bestanden haben. Will man nicht annehmen, daß sie durch besondere Schöpfung geworden sind, dann müssen sie durch Umwandlung von Typen früherer Erdperioden sich allmählich entwickelt haben, was zunächst aus zwei Gründen als möglich erscheint: 1. weil die Organismen der ältesten Zeit, wie wir aus ihren auf uns gekommenen Dersteinerungen wissen, wenigstens in der Grundform mit denen der Gegenwart übereinstimmen,

---

[1]) Siehe K. E. v. Baer, Studien aus dem Gebiete der Natur=wissenschaften. S. 256.

und 2. weil sich gleichfalls aus diesen Versteinerungen ergibt, daß in der älteren und mittleren Tertiärzeit die Umbildungsfähigkeit der Typen viel größer war als später,
und daß zur Gegenwart hin die Formen immer stabiler
wurden, so daß jetzt die Umbildungsfähigkeit auf ein
Minimum herabgesunken ist [1]), ähnlich wie es jetzt noch im
Leben des organischen Einzelwesens der Fall ist, das auch
in seiner Kindheit und Jugend viel umbildungsfähiger ist
als im Alter.

Die meisten einzelnen Lebewesen durchlaufen noch gegenwärtig bekanntlich sehr verschiedene Formen in ihrer Entwicklung: von der winzigen relativ einfachen befruchteten
Eizelle beginnend, immer reicher und mannigfaltiger sich
entfaltend, bis hinauf zum mehr oder minder komplizierten
vollendeten Organismus.

Auf Grund solcher Erwägungen entstand die Idee,
daß wohl auch die ganze Organismenwelt sich allmählich
im Laufe von Jahrmillionen aus ursprünglich einfacheren
Formen entwickelt haben werde. Diesen Gedanken hat
im Jahre 1794 schon der Großvater Darwins, dann
Goethe und Geoffroy St. Hilaire fast zu gleicher
Zeit erfaßt, und 1809 hat Lamarck diese Idee in seiner
„Philosophie der Zoologie" näher zu begründen versucht.

Aber bahnbrechend in dieser Beziehung wurde bekanntlich erst Charles Darwins Werk „Über die Entstehung
der Arten", das fünfzig Jahre danach (1859) erschien
und eine gewaltige Bewegung in der wissenschaftlichen,
sowie überhaupt in der gebildeten Welt hervorrief.

Die Grundzüge dieser Theorie sind folgende. Darwin
ging von den Beobachtungen aus, die er und andere an

---

[1]) K. E. v. Baer, Studien. S. 429.

den Erzeugnissen der verschiedenen Kreuzungen der Haus-
tiere machten, indem man dabei große Variationen erzielte.
Besonders ergaben sich durch künstliche Züchtung viele Spiel-
arten bei den Tauben, Hühnern, Hunden und Pferden.
Ähnliche Versuche stellte man auch bei den Pflanzen mit
gutem Erfolge an. Von dieser Grundlage ging Darwin
dann einen Schritt weiter, indem er annahm, daß auch in
der Natur eine ähnliche Zuchtwahl bestehe, wie sie künstlich der Mensch übt, und er nannte deshalb jene die „natürliche Zuchtwahl".

Da aber die Natur nicht mit Überlegung wie der
Mensch eine Auslese zwischen geeigneten männlichen und
weiblichen Exemplaren treffen kann, um deren Vorzüge
in ihren Nachkommen zu steigern und zu einer höheren
Stufe der Entwicklung zu erheben, nahm Darwin weiter
an: es müsse in der Natur ein anderes Prinzip der Zuchtwahl geben, und er fand dasselbe in dem „Kampf ums
Dasein", indem die Lebewesen, besonders die gleichartigen,
Krieg gegeneinander führen, um sich ihre Existenzbedingungen
zu erringen, wobei die schwächeren unterliegen, dagegen die
stärkeren oder die besser mit Werkzeugen ausgerüsteten
den Sieg davontragen und am Leben bleiben.

Diese pflanzen nun durch die Zeugung ihre Vorzüge
in ihren Nachkommen fort, kraft des Gesetzes der Vererbung, wodurch die erworbenen nützlichen Eigenschaften
erhalten und durch Übung und den Kampf ums Dasein
gesteigert werden.

Dazu tritt dann noch ein weiteres Gesetz in Wirksamkeit, das Gesetz der Koordination der Organe, dem
gemäß jede teilweise Veränderung derselben allmählich auch
zu einer Veränderung der anderen entsprechenden Organe
führt.

Endlich macht sich noch ein wichtiges Gesetz in der Organismenwelt geltend: das Gesetz der Adaption, infolgedessen die Lebewesen sich den jeweiligen Existenzbedingungen anpassen, und wenn diese sich ändern, sie sich entsprechend gleichfalls modifizieren.

Das sind nach Darwin die fünf Hauptfaktoren in der Natur: die Variabilität, die natürliche Zuchtwahl mittels des Kampfes ums Dasein, die Vererbung, die Koordination der Organe und die Anpassung derselben an die äußere Umgebung, durch welche die ganze Organismenwelt von den kleinsten und einfachsten Anfängen bis hinauf zu den höchsten Lebewesen, von dem ersten Protoplasma bis zum Menschen sich entwickelt haben soll[1]).

Wie steht es nun mit dem Werte dieser Theorie?

Da sowohl vielfach von anderer Seite als auch von mir selbst[2]) dieselbe bereits einer eingehenden Kritik unterzogen wurde, so brauche ich hier nicht noch einmal ausführlich das zu tun, sondern ich beschränke mich auf das allgemeine Resultat dieser Beurteilungen, das dahin lautet, daß zwar die von Darwin für die allgemeine Entwicklung der Organismenwelt geltend gemachten Faktoren in der Natur tatsächlich bestehen und Veränderungen in den Lebewesen hervorbringen, daß sie aber weder einzeln noch zusammen wirklich das leisten, was sie nach seiner Theorie leisten sollen. Das wurde sowohl von einer Reihe namhafter Naturforscher als auch von Philosophen im einzelnen nachgewiesen. So z. B. von Nägeli, der sich bereits im Jahre 1865 entschieden gegen die von Darwin an-

---

[1]) Siehe mein Werk „Der Triumph der christlichen Philosophie" 1900. S. 220 f.

[2]) Ebenda.

genommene „richtungslose" oder zufällige Variation aus=
sprach, indem er erklärte, daß durch dieselbe die Vorwärts=
entwicklung der Organismenwelt trotz des Kampfes ums
Dasein nicht zu erklären sei. Ja, die einzelligen, einfachsten
Lebewesen, die als die ersten und ältesten angesehen werden,
seien gegen die äußere Umgebung sehr indifferent; für den
Kampf ums Dasein sei eine höhere Organisation derselben
von keinem Nutzen gewesen und habe daher auch nicht von
ihm erzeugt werden können[1]).

Andere Naturforscher, wie beispielsweise Mivart und
Reinke, haben darauf hingewiesen, daß die von Darwin
angenommenen „unmerklich kleinen Schritte" bei der Varia=
tion im Kampf ums Dasein den betreffenden Lebewesen
nichts nützen, sondern im Gegenteil nur schaden könnten,
also das Gegenteil von dem bewirken, was sie nach der
Theorie bewirken sollen.

Insbesondere wurden gegen das Darwinsche Haupt=
prinzip der natürlichen Zuchtwahl oder des Kampfes ums
Dasein starke Einwände gemacht, selbst von seiten solcher,
die entschiedene Anhänger und Freunde Darwins waren,
wie Wallace und Herbert Spencer. Der letztere hob
hervor, daß der Kampf ums Dasein nicht ausreiche zur
Erklärung der zahlreichen Veränderungen der Struktur,
durch welche das Leben nicht in entscheidender Weise ge=
fördert werde. Es könnten durch den Kampf ums Dasein
wohl überflüssige Organe zerstört, aber keine neuen ge=
schaffen werden.

Desgleichen betont Hugo de Vries, daß Darwins
Lehre von der natürlichen Zuchtwahl überhaupt gegenwärtig

---

[1]) Nägeli, Entstehung und Begriff der naturhistorischen Art.
1865.

in der Wissenschaft als ungenügend angesehen werde[1]). Denn die natürliche Auslese sei ein konservatives Prinzip: sie erhalte wohl vorhandene Arten, bilde aber keine neuen. Auch lasse sie den bekannten Mangel an Zwischenformen sowohl in der Vorzeit als in der Gegenwart unerklärt.

Ganz besonders ungenügend ist Darwins Versuch, die Tatsache der Vererbung rein mechanisch nach seinen Grundsätzen zu erklären. Ihm zufolge sondern all die un= zähligen einzelnen Zellen eines Lebewesens in sich Keime aus, welche Darwin Pangene genannt hat. Diese häufen sich im Samen an, müssen also als überaus winzig und selbst für das schärffte Mikroskop unsichtbar gedacht werden, da viele Millionen derselben in einer einzigen Zelle vereint sein sollen. Diese Pangenen seien dann Keime für alle Zellen des neuen Körpers. Sie brauchen sich nur aus= zuwachsen und gehörig zusammen zu ordnen, und der neue Sprößling ist fertig und trägt ganz die gleiche Gestalt wie der Stammorganismus.

Dazu bemerkt A. H. Braasch mit Recht: „Unerklärt läßt Darwin den nach seiner Hypothese notwendigen Vor= gang, daß alle die unzähligen Pangenen aus jedem näheren oder entfernteren Teil des Organismus den Weg nach dem Ort der Keimzelle hin finden und sich hier hübsch ordent= lich zur Zelle zusammenschließen mußten. Und unerklärt läßt Darwin den ebenso notwendigen und ebenso staunens= werten Vorgang, daß sich die Milliarden Pangenen der Samenzelle nicht nur auswachsen, sondern auch im Spröß= ling genau so wieder ordnen wie die Zellen des Stamm= organismus. Weder das eine noch das andere könnte ein bloßer mechanisch=kausaler Vorgang sein. Die Bildung

---

[1]) H. de Vries, Mutationslehre. Leipzig 1901. S. 51.

der Keimzelle und nicht minder ihre wundervolle Entwicklung
trüge den Stempel der Zweckmäßigkeit, der vernünftigen
Ordnung offen an der Stirn.

Dazu kommt ein Drittes. Professor Weismann[1])
hat ein etwas hartes Experiment mit weißen Mäusen gemacht. Er schnitt einem Paare die Schwänze ab. Es er-
gab sich, daß die Nachkommen desselben trotzdem mit ganz
normalen, d. h. 10,5 bis 12 mm langen Schwänzen ausgestattet waren. Auch an diesen wurde das Experiment
wiederholt mit demselben Ergebnis. Und so wurden in
fünf aufeinanderfolgenden Generationen von künstlich ent-
schwänzten Eltern 849 Junge geboren, von denen keines
etwas an seinem hinteren Körperschmuck eingebüßt hatte.
Wie hätten sie aber dazu kommen können, wenn es nach
Darwins Pangenesislehre nötig gewesen wäre, daß auch
von all den unzähligen Zellen der Mäuseschwänze der elter-
lichen Paare Pangenen, kleinste Keime, hätten ausgehen
und in den Keimzellen sich zusammenfinden müssen? In
den Keimzellen der Eltern fehlten ja die Pangenen aus den
abgeschnittenen Schwänzen. Woher bildeten sich denn nun
die Schwanzzellen in den Sprößlingen? Diese eine Tatsache
genügt schon, die Hypothese Darwins über den Haufen
zu werfen"[2]).

Nachdem Darwins mechanische Erklärung der Vererbung mißglückt war, haben andere hervorragende Naturforscher neue Versuche in dieser Richtung gemacht: so hat
Haeckel die Perigenesistheorie, Nägeli die Idioplasma-
theorie, Weismann die Keimplasmatheorie, H. de Vries,

---

[1]) Weismann, Über die Hypothese einer Vererbung von Ver-
letzungen. Jena 1889. S. 22.

[2]) A. H. Braasch, Der Wahrheitsgehalt des Darwinismus.
Weimar 1902. S. 51 f.

die intrazellulare Pangenesistheorie, v. Haacke die Gemma-
rientheorie, M. Kassowitz die Lehre von der besonderen Vererbungssubstanz aufgestellt. Aber schon aus
der bunten Verschiedenheit dieser Theorien über denselben
Gegenstand geht hervor, daß keine von ihnen befriedigte
und einen durchschlagenden Erfolg gehabt hat.

So hat also die rein mechanische Erklärungsweise der
Hauptlebenserscheinungen und der Entwicklung der Organismenwelt trotz der größten Anstrengungen, die man in
dieser Beziehung in den letzten fünfzig Jahren gemacht hat,
nicht zum Ziele geführt. Darum ist der mechanische Transformismus oder Darwinismus ebensowenig befriedigend wie
die Stabilitätstheorie. Beide sind gegenwärtig überwundene
Standpunkte, so daß selbst Naturforscher von einem „Sterbelager des Darwinismus" sprechen[1]).

Aber, wird man fragen, was ist Besseres an deren
Stelle zu setzen?

Darauf erwidere ich: **Die mechanisch-teleologische
Entwicklungstheorie.** Denn diese entspricht am besten
den Tatsachen. Vor allem vermeidet sie den Grundmangel
des mechanischen Transformismus oder Darwinismus, indem
sie das Wesen der Organismen nicht einseitig, sondern voll
erfaßt. Nach dem mechanischen Transformismus nämlich
sind die Organismen lediglich etwas Materielles, das nur
aus physikalisch-chemischen Stoffen und Kräften besteht.
Diese Auffassung, sage ich, ist ungenügend, weil sie nur
eine halbe Wahrheit zum Ausdruck bringt; denn die lebenden Organismen sind mehr als bloße Körper. Wie die
Menschen, so bestehen auch sie nicht aus einem, sondern aus
zwei Hauptfaktoren: aus einem materiellen — das sind

---

[1]) E. Dennert, Vom Sterbelager des Darwinismus.

die Stoffe mit ihren physikalisch-chemischen oder mechanischen Kräften — und aus einem immateriellen, seelischen Faktor. Der letztere ist das jedem Lebewesen immanente Organisationsprinzip, von dem ich schon im Vorhergehenden gesprochen habe. Dasselbe ist zwar mit dem Stoffe und dessen mechanischen Kräften aufs innigste vereinigt, aber dennoch nicht mit demselben identisch, sondern von ihm verschieden. Es ist dasjenige, was den Körper zu einem lebendigen, organisierten Körper macht, zum Unterschied von den toten, nichtorganisierten.

Ein lebendiger, organisierter Körper aber ist ein zweckmäßig gebildeter und zweckmäßig von innen heraus wirkender, selbsttätiger Körper. Ja, diese doppelte Zweckmäßigkeit, sowohl die anatomische als die physiologische oder funktionelle, ist der Grundcharakter aller Lebewesen und ihrer Leistungen, so daß man sagen kann: leben ist zweckmäßig reagieren oder sich betätigen. Aber man kann nicht zweckmäßig reagieren oder rückwirken ohne jedes Innewerden der Einwirkung, d. h. ohne jedes Empfinden und entsprechendes Streben.

Folglich ist das Organisationsprinzip als der innere Grund der zweckmäßigen Entwicklung und Wirksamkeit der Lebewesen etwas Psychisches, weil Empfindendes und Strebendes, da das zweckmäßige Wirken ein wenigstens minimales Empfinden und Streben voraussetzt. Aber eben dieser zweite, immaterielle, psychische Faktor wurde bisher bei der Erklärung der Organismen fast ganz außer acht gelassen, und deshalb zeigte sich jeder Erklärungsversuch der Lebenserscheinungen ungenügend, es blieb auf diesem Standpunkt immer ein inkommensurabler Rest, ein unbegreiflicher, geheimnisvoller Kern.

Das hat offen ein moderner Hauptvertreter der mechanischen Erklärungsweise der Lebewesen, Herbert Spencer, mit den Worten eingestanden: „Da das Leben selbst in seiner innersten Natur unbegreiflich ist, steckt wahrscheinlich auch in seinem innersten Wirken ein unbegreifliches Element" [1]). Diese innerste Natur und das entsprechende Wirken ist eben etwas Nichtmechanisches, Immaterielles, Psychisches, ähnlich wie beim Menschen, nur auf niedrigeren Stufen. Unbegreiflich ist es nur für den, der es als solches noch nicht erfaßt hat, oder der alles mechanisch, d. h. materialistisch erklären will.

Doch in der jüngsten Zeit bricht sich die Einsicht von der Unzulänglichkeit der bloß mechanischen Erklärungsweise der Lebewesen auch auf Seite der Naturforscher mehr und mehr Bahn. So hat z. B. bereits Nägeli, obschon auch er auf dem Standpunkte der reinmechanischen Naturauffassung stand, zwecks Erklärung der Aufwärtsentwicklung der Organismenwelt an die Stelle der Darwinschen richtungslosen Variation einen „Vervollkommnungstrieb" in den Lebewesen angenommen, infolgedessen dieselben auf eine höhere Organisation hinstreben. Damit hat er offenbar die rein mechanische Auffassung des Lebens und der Lebensentfaltung aufgegeben und ein teleologisches Prinzip in der Natur als wirksam anerkannt.

Auch der englische Naturforscher Wallace, obwohl Freund und Anhänger Darwins, erkannte gleichfalls die Unzulänglichkeit der mechanischen Kräfte zur Erklärung der Lebewelt und forderte deshalb die Annahme besonderer Kräfte. Solche neue wirkenden Kräfte müssen ihm zufolge erstens beim Übergang von der unorganischen zur organischen Welt angenommen werden; denn die erste Pflanzenzelle sei

---

[1]) Herbert Spencer von O. Gaupp. Stuttgart 1900. S. 121.

etwas ganz Neues in der Welt gewesen, indem sie neue
Kräfte besessen habe: die Kraft, Kohlenstoff aus der Kohlen=
säure der Luft zu nehmen und zu fixieren, ferner die Kraft
einer unbegrenzten Fortpflanzung und, was noch wunder=
barer, die der Variation und der Fortpflanzung solcher
Variationen. Zweitens müßte dann wieder bei der Stufe
des Bewußtseins oder des Gefühls ein Neues anerkannt
werden; denn auf materieller Grundlage lasse sich das
nicht erklären. Drittens trete uns in den edelsten Anlagen
des Menschen eine höhere Stufe entgegen, die ihm die Mög=
lichkeit eines fast unbegrenzten Fortschrittes eröffnen. Diese
drei Stufen, bemerkt Wallace, deuten auf eine Welt des
Geistes, welcher die materielle Welt durchaus unter=
geordnet sei [1]). Demnach ist auch nach Wallace das
Lebensprinzip als solches etwas Immaterielles, etwas See=
lisches, etwas Geistiges, also der lebende Organismus mehr
als bloßer Körper.

Indirekt erkennt dies auch Ewald Hering an, indem
er schreibt: „Überhaupt liegt das Lebendige heute noch
ebenso als ein ungelöstes Rätsel vor uns wie damals, als
die sogenannte mechanische Auffassung der Lebenserscheinungen
die vitalistische siegreich niederwarf und mit ihren glänzen=
den Erfolgen Hoffnungen erweckte, die weit über das hinaus=
gingen, was sich bis jetzt erfüllt hat, so reich und wertvoll
dies auch ist. Wo immer die physikalische oder chemische
Untersuchung in den tierischen Organismus vorgedrungen
ist, überall traf sie früher oder später auf das geheimnis=
volle Walten der lebendigen Substanz jener Elementar=
organismen, aus denen der Tier= und Menschenleib sich auf=
baut. Wir haben uns jetzt bescheiden gelernt, und wo wir

---

[1]) Wallace, Darwinismus. S. 736 ff.

einst bereits ins Innerste eingetreten zu sein glaubten, be=
kennen wir jetzt, daß wir kaum die erste Vorhalle durch=
messen haben" [1]).

Ganz offen und entschieden aber erklärt sich gegen die
rein mechanische und für die teleologische Auffassung der
Organismen und deren Entwicklung im großen und kleinen
der Botaniker J. Reinke. Nachdem er auf den hervor=
ragenden Embryologen K. E. v. Baer hingewiesen, der
auch der Überzeugung war, daß in den Lebewesen ein „ziel=
strebiges" Prinzip waltet, fährt er fort: „Wir können
sagen, daß in jedem großen Organismus, z. B. in einem
Frosch, einem Schachtelhalm oder einem Apfelbaume, ein
einheitliches Ziel angestrebt ist, zugleich aber auch Zwecke
verwirklicht werden. Ein solcher Baum geht aus zahllosen
selbständigen Zellteilungen hervor, die alle zielstrebig auf
die Vollendung der durch die Erblichkeit vorgezeichneten
Gestalt gerichtet sind, dann aber noch weiter sorgen für die
Erhaltung des Individuums und der Art. In dem Ziele,
dem alle diese Wachstumsbewegungen zustreben, handelt es
sich um Beziehungen auf etwas Zukünftiges, das werden
soll. Die beiden Ziele der Selbstbildung des Organismus
und der Erhaltung der Art werden mit den Mitteln der
allgemeinen Naturkräfte im Rahmen der Kausalität ver=
folgt; sie werden aber nur verwirklicht, weil die durch das
Wachstum hervorgebrachten Vegetationspunkte, Gewebe,
Wurzeln, Blätter, Blumen usw. zweckmäßig funktionieren.
So greifen Zielstrebigkeit und Zweckmäßigkeit vielfach in=
einander.

Die überwiegende Mehrzahl der Bewegungsvorgänge,
auf denen das Leben beruht, sind Zielbewegungen. Die=

---

[1]) E. Hering, Zur Theorie der Nerventätigkeit. Leipzig 1899.

selben brauchen keineswegs immer auf ein Ziel zu kon-
vergieren, sondern sie können auch auseinanderlaufen und
sich kreuzen. Man denke nur an die Atmung und die
Assimilation der Pflanzen, an die Speicherung und die Lösung der Reservestoffe. Aber das einheitliche Ziel der Entwicklung wird doch nur mit Hilfe aller dieser Bewegungen
erreicht, und das wäre unmöglich, wenn jede für sich nicht
zweckmäßig wirkte. Es steckt Zweckmäßigkeit in diesen
Bewegungen wie in denen einer wohlgeordneten Maschine.
Somit ist nicht nur die Struktur der Organismen, sondern
sind auch die durch diese Struktur bedingten Bewegungen
und Funktionen als zweckmäßig anzuerkennen. Ist der
Zweck zu verkennen, wenn vor der Geburt die Brüste einer
Mutter sich mit Milch füllen, weil das Kind keine andere
Nahrung verträgt? —

Die Biologie ist ganz durchdrungen von der Zweckmäßigkeit der lebenden Natur, daß wir das Zweckmäßige
in der Einrichtung eines Organismus fast für etwas Selbstverständliches halten. Treffen wir auf etwas Unzweck-
mäßiges, so erscheint uns dies als eine Ausnahme, als
etwas Sonderbares, so daß wir den geheimen Verdacht
hegen, der Zweck werde uns nur nicht klar geworden
sein"[1].

Nach Reinke besitzen alle Organismen Maschinen-
charakter; denn die Pflanzenzelle ist ein Apparat, der die
strahlende Wärme in chemische Energie umzuwandeln versteht, die Tierzelle aber ein ablaufendes Uhrwerk, das
immer von neuem aufgezogen werden muß. Diese Aufgabe
kann von der Zelle nur mittels einer Maschinenstruktur
gelöst werden; es war daher ein Fehler, mit der Annahme

---

[1] Reinke a. a. O. S. 269.

einer bloß chemischen oder Molekularstruktur für die Zelle
auskommen zu wollen.

Wie nun in der Arbeit jeder Maschine der Geist ihres
Erzeugers nachwirkt, so wohnt in jedem Organismus
gewissermaßen ein heimlicher Werkmeister, welcher erblich
vom Mutterorganismus übernommen wurde, der ihn aufbaut von der Eizelle bis zur Vollendung und der die ver-
wickelten Verrichtungen des erwachsenen Körpers in einheitlichem Sinne regelt. Und diesen „heimlichen Werkmeister"
im Organismus nennt Reinke „Oberkraft" oder „Dominante", die über den Energien steht und sie lenkt[1]). Sie
ist nach ihm ein „dynamisches Prinzip, doch keine Energie.
Jede Analyse der Vorgänge, die zur Herstellung von
Maschinen führten, wie auch der Arbeit dieser Maschinen
selbst nötigt zur Unterscheidung von Energie und Dominanten. Die letzteren bestimmen die Richtung der Energien,
darum sind sie dem Erhaltungsgesetze nicht unterworfen.
Eine Dominante kann weder aus Energie entstehen noch
sich in Energie verwandeln. Sie wirkt richtend, bestimmend
auf die Naturkräfte ein, kann aber ohne diese nichts hervorbringen; sie wirkt also auch nach den Gesetzen und innerhalb des Rahmens der Kausalität. Die Dominanten können
ihre Ziele nur verwirklichen durch Benutzung der Naturkräfte unter Berücksichtigung der unabänderlichen Naturgesetze. — Die Dominante einer Maschine, z. B. einer solchen,
die Stahlfedern anfertigt, ist immanent; sie wurde von der
transzendent wirkenden Intelligenz des Technikers in die
Maschine hineingelegt. Diese Dominante bestimmt die Arbeits-
leistung der Maschinenteile, selbstverständlich im Rahmen der
Kausalität"[2]).

---

[1]) A. a. O. S. 290.
[2]) A. a. O. S. 291.

Ähnlich ist es nach Reinke bei den Organismen. Die physikalisch = chemischen Kräfte bilden in denselben die Energien. Diese sind an sich ziellose Kräfte. Da sie aber in der Pflanze und im Tiere zielstrebig und einheitlich wirken, so weisen sie auf ein im Organismus tätiges ziel= strebiges und einheitliches Prinzip, die Dominante hin, welche offenbar nichts anderes ist als das, was wir früher Organisationsprinzip genannt haben. „Durch die Energie wird in den Organismen Arbeit geleistet, durch die Domi= nanten wird die von der Energie zu leistende Arbeit be= stimmt, sie sind die richtenden Triebkräfte in Pflanze und Tier. Wegen ihres zweckmäßigen und planmäßigen Wirkens in den Organismen offenbaren sich die Dominanten als unbewußte intelligente Kräfte, ähnlich der un= bewußten Intelligenz der Maschinen. Und wie diese den Maschinen durch den Geist ihres Erbauers eingepflanzt wurde, so verdanken die Organismen die ihnen inne= wohnenden intelligenten Kräfte oder Dominanten der „kos= mischen Vernunft" [1]).

Auch der berühmte Physiologe Helmholtz anerkannte den teleologischen Charakter der Organismen mit den Worten: „Die in der Tat ganz wunderbare und vor der wachsenden Wissenschaft immer reicher sich entfaltende Zweckmäßigkeit im Aufbau und in den Verrichtungen der lebenden Wesen war wohl das Hauptmotiv gewesen, welches zur Vergleichung der Lebensvorgänge mit den Handlungen eines seelenartig wirkenden Prinzips herausforderte. Wir kennen in der ganzen uns umgebenden Welt nur eine einzige Reihe von Erscheinungen, die einen ähnlichen Charakter zeigen, das sind die Werke und Handlungen

---

[1]) Reinke, Die Welt als Tat. S. 306.

eines intelligenten Menſchen, und wir müſſen anerkennen,
daß in unendlich vielen Fällen die organiſche Zweckmäßigkeit den Fähigkeiten der menſchlichen Intelligenz ſo außerordentlich überlegen erſcheint, daß man ihr eher einen
höheren als einen niederen Charakter zuzuſchreiben geneigt
ſein möchte".[1]).

Desgleichen hat H. v. Schoeler den teleologiſchen
und pſychophyſiſchen Charakter der Lebeweſen entſchieden
betont: „Wir müſſen etwas, was ſelbſt nicht wieder bloße
Vorſtellung iſt, als ſchöpferiſche Quelle der geiſtigen Licht-
welt annehmen — eine Seele in uns und in allen
Lebenden." „Geiſt iſt nicht allein der treibende Lebens-
impuls, der die körperliche Entwicklung und Geſtaltung der
Dinge aufbaut, er iſt auch das, was ihre Innerlichkeit (die
ſonſt leer wäre) erfüllt und die Innenwelt der Lebeweſen
erſchafft"[2]).

Noch deutlicher hat ſich in dieſer Beziehung der Zoologe
A. Pauly geäußert. Er geht aus von der Zweckmäßigkeit als einer Fundamentaltatſache der organiſchen Welt.
„Zweckmäßigkeit" — ſagt er — „iſt der Charakter aller
organiſchen Leiſtungen vom ungeformten Protoplasma-
klümpchen bis zum Menſchen und nicht minder im Pflanzenreich von ſeiner niedrigſten Stufe bis zur oberſten. Zweckmäßigkeit in den Formen macht unſer Problem aus. Wir
erkennen ſie in der phyſiologiſchen Funktion, in der
Verdauung, der Atmung, dem Kreislauf, finden ſie auf das
wunderbarſte ausgeſprochen im Bau aller organiſchen Körper,
alſo anatomiſch, und begegnen ihr zum drittenmal in
den Handlungen der Tiere und des Menſchen, ſomit geiſtig.

---

[1]) Helmholtz, Populäre wiſſenſchaftl. Vorträge. Bd. II. S. 201.
[2]) H. v. Schoeler, Probleme. Leipzig 1900. S. 76, 96.

Aus Körperlichem und nicht erst am Ende der ganzen Entwicklung, sondern schon auf erstaunlich tiefer Stufe, erwächst
geistige Zweckmäßigkeit, d. h. Handlung"[1]). Die Hauptfrage ist nun die: woher diese großartige Zweckmäßigkeit
auf allen Lebensgebieten?

Nach Darwinischer Lehre ist sie ein zufälliges Ergebnis der Jahrmillionen lang dauernden natürlichen Zuchtwahl oder des Kampfes ums Dasein der Organismen und
des Überlebens des Passenden. Sie ist also auf diesem
Standpunkt für die Organismen etwas Accidentelles, das
im Laufe der Zeit von außen ihnen zugekommen ist.

Diese Auffassung entspricht aber durchaus nicht der
Wahrheit; denn sowohl die anatomische als die physiologische Zweckmäßigkeit der Organismen ist ihnen wesentlich, also das Gegenteil von dem, was der Darwinismus
und überhaupt die rein mechanische Naturerklärung behauptet, und zwar ist sie ihnen derart wesentlich, daß ohne
sie ein Lebewesen gar nicht existieren kann[2]). Folglich
mußten schon die ersten Lebewesen diese zweifache Zweckmäßigkeit besitzen. Sie ist also nicht erst etwas durch den
Kampf ums Dasein zufällig ihnen Zukommendes, sondern
von Anfang ihnen notwendig eigen.

Auf welche Weise aber Zweckmäßigkeit entsteht, wissen
wir aus unserer eigenen Erfahrung: sie entsteht durch ver-
nünftiges Urteilen, Wollen und Tun. Unsere ganze mensch-

---

[1]) A. Pauly, Wahres und Falsches an Darwins Lehre.
München 1902. S. 5. Vgl. E. Wasmann, Moderne Biologie. 1906.
[2]) Auch Weismann betont das mit den Worten: „Alles ist
zweckmäßig in der lebenden Natur, und es ist vom ersten Anfang des
Lebens so gewesen; denn Zweckmäßigkeit der Organisation ist hier
gleich Existenzfähigkeit". Germinalselektion. S. 61.

liche Kultur mit ihren Werkzeugen, Maschinen, Kunstwerken usw. ist das großartigste Beispiel hiervon.

Ähnlich muß es auch bei der unwillkürlichen Zweckmäßigkeit sein: diese muß auf unbewußtem vernünftigen Urteilen, Wollen und Tun beruhen, also gleichfalls auf einem seelischen Prinzip. So kommt Pauly zu dem Schluß, „daß das Prinzip der Zuchtwahllehre unbrauchbar ist, weil es ohnmächtig ist, weil der Organismus selbst die produktiven und regulativen Fähigkeiten besitzt, seine Zweckmäßigkeiten direkt zu erzeugen, wie es das Leben erfordert, dessen Bedürfnisse nicht warten können; daß das Prinzip, welches die Zweckmäßigkeiten regiert, im Innern des Organismus liegt, eine Fähigkeit der organischen Materie ist, daß das wichtigste Moment dieser Fähigkeit Urteil ist, welches nur aus Empfindung geschöpft werden kann, daß also das Prinzip, welches die Zuchtwahllehre zu ersetzen hat, ein psychologisches sein muß“ [1]).

Endlich möchte ich noch eine jüngste diesbezügliche Äußerung des hervorragenden englischen Naturforschers Sir Oliver Lodge anführen, die derselbe in seinem neuesten Werke „Life and Matter“ getan hat, in welchem er eine Widerlegung des Materialismus im allgemeinen und Haeckels im besonderen versucht [2]). Er zeigt darin, daß das Leben nicht als eine Form der Energie erwiesen ist, und daß die Materie nicht die Substanz des Lebens, sondern nur dessen Vehikel ist. Lodge zufolge ist das Leben „eine leitende und beaufsichtigende Wesenheit, die

---

[1]) Pauly, a. a. O. S. 16 f.
[2]) O. Lodge, Life and Matter. London, Williams & Norgate, 1905.

mit unserer Welt in Beziehung steht nach Gesetzen, welche nur so wenig bekannt sind, daß wir sagen müssen, sie seien praktisch unbekannt". Die Bedeutung des Lebens, obschon es mit dem materiellen Universum in einer be= stimmten Art in Berührung steht, scheint ihm „in einem anderen Schema der Dinge" zu liegen.

Folglich ist auch nach Lodge das Leben nicht etwas rein Materielles oder Mechanisches, und darum die rein mechanische Erklärung desselben und seiner Entwicklung zu den verschiedenen Gattungen und Arten unmöglich. Nach all dem ist der rein mechanische Transformismus oder Darwinismus und Haeckelismus nicht nur in der Philosophie, sondern auch in der Naturwissenschaft gegenwärtig ein rück= ständiger Standpunkt, während dagegen die mechanisch= teleologische Entwicklungslehre, die wir vertreten und der zufolge die Organismen und ihre Entwicklung sowohl mechanisch als auch teleologisch oder psychisch zu erklären sind, immer mehr in der wissenschaftlichen Forschung zur Anerkennung gelangt.

Doch wenn auch nun der Darwinsche Rausch vorüber und vernünftige Ernüchterung eingetreten ist — umsonst war diese Entwicklungsphase in der Wissenschaft nicht: nicht nur hat sie gewaltig die Geister angeregt und zu zahlreichen, fruchtbaren Untersuchungen getrieben, sondern auch ihr Grundgedanke, die allgemeine Entwicklungsidee, hat sich aus allen Kämpfen siegreich behauptet und ist unerschütter= lich geblieben, so daß Huxley mit Recht sagen konnte: „If the Darwinian hypothesis was swept away, evo-lution would still stand where it was."

Als festes Prinzip kann man wohl jetzt im allgemeinen annehmen, daß, wie das einzelne Lebewesen von einer niederen Organisationsstufe (der befruchteten Eizelle) zur höheren sich entwickelt, so auch die gesamte Lebewelt einen ähnlichen Entwicklungsgang durchgemacht hat. Dieser Analogieschluß aus der Ontogenie auf die Phylogenie erscheint insofern gerechtfertigt, als nach Ausweis der Paläontologie zur Steinkohlenzeit andere Pflanzen und Tiere auftraten, als im Silur vorhanden waren und als diese Umwandlung der Pflanzen- und Tierwelt durch die mesozoische und känozoische Periode bis zur Diluvialzeit währte, wobei sich im großen und ganzen ein Fortschreiten der Typen vom Niederen zum Höheren bemerkbar macht. Wir sagen: im großen und ganzen; denn die Pflanzen- und Tierarten sind im Laufe der Zeit nicht so der Reihe nach aufmarschiert wie in den systematischen Schulbüchern, sondern in den ältesten Zeiten, aus denen wir Urkunden in Gestalt von Fossilien besitzen, waren sämtliche größere Kreise der Tierwelt vertreten und zum Teil schon in mehrere Gruppen gespalten [1]).

Auch der Stamm der Wirbeltiere ist in der Form von einfachen Fischen bereits in der unteren Silurschicht vertreten. Wenn wir uns also auf den festen Boden der paläontologischen Tatsachen stellen, dann gab es ursprünglich nicht nur einen einzigen Ausgangspunkt der Entwicklung, sondern gleich anfangs verschiedene Stammformen. Das entspricht auch viel mehr der Reichhaltigkeit und gewaltigen Produktionskraft der Natur als die Annahme bloß einer einzelnen ersten Urform. Die Erde war sonach derart veranlagt, daß, als ihre Entwicklung die notwendigen Bedingungen für das Entstehen und Bestehen des Lebens bereitet hatte, das bisher in ihr latent vorhandene Organisationsgesetz in Kraft trat und sich sofort in verschiedenen Stammformen auswirkte.

---

[1]) Koken, Die Vorwelt und ihre Entwicklungsgeschichte.

Diese waren ferner wieder so angelegt, daß sie sich durch bestimmte Mittelstufen weiter entwickeln mußten, jede bis zu ihrer bestimmten Schlußform. Aber wie die Individualentwicklung der einzelnen Lebewesen aus der befruchteten Eizelle zum ausgebildeten Organismus nicht bloß innerlich, durch die Struktur der Bestandteile, sondern auch äußerlich bedingt und abhängig ist von den Entwicklungsreizen, wie Wärme, Licht, Feuchtigkeit usw., und deshalb nicht eher zustande kommt, bis diese in richtiger Weise vorhanden sind, so waren auch einst die Grundformen der Organismenwelt in ihrer Weiterentwicklung sowohl innerlich durch ihre verschiedene Veranlagung als auch äußerlich von den planetarischen Verhältnissen und Einflüssen abhängig: von den Veränderungen des Klimas, der Nahrung, des Standortes, des Bodens, der Umgebung, ferner vom Kampf ums Dasein und der dadurch bewirkten natürlichen Auslese, vom Gebrauch und Nichtgebrauch der Organe, von der Kreuzung verschiedener Arten usw.

Und wie die einzelnen Pflanzen und Tiere nur im Ei= oder Keimzustande noch einigermaßen abänderungsfähig sind, so waren auch ihre Stammbäume in ihrem Jugendzustande, als sie noch näher dem Ursprunge sich befanden, am meisten weiterbildungsfähig, während sie es später immer weniger wurden.

So erklärt sich auch, daß die Entwicklung der verschiedenen Pflanzen= und Tierarten der Entwicklung und Weiterbildung der Erde entsprach: die unförmige, noch wenig ausgestaltete Erde erzeugte auch derbe Pflanzen und plumpe Tiere, während das spätere milde Klima feinere Organismen hervorbrachte.

Durch das Zusammenwirken all dieser inneren und äußeren Faktoren fand im Laufe großer Zeiträume eine allmähliche Umbildung und Entwicklung der ursprünglichen Stammformen zu den gegenwärtig existierenden Pflanzen= und Tierarten statt. Und zwar haben wir uns „die Stammes= geschichte einer großen Tier= oder Pflanzengruppe wohl am besten vorzustellen unter dem Bilde eines Baumes, dessen Äste in immer feinere Zweige sich teilen; die Endknospen dieser Zweige würden dann die heute lebenden Arten der Gruppe repräsentieren, während der Stamm und die Zweige den untergegangenen Vorfahren derselben entsprechen. Die Endglieder sind entwickelt aus älteren Formen, in denen die Merkmale der heutigen Spezies noch nicht differenziert waren. So wenig nun eine Endknospe eines solchen Baumes aus einer anderen, gleichzeitig existierenden Endknospe hervorgegangen sein kann, so wenig Anlaß liegt vor zu der Annahme, daß jetzt lebende Arten aus anderen lebenden Arten durch Umbildung entstanden sind"[1].

Wenn wir nun zum Schlusse die [von uns vertretene mechanisch=teleologische Entwicklungstheorie mit den beiden anderen sich widerstreitenden Lehren der Stabilitäts= und der mechanischen Transformationstheorie Darwins ver= gleichen, so ergibt sich aus den vorstehenden Erörterungen, daß die unserige alle Wahrheitsmomente der beiden anderen in sich vereinigt, aber deren Mängel und Einseitigkeiten vermeidet.

Was zunächst die Stabilitätstheorie betrifft, so geben wir ihr die Beständigkeit der Arten für die historische Zeit zu, aber wir leugnen, daß diese Beständigkeit immer, auch in der Jugendzeit der Organismenwelt existiert habe, da die paläontologischen Tatsachen uns auf eine Um= bildung der Lebewesen in den früheren Erdepochen hinweisen.

---

[1] Reinke, a. a. O. S. 359.

Desgleichen geben wir in gewissem Sinne ihr auch die
Schöpfung der Arten durch das alles bedingende absolute
Sein, durch Gott zu, aber nicht als nachträgliche Spezial=
schöpfungen, sondern nur insofern, als bereits am Anfange
der Welt durch den Schöpfer die Grundstoffe und ihre
Kräfte derart gesetzlich bestimmt wurden, daß daraus im
Laufe der Jahrmillionen sowohl die kosmische als die
organische Entwicklung des All mit Notwendigkeit erfolgen
mußten.

Ebenso räumen wir auf der anderen Seite auch der
mechanischen Transformationstheorie Darwins ein, daß
die von dem letzteren hervorgehobenen mechanischen Fak=
toren, wie die Variabilität, die Lebensvermehrung, der
Kampf ums Dasein oder die natürliche Zuchtwahl, sowie
die Vererbung wirkliche Mittel zur Abänderung der Lebens=
formen waren und im minderen Maße noch sind; aber wir
müssen entschieden bestreiten, daß die ganze großartige Ent=
wicklung der herrlichen Organismenwelt nichts anderes als
ein Spiel des Zufalls und der bloßen mechanischen Kau=
salität sei; denn erstens widerspricht diese Lehre dem all=
gemeinen Kausalitätsgesetze, demzufolge das Höhere nur
dann aus dem Niederen sich entwickeln kann, wenn es in
demselben angelegt war, weil es sonst aus dem Nichts ent=
stehen müßte, was unmöglich ist; zweitens kann die
Organismenwelt auch deshalb nicht rein mechanisch sich
entwickelt haben, weil die Lebewesen nachweisbar nichts
rein Mechanisches oder bloß Körperliches sind; und drittens
sind deshalb die von Darwin und Haeckel geltend ge=
machten äußeren Faktoren, wie jetzt fast alle namhaften
Naturforscher zugeben und betonen, durchaus nicht hin=
reichend, die Entstehung der Arten aus den früheren Grund=
typen genügend zu erklären, sondern dazu waren noch

andere: innere, zielstrebige Faktoren notwendig.
Darum setzen wir an die Stelle dieser beiden einseitigen
Theorien die mechanisch-teleologische Entwicklungstheorie,
der gemäß die Entwicklung der Organismenwelt nicht bloß
mechanisch, sondern auch teleologisch zu erklären ist.

VI. Die Welturſache.

Nachdem wir bisher die Weltentwicklung behandelt
haben, liegt die Frage nach der Welturſache nahe. Auch
auf diese Frage wurden bisher zwei entgegengeſetzte Antworten gegeben. Die einen nämlich ſagen: es gibt keine
von der Welt verſchiedene Urſache, ſondern es exiſtiert nur
die Welt, d. i. der Inbegriff der wahrnehmbaren Dinge
oder der Erſcheinungen und deren Geſetze, was man auch
das „Relative" nennt. Tout est relatif, voilà le seul
principe absolu, „alles iſt relativ" — das iſt die Lehre
des **Relativismus,** welche der Begründer der ſogen.
„poſitiven Philoſophie", A. Comte, aufgeſtellt hat[1]).

Andere dagegen ſagen: nur das abſolute Sein
exiſtiert wirklich, das Relative exiſtiert nicht, ſondern iſt
nur Schein; folglich iſt alles, was wahrhaft exiſtiert,
abſolut, und das iſt nur eins. Hier haben wir den Standpunkt des **Abſolutismus,** den die alten Eleaten
einnahmen.

---

[1]) Comte hatte dieſen Satz ſchon i. J. 1817 im 2. Heft des
III. Bandes von L'Industrie als Mitarbeiter Saint-Simons ent-
wickelt. Vgl. Revue Occident. 1884, Janv. p. 120. — H. Gruber,
Auguſt Comte, der Begründer des Poſitivismus; 1889. S. 32.

Was nun die erstere Theorie, den Relativismus, be=
trifft, so ist dieselbe deshalb unhaltbar, weil sie dem
allgemeinen Kausalitätsgesetze und damit dem vernünftigen
Denken widerspricht. Wieso?

Diesem Gesetz gemäß muß jede Wirkung, muß alles
Gewordene eine hinreichende Ursache haben; denn sicher ist,
daß aus nichts niemals von selbst etwas wird. Würde aus
Nichts von selbst ein Sein, dann wäre Nichts gleich Sein,
was ein Widerspruch mit sich selbst und mit dem ersten
logischen Denkgesetz, dem Gesetz der Identität, ist.

Nun aber sind alle Dinge in der Welt geworden;
deshalb ist alles in der Welt bedingt und relativ — das
ist die Wahrheit des Positivismus oder Relativismus — aber
falsch ist seine Schlußfolgerung, daß es daher überhaupt
nichts als Relatives gäbe, sondern der allein richtige Schluß
muß lauten: wenn alles in der Welt relativ oder bedingt
ist, dann muß alles in der Welt eine hinreichende Ursache
haben, und diese Ursache kann nicht in der Welt selbst,
sondern muß außer ihr liegen, und zwar in einem a b s o l u t e n
oder u n b e d i n g t e n Sein. Denn nur in einem solchen
findet die strenge Forderung des Kausalitätsgesetzes ihre
letzte Befriedigung und Ruhe. Das Relative setzt also das
Absolute als Grund und Ursache notwendig voraus und ist
ohne dasselbe nicht ganz zu erklären.

Freilich hat man schon oft gemeint, dem Kausalitäts=
gesetze könne auch durch den regressus in infinitum
Genüge geleistet werden, indem man von einer endlichen
Ursache auf die andere, und von dieser wieder auf eine
andere usw. ins Unendliche zurückgehe. So bleibe man
immer im Endlichen.

Allein dieser Rückgang ins Unendliche ist unmöglich,

weil er eine unendliche Zahl von endlichen Ursachen voraussetzt, aber eine unendliche Zahl von endlichen Dingen es
nicht geben kann, indem eine solche ein Widerspruch mit
sich selbst ist und darum nicht zu existieren vermag. Denn
jede Zahl kann vermehrt und vermindert werden, das Unendliche aber ist gerade dasjenige, was weder vermehrt
noch vermindert werden kann. Also ist es das Gegenteil
einer Zahl; folglich ist eine unendliche Zahl, weil eine
contradictio in adjecto, eine Unmöglichkeit, folglich auch
ein Rückgang von einer endlichen Ursache auf die andere
und so weiter ins Unendliche.

Doch könnte man fragen: Ist es nicht logisch un-
berechtigt, von dem Endlichen auf das Unendliche, von dem
Bedingten auf das Unbedingte, von dem Relativen auf das
Absolute zu schließen?

In der Tat hat dies Kant behauptet, indem er die
Gültigkeit des Kausalitätsgesetzes nur auf die Sinnenwelt
oder auf das Gebiet des Endlichen einschränkte. So bemerkt er z. B. in der „Kritik der reinen Vernunft“ bei der
Besprechung des kosmologischen Beweises des Daseins Gottes:
„Ich habe kurz vorher gesagt, daß in diesem kosmologischen
Argumente sich ein ganzes Nest von dialektischen Anmaßungen
verborgen hatte, welches die transzendentale Kritik leicht
entdecken und zerstören kann. — Da befindet sich dann
z. B. der transzendentale Grundsatz, vom Zufälligen auf
eine Ursache zu schließen, welcher nur in der Sinnenwelt von Bedeutung ist, außerhalb derselben aber
auch nicht einmal einen Sinn hat. Denn der bloß
intellektuelle Begriff des Zufälligen kann gar keinen
synthetischen Satz wie den der Kausalität hervorbringen,
und der Grundsatz der letzteren hat gar keine Bedeutung
und kein Merkmal seines Gebrauches als nur in der

Sinnenwelt; hier aber sollte er gerade dazu dienen, um über die Sinnenwelt hinauszukommen"[1]).

Dagegen bemerke ich: Erstens ist diese Einschränkung des Kausalitätsgesetzes lediglich auf die Sinnen= oder Erscheinungswelt keineswegs gerechtfertigt; denn die Vernunft verlangt nicht bloß für eine gewisse Klasse von Dingen eine entsprechende Ursache, sondern für jede Wirkung, sie mag sinnlich oder nicht sinnlich sein. Das Kausalgesetz lautet daher ganz allgemein: keine Wirkung, kein Geschehen, kein Vorgang ohne genügende Ursache; denn ex nihilo nihil fit. Es ist daher eine unberechtigte Willkür, dieses Gesetz nur auf die Sinnenwelt einzuschränken.

Indes hat Kant sogar selbst seinen in Rede stehenden Grundsatz tatsächlich in seinen Erörterungen nicht aufrecht erhalten. So vor allem bei der Annahme von Dingen= an=sich. Denn er ist zu dieser Annahme nur durch einen Schluß von den Erscheinungen gekommen. Er ging nämlich davon aus, daß der Inhalt der Erscheinungen oder die Sinnesempfindungen den Charakter des Unsgegeben= seins an sich tragen. Denn nach dem Zeugnis unseres Bewußtseins verhält sich unsere erkennende Vernunft hin= sichtlich der Empfindungen passiv; dieselben sind in ihr gewirkt und nicht von ihr produziert. Woher stammen sie also? Da sie unserem Bewußtsein gegeben sind — schloß Kant — so muß etwas existieren, das sie ihm gibt. Dieses Etwas aber kann nicht im Gebiet der Erscheinungen liegen; denn letztere resultieren ja erst nach Kant aus den Empfindungen. Folglich muß das Etwas, das uns die Empfindungen „gibt" oder sie in uns bewirkt, derart sein,

---

[1]) Kant, Kritik der reinen Vernunft. (Ausg. v. Rosenkranz.) S. 474.

daß es nicht selbst Erscheinung ist, sondern den Erscheinungen als Grund voraufgeht. Und dieses den Erscheinungen zugrundeliegende, sie verursachende Etwas ist das Ding= an=sich [1]).

Kant hat also von den in uns gewirkten Sinnes= empfindungen oder Erscheinungen auf das Dasein der Dinge=an=sich als deren „Ursache" geschlossen [2]), obschon die Dinge=an=sich nicht zur Sinnenwelt gehören, sondern, wie er selbst betonte, etwas „Übersinnliches" sind. Folglich hat hier Kant selbst von dem Kausalgesetz einen meta= physischen Gebrauch gemacht und damit dessen Einschränkung auf das Gebiet der Erscheinungen aufgehoben.

Nicht nur ist man logisch berechtigt, von dem Relativen auf das Absolute zu schließen, sondern wenn man das erstere vollständig kausal erklären will, ist man sogar logisch dazu gezwungen, und der in Rede stehende Relativismus der „positiven Philosophie", der es nicht tut, ist ein einseitiger und ungenügender Standpunkt, da er dem höchsten Postulat des Kausalitätsgesetzes nicht entspricht.

Ebenso einseitig und ungenügend ist aber auch sein Widerpart: der metaphysische Absolutismus, den, wie bemerkt, einst besonders die griechischen Eleaten vertraten. Derselbe gipfelt in dem Satz: Nur das absolute Sein existiert und dieses ist nur eines, das Relative dagegen existiert in Wirklichkeit nicht, sondern ist nur Schein.

Aber dann fragt es sich: woher dieser Schein? Der=

---

[1]) Näheres in meinen „Grundfragen der Erkenntnistheorie". Mainz 1887. S. 234 ff. — Vgl. auch Kuno Fischer, Kritik der Kantischen Philosophie. 1883. S. 17.

[2]) Vgl. Kritik der reinen Vernunft. 1. Aufl. S. 234. Prole= gomena S. 45.

selbe ist doch auch kein pures Nichts, sondern etwas, eine Wirkung, welche als solche dem Kausalitätsgesetze gemäß eine Ursache notwendig voraussetzt und auch etwas, dem er erscheint. Also ist der Schein ein bedingtes, ein relatives Sein. Folglich ist die Behauptung des Absolutismus falsch, daß nur das Absolute existiere und das Relative nicht.

Die Wahrheit liegt auch hier in der richtigen Ver= bindung beider Standpunkte; es existiert sowohl das Ab= solute als das Relative, aber nicht in derselben Weise: das Absolute existiert aus und durch sich selbst, es hat den Grund seines Seins in sich, das Relative aber existiert durch ein anderes; der Grund seines Seins liegt in letzter oder, besser gesagt, erster Instanz im Absoluten. Und dieses nennt man Gott, während das Relative die Welt ist.

Die weitere Frage ist nun: wie verhält sich das Absolute oder Gott zum Relativen oder zur Welt?

Auch auf diese wichtige Frage wurden bisher zwei einander entgegengesetzte Antworten gegeben. Die einen nämlich sagen: Gott ist im Grunde identisch oder eins mit der Welt und deshalb ihr immanent, die anderen: Gott ist absolut verschieden von der Welt und deshalb transzendent. Die erstere Ansicht ist der **Pantheismus,** die zweite der **extreme Theismus.**

Der Pantheismus trat sowohl im Altertum als in der Neuzeit in zwei Hauptformen auf: als Stabilitäts= oder Beharrungspantheismus und als Evolutions= oder Ent= wicklungspantheismus [1]). Den ersteren lehrten im Altertum

---

[1]) Wir haben hier also in bezug auf das Absolute ähnliche Auf= fassungen, wie wir sie rücksichtlich der Welt im Vorhergehenden ge= sehen haben.

die Eleaten, speziell Parmenides, der das Absolute oder Gott als starres, durchaus unveränderliches Sein faßte, und ähnlich in der Neuzeit Spinoza mit seiner einen, beharrenden Substanz; den zweiten, den Evolutions= oder Entwicklungspantheismus vertrat in der Altzeit Heraklit mit seinem absoluten Werden und ähnlich in der Neuzeit Hegel mit seinem dialektischen Prozeß.

In einem Prinzip stimmen alle Pantheisten überein: daß nämlich das Wesen von allem eins ist; nur in der näheren Bestimmung dieses einen Wesens gehen sie auseinander: nach den einen ist es das absolute Sein, nach den anderen das absolute Werden, nach den einen ist es starr, nach den anderen ist es fließend. Und dieses eine identische Wesen von allem oder von der Welt ist Gott. Gott und die Welt sind nach dieser Theorie im Wesen eins, was Spinoza in die Formel kleidete: deus sive natura[1]).

Wie steht es nun mit der Wahrheit dieser Theorie? Vermag sie in der Tat die Wirklichkeit zu erklären? Nein! Denn wenn es nur eine einzige Wesenheit oder Substanz in der Welt gibt und diese durchaus einfach ist, wie soll aus derselben die außerordentliche Vielheit und unerschöpfliche Mannigfaltigkeit der erfahrungsmäßigen Dinge, aus denen die Welt besteht, hervorgehen? Das ist unmöglich. Denn aus der absoluten Einheit und Einzigkeit, wie der Pantheismus die Welturfache faßt, folgt keine Vielheit, da nach dem Denkgesetz der Identität, auf dem diese Theorie beruht, 1 = 1, A = A ist, und aus der absoluten Einfach= heit folgt nie eine Verschiedenheit. Das Weltprinzip des starren Pantheismus des Parmenides und des Spinoza ist also zu abstrakt und darum viel zu mager, um die Welt

---

[1]) Spinoza, Ethica ordine geometrico demonstrata 1677.

mit ihrer gewaltigen Vielheit und ihren großen Gegensätzen zu erklären. Es entspricht wohl dem ersten Denkgesetz, aber nicht der konkreten Wirklichkeit; denn es vermag nicht das zu leisten, was es soll, und ist darum unbrauchbar.

Aber auch der Entwicklungspantheismus sowohl des Heraklit als des Hegel ist unhaltbar. Nach beiden ist das absolute Werden oder der unendliche Prozeß die Substanz der Welt oder Gott. Aber ein absolutes Werden ist eine Unmöglichkeit. Warum? Weil die beiden Begriffe „werden" und „absolut" sich selbst widersprechen und darum einander aufheben. Wieso?

Das Werden ist das Entstehen einer Sache oder eines Zustandes. Jedes Entstehen aber hat einen Anfang; denn was nicht anfängt, entsteht nicht, wird nicht. Was aber einen Anfang hat, was entsteht oder wird, muß auch eine Ursache haben, da etwas nie aus nichts werden kann. Folglich ist das Entstehende oder Werdende durch ein anderes als seine Ursache bedingt; folglich ist es nicht unbedingt oder absolut. Also ist ein absolutes Werden eine contradictio in adjecto und damit eine Unmöglichkeit.

Aber auch ein Werden des Absoluten ist unmöglich. Ein solches nahm Hegel an; denn bei ihm entwickelt sich das Absolute aus niederen zu immer höheren Formen [1]). Das ist jedoch ein Widerspruch in sich; denn das Absolute ist das Vollendete, was aber vollendet ist, kann und braucht sich nicht erst entwickeln, sondern ist bereits entwickelt. Nur das Unvollendete, das Unvollkommene, das Endliche, das der Anlage nach Vorhandene kann sich entwickeln, nicht aber das Vollendete, das durchaus Vollkommene. Darum ist der Entwicklungspantheismus nicht haltbar.

---

[1]) Hegel, Wissenschaft der Logik, 1812.

Dasselbe gilt vom unendlichen Prozeß. Auch dieser ist
unmöglich. Denn jeder Prozeß ist ein zeitlicher Vorgang.
Was aber zeitlich ist, hat einen Anfang, wenn nicht auch
ein Ende. Was aber einen Anfang hat, kann nicht un=
endlich sein, weil das Unendliche gerade dasjenige ist, was
weder einen Anfang noch ein Ende hat. Folglich ist auch
ein unendlicher Prozeß ein Widerspruch mit sich selbst und
kann deshalb nicht existieren.

Desgleichen ist das pantheistische Hauptprinzip unhaltbar,
daß das Absolute oder Gott im Wesen eins mit der Welt
sei. Denn die Welt ist das Bedingte, das Absolute aber
das Unbedingte; die Welt ist das Zeitliche, das Absolute
aber das Ewige; die Welt ist das Endliche, das Absolute
aber das Unendliche; folglich ist das Absolute oder Gott
wesentlich von der Welt verschieden.

Aber nicht durchaus oder in jeder Beziehung. Das
ist der Fehler des extremen Theismus. Derselbe
lehrt nämlich die absolute Verschiedenheit zwischen Gott
und Welt. Wäre diese Annahme richtig, dann könnte
zwischen beiden gar keine Beziehung obwalten; dann fielen
beide völlig auseinander; Gott könnte nicht die erste Ur=
sache der Welt sein, auch könnte er nicht auf die Welt ein=
wirken, und die Welt könnte in keinem Verhältnis zu ihm
stehen. Auch eine Religion, d. h. ein wirkliches Verhältnis
des Menschen zu Gott und Gottes zu den Menschen, wäre
dann unmöglich; desgleichen eine Erkenntnis Gottes von
seiten der Menschen und eine Erkenntnis der Welt von
seiten Gottes; denn dann gäbe es keine Übereinstimmung
der Denkgesetze auf beiden Seiten, und ohne eine solche ist
eine wahre Erkenntnis nicht möglich.

Übrigens läßt sich auch positiv nachweisen, daß zwischen
Gott und der Welt oder den Weltdingen keine absolute

Verſchiedenheit beſteht. Wieſo? Gott iſt ein reales Sein —
auch die Welt und jedes Ding iſt ein ſolches, da es
Wirkungsfähigkeit beſitzt. Gott iſt ferner ein für ſich be=
ſtehendes Weſen — auch jedes Weltding iſt dies in rela=
tiver Weiſe; denn jedes iſt etwas für ſich und von jedem
anderen unterſchieden. Gott iſt ferner ein ſubſtanzielles
Kräfteſyſtem — auch jedes Weltding iſt es, wie wir noch
ſpäter zeigen werden. Gott iſt trotz der unendlichen Fülle
ſeines Seins eine Einheit, alſo eine Einheit in der Vielheit.
Dasſelbe iſt jedes Weltding und die ganze Welt ſelbſt.

Aus all dem geht hervor, daß zwiſchen Gott und den
Weltdingen oder der Welt keine abſolute Verſchiedenheit
beſteht, wie der extreme Theismus meint; aber auch keine
abſolute Identität, wie der Pantheismus behauptet.
Dieſe beiden Theorien ſind ſonach einſeitig und bilden
Extreme. Sie ſind zwar nicht ganz falſch, aber auch nicht
ganz richtig, da ſie beide an Übertreibungen laborieren. Die
Wahrheit liegt auch hier in der verbindenden höheren Mitte.

Der Theismus iſt im Rechte, wenn er die Welturſache
als ein abſolutes, in ſich ſelbſt begründetes, ewig beſtehendes,
völlig unabhängiges, durch nichts beſchränktes, darum
unendliches, folglich über alles Endliche erhabenes, daher
tranſzendentes, die Welt prinzipiell bedingendes und teleo=
logiſch beherrſchendes, deshalb geiſtiges Weſen faßt und es
als Gott bezeichnet. Denn nur durch die Annahme eines
ſolchen Weſens läßt ſich die Welt und der Weltlauf möglichſt
ganz befriedigend erklären. Aber er iſt im Irrtum, wenn
er meint, daß zwiſchen Gott und der Welt eine abſolute
Verſchiedenheit beſtehe, da eine derartige Verſchiedenheit
jede Beziehung zwiſchen beiden, ſowohl die kauſale als die
teleologiſche und die religiöſe, unmöglich machen würde.

Desgleichen hat aber auch der Pantheismus recht, wenn

er zwischen Gott und Welt ein Einheits- und Immanenz-
verhältnis behauptet; aber er ist im Irrtum, wenn er diese
Einheit als numerische Identität betrachtet und die Transzendenz Gottes in Abrede stellt. Denn den wesentlich
verschiedenen Dingen der Welt kann nicht eine und
dieselbe Substanz als ihr Wesen zugrunde liegen, weil
das ein Widerspruch in sich ist, und das unendliche
Wesen kann nicht auf den Kreis der endlichen Dinge beschränkt sein, weil das wiederum ein Widerspruch wäre.
Es muß also über sie hinausgehen oder transzendent sein.

Beide Theorien kranken sonach an denselben Grund-
fehlern: beide übertreiben, und beide sind einseitig. Der
Pantheismus übertreibt die Einheit zwischen Gott und der
Welt und betont einseitig die Immanenz des einen in
der anderen. Der extreme Theismus dagegen übertreibt
die Verschiedenheit zwischen Gott und der Welt und
betont ebenso einseitig die göttliche Transzendenz.
Mein Standpunkt liegt auch hier über diesen beiden einseitigen Theorien und kann deshalb als **höherer Theismus** bezeichnet werden. Derselbe läßt sich kurz also
formulieren: In Wahrheit ist Gott der Welt sowohl immanent als transzendent; er durchdringt sie mit seinem Wesen,
ähnlich wie die Seele den Leib[1]), und ist zugleich über sie
erhaben; denn die Welt ist der Inbegriff des Endlichen,
Begrenzten und Bedingten, Gott aber ist das Unendliche,
Unbegrenzte und Absolute. Er ist deshalb auch wesentlich von der Welt verschieden, aber doch grundwesent-
lich und grundgesetzlich oder in der tiefsten Wurzel

---

[1]) Darum sagt auch der Apostel **Paulus**: „Gott ist nicht ferne
von jedem von uns; in ihm leben wir, bewegen wir uns und
sind wir".

mit ihr eins, d. h. mit ihr übereinstimmend; denn sonst könnte ja keine Beziehung zwischen beiden stattfinden.

Es fragt sich nun: Worin besteht das Grundwesen, und welches sind die Grundgesetze, in denen Gott und die Welt, also alles Seiende miteinander harmonieren?

VII. Das Grundwesen alles Seienden.

Alle Dinge sind durcheinander bedingt und in erster und letzter Instanz durch das absolute Sein und hängen deshalb miteinander und mit diesem kausal zusammen. Es entsteht daher die Frage: Wie ist das bei ihrer so großen Verschiedenheit möglich?

Darauf erwidere ich: Das ist nur unter der Bedingung möglich, daß alle Wesen trotz ihrer gewaltigen Verschieden= heit doch etwas miteinander gemein haben; denn hätten sie nichts miteinander gemein, wären sie in jeder Beziehung, also durchaus voneinander verschieden, dann könnten sie auch in keiner Beziehung zueinander stehen, dann wäre ein Weltzusammenhang unmöglich. So aber existiert tatsächlich ein durchgängiger Zusammenhang der Dinge in der Welt; folglich müssen sie auch alle etwas miteinander gemein haben. Und dieses allen Wesen Gemeinsame nennen wir das Grundwesen alles Seienden, mit welchem Worte man auch oft den Urgrund oder den Urquell alles Seins bezeichnet. Ich gebrauche dasselbe in beidem Sinne.

Da erhebt sich nun die große Frage: Worin besteht wohl dieses Grundwesen?

Auch auf diese Frage wurden bisher zwei entgegen= gesetzte Antworten gegeben, die in der Geschichte der

Philosophie oder der Weltanschauungen eine Hauptrolle spielten und es heute noch tun. Die einen nämlich sagen: das Grundwesen aller Dinge ist die Materie oder der Stoff — das ist die Ansicht des **Materialismus;** die anderen dagegen behaupten: das Grundwesen aller Dinge ist das Geistige — das ist die Lehre des **Spiritualismus,** von manchen, wie z. B. Paulsen, auch „objektiver Idealismus" oder, wie man meines Erachtens besser sagen würde „metaphysischer Idealismus" genannt.

In der Geschichte der abendländischen Philosophie ist der Materialismus zuerst aufgetreten, und zwar bei den alten ionischen Naturphilosophen. Da jedoch bei ihnen das Bewußtsein des Gegensatzes von Körper und Geist noch nicht vorhanden war, so zählt man sie gewöhnlich nicht zu den Materialisten, sondern bezeichnet ihren Standpunkt als Hylozoismus. — Aber sachlich ist ihre Lehre materialistisch.

So betrachtete Thales von Milet als den Urgrund aller Dinge bekanntlich das Wasser, aus dem alles im Laufe der Zeit entstanden sein soll; Anaximander das „Unbegrenzte", das er körperlich und in ewiger Selbstbewegung begriffen faßte; Anaximenes die „unendliche Luft", aus der durch Verdichtung und Verdünnung alle Dinge geworden seien, und Heraklit das sich ewig bewegende Feuer, aus welchem durch beständige Umwandlungen die Wesen hervorgingen. Dagegen hielten die Atomiker für das Grundwesen aller Dinge die Atome, die sie als kleinste Massenteilchen von sehr geringer Ausdehnung, alle qualitativ einander gleichartig, nur quantitativ, d. h. der Größe, der Gestalt, der Lage und dem Gewicht nach verschieden ansahen.

Ähnlich lehrte Epicur, der behauptete: alles, was ist, ist körperlich; unkörperlich ist nur der leere Raum;

auch die Seele ist ein feiner, durch das ganze Aggregat des Leibes zerstreuter Körper, am ähnlichsten dem Lufthauch, mit einer Beimischung von Wärme.

Auch die Stoiker vertraten eine materialistische Weltanschauung, indem sie die von ihnen angenommene kontinuierliche Weltsubstanz, aus welcher alles Seiende bestehe, körperlich faßten.

Von den späteren Materialisten sind zu nennen der Engländer Hobbes, demzufolge alles Seiende Körper und alles Geschehen Bewegung ist; ferner die Franzosen Lamettrie, Helvetius und der Verfasser des „Système de la nature"; von den Deutschen: J. Moleschott, K. Vogt, L. Büchner, H. Czolbe und aus der letzten Zeit besonders E. Dühring, welcher lehrt: „Das Sein überhaupt fällt mit dem materiellen und mechanischen Sein zusammen, und die Bewußtseinsphänomene, die als solche zwar weder Stoffe noch mechanische Kräfte sind, haben dennoch ihr Dasein nur durch Vermittlung materieller und mechanischer Vorgänge. Ja, man kann sagen, daß sie, abgesehen vom unmittelbaren Begriff des subjektiven Vorstellens und Empfindens selbst, in nichts weiter als einer bestimmten Form mechanischer Stoffbewegung bestehen ... Die mechanische Kraft ist ein Zustand der Materie ... Die Materie ist die volle, beharrende Realität, das absolute Sein [1])."

Ähnlich Haeckel, der da bemerkt: „Nach unserer monistischen Auffassung sind Kraft und Stoff untrennbar, nur verschiedene unveräußerliche Erscheinungen des einzigen Weltwesens, der Substanz [2]). Diese „Weltsubstanz" besteht

---

[1]) Dühring, Kursus der Philosophie. 1875. S. 62, 75.

[2]) Haeckel, Der Monismus als Band zwischen Religion und Wissenschaft. 2. Aufl. 1893. S. 14.

aber nach ihm aus zwei Urbestandteilen: aus dem „Welt-
äther" und der „Weltmasse". Folglich ist das Grundwesen
alles Seins auch nach Haeckel materiell. —

Im reinen Gegensatz zu dem Materialismus steht der
Spiritualismus oder Immaterialismus. Ihm zufolge
ist das Grundwesen alles Seins das Geistige, das von den
verschiedenen Vertretern dieser Richtung verschieden gefaßt
wurde. Auf diesem Standpunkt stand im Altertum vor
allem Pythagoras, der die Zahl als die Substanz der
Dinge betrachtete; ferner Plato, dem die Ideen als das
wahrhaft Seiende, die Materie dagegen als das Nicht-
seiende (μὴ ὄν) galten [1]).

Im 17. Jahrhundert huldigte sodann der irische Bischof
Berkeley einem entschiedenen Spiritualismus, indem er
die Existenz der körperlichen Dinge ganz leugnete. Nach
ihm gibt es nur Geister, d. h. tätige Wesen, deren Natur
im Denken und Wollen besteht, und Ideen, d. h. vorgestellte,
passive Wesen, deren konstante Komplexe Dinge genannt
werden [2]).

Auch Leibniz hatte eine ähnliche Grundanschauung,
denn ihm galten als das Wesen alles Seienden die Monaden,
die er als selbsttätige, vorstellende Einzelwesen faßte, gleichsam als lebendige Spiegel, in denen sich je nach dem verschiedenen Grade ihres Vorstellens das Universum auf verschiedene Weise spiegele; in den einen bewußt und klar, in
den anderen unbewußt und dunkel. Das aber, was uns als
Körper erscheint, beruht nach ihm nur auf einer verworrenen

---

[1]) Plato, Phaedo 78 D. Phileb. 15 A. Sympos. 211 A.
Phaedr. 247 C. Parmen. 135 A.

[2]) Berkeley, A. Treatise concerning the Principles of human
knowledge. Sect. 3. Deutsch v. Ueberweg, S. 22.

Auffaſſung unſerer Vernunft und iſt in Wahrheit nur eine Vielheit von Monaden, d. h. von geiſtigen Weſen[1]).

Ähnlich Herbart, der als die Subſtanz der Dinge die ſogenannten „Realen“ anſah, die er als unräumliche, zeit= loſe, ſchlechthin unbeſchränkte, unveränderliche und qualitativ verſchiedene Weſen faßte[2]).

Desgleichen betrachtete Hegel als das Grundweſen alles Seienden die Idee oder den Gedanken, der ſich von Stufe zu Stufe entwickelte, bis er im Menſchen zum Be= wußtſein ſeiner ſelbſt gelangte und damit zum Geiſte wurde[3]); das körperliche Sein oder die Natur iſt nach ihm nichts anderes als die „Entäußerung“ der Idee.

Nach Schopenhauer dagegen iſt das allgemeine Weltprinzip der Wille; die Körper ſind nur unſere Vor= ſtellungen, alſo nichts Objektiv=Reales[4]).

E. v. Hartmann hat ſodann das Prinzip Schopen= hauers und Hegels miteinander verbunden, indem ihm zufolge der unbewußte Wille und die ihm innewohnende unbewußte abſolute Idee, das er zuſammen kurz das „Un= bewußte“ nennt, die Urſubſtanz alles Seins bilden ſoll[5]).

Auch nach W. Wundt iſt das Grundweſen alles Seins

---

[1]) Leibniz, Monadologie. 1720.

[2]) Herbart, Hauptpunkte der Metaphyſik. 1806.

[3]) So bemerkt Hegel: „Das Daſein iſt Qualität, ſich ſelbſt gleiche Beſtimmtheit oder beſtimmte Einfachheit, beſtimmter Gedanke; dieſes iſt der Verſtand des Daſeins. Dadurch iſt es *νοῦς*, als für welchen Anaxagoras zuerſt das Weſen erkannte. Die nach ihm begriffen, beſtimmten die Natur des Daſeins als *εἶδος* oder *ἰδία*, d. h. beſtimmte Allgemeinheit, Art. — Eben darin, daß das Daſein als Art beſtimmt iſt, iſt es einfacher Gedanke.“ Phänomenologie des Geiſtes. S. 44.

[4]) Schopenhauer, Die Welt als Wille und Vorſtellung.

[5]) E. v. Hartmann, Philoſophie des Unbewußten.

der Wille, indem er „alle Realitäten als eine unendliche Totalität individueller Willenseinheiten" faßt [1]).

Nicht minder huldigt F. Paulsen der Ansicht, daß die Wirklichkeit nicht in der Körperwelt aufgehe, sondern in ihrem eigentlichen Sein dem verwandt sei, was wir in unserem geistigen Wesen als das absolut Wirkliche erfahren oder erleben ..., „daß also das Wirkliche, was unserer sinnlichen Auffassung sich als Körper und Bewegung darstellt, an sich selbst unserem Innenleben verwandt sei, so verwandt, als unserer eigenen Körperlichkeit die körperliche Darstellung des anderen [2])".

So stehen sich also bis zur Stunde zwei wesentlich verschiedene Auffassungen des Grundwesens der Dinge: der Materialismus und der Spiritualismus diametral einander gegenüber.

Wer von ihnen hat nun recht? Ich erwidere: sie haben beide recht, und beide — unrecht. Aber wie ist das möglich? Sie haben beide nur teilweise recht; dadurch aber, daß jede von diesen Theorien ganz recht haben will, gerät sie ins Unrecht. Denn beide sind einseitige und darum ungenügende Standpunkte, die das, was sie erklären sollen, nicht erklären können.

So ist vor allem der Materialismus nicht imstande, aus seinem Grundprinzip: aus der Materie oder dem Stoffe den Geist und das Geistige oder Seelische in der Welt abzuleiten. Denn alle Versuche, das zu tun, sind völlig gescheitert. Von seiten des Materialismus hat man in dieser Beziehung folgende Theorien aufgestellt:

Erstens hat man gesagt: die seelischen oder geistigen Vorgänge bei den Tieren und Menschen seien „Aus-

---

[1]) Wundt, System der Philosophie. 1889. S. 416.

[2]) F. Paulsen, Philosophia militans. 1901. S. 61, 62.

ſcheidungsprodukte" der Gehirntätigkeiten: wie z. B.
die Nieren den Urin, oder wie die Leber die Galle aus-
ſcheide, ſo ſcheide auch das Gehirn die ſeeliſchen oder geiſtigen
Vorgänge aus.

Dagegen iſt zu bemerken: Dieſe Erklärung iſt durchaus nichtig. Denn in unſerem vorliegenden Problem handelt
es ſich nicht um materielle Dinge, ſondern gerade darum,
wie aus materiellen Dingen, z. B. aus dem Gehirn und deſſen
Bewegungen nichtmaterielle, ſeeliſche oder geiſtige Tatſachen, z. B. das Bewußtſein, die Gedanken, Gefühle, Willensakte, hervorgehen können. Denn, daß dieſe nichtmateriell
ſind, iſt unbeſtreitbar, da ſie laut allgemeiner und konſtanter
Erfahrung keine materiellen Eigenſchaften an ſich haben,
ſondern weſentlich von den materiellen Dingen und Vorgängen verſchieden ſind.

Nun aber ſind die Ausſcheidungsprodukte der Nieren
und der Leber offenbar materielle Dinge. Folglich können
ſie durchaus nicht zur Erklärung der nichtmateriellen ver-
wendet werden.

Zweitens hat man geſagt: die ſeeliſchen oder geiſtigen
Vorgänge ſeien „Erzeugniſſe" der Gehirntätigkeit. Das
iſt im Grunde dasſelbe wie der ſoeben beſprochene Er-
klärungsverſuch, weshalb auch das gleiche Urteil von ihm
gilt. Von Erzeugniſſen kann man mit Recht eigentlich nur
bei Organismen reden. Und wo immer ein organiſches
Erzeugnis zutage tritt, iſt es ſtets etwas Materielles. In
unſerer Frage aber dreht es ſich gerade um etwas Nichtmaterielles. Alſo iſt auch dieſe Erklärung nichtig.

Drittens hat man geſagt: die ſeeliſchen oder geiſtigen
Vorgänge ſeien „Funktionen" des Gehirns; es verhalte
ſich hier ähnlich wie bei der Verdauung, die eine Funktion
des Darmkanals ſei, oder wie bei der Atmung, die eine

Funktion der Lungen sei. Darauf ist zu bemerken: auch dieser Vergleich bietet nicht die geringste Lösung der in Rede stehenden Frage; denn eine solche Funktion wie verdauen, atmen ist ja wieder nichts anderes als ein materieller Vorgang an und in gewissen Organen des Körpers. Aber in dem vorliegenden Problem handelt es sich eben immer um das Gegenteil eines materiellen Vorganges: um etwas Nichtmaterielles.

Viertens hat man gesagt: die seelischen oder geistigen Vorgänge seien „Verwandlungen" des Gehirns. Wie z. B. der Verdauungsapparat die aufgenommene Nahrung in Blut, Gewebe und Knochen verwandle, so verwandle das Gehirn die äußeren Reize in seelische oder geistige Vorgänge.

Hier gilt dasselbe wie oben; denn auch diese physiologischen Verwandlungen sind nur materielle Vorgänge und ihre Produkte nur materielle Dinge. In unserer Frage aber handelt es sich immer um das Gegenteil: um immaterielle Dinge, um das Seelische und Geistige[1]). Dieses hat der Materialismus mit seinem Prinzip noch nicht im geringsten erklärt und kann es nicht erklären. Darum ist sein Prinzip ungenügend.

Aber auch das Gegenstück des Materialismus, der Spiritualismus, ist ungenügend; denn auch er vermag umgekehrt aus dem Geiste die Materie nicht zu erklären[2]). Ja, auch seine diesbezüglichen Versuche sind gescheitert. Deshalb leugnet er gewöhnlich die objektive Existenz der

---

[1]) Vgl. A. Pfänder, Einführung in die Psychologie. Leipzig 1904. S. 72 f. — Desgl. H. v. Schoeler, Probleme. Leipzig 1900. S. 92 f.

[2]) Deshalb hat man auf idealistischem und spiritualistischem Standpunkt die Materie „das Kreuz der Philosophie" genannt.

Körper und gibt sie für bloße Vorstellungen aus. Aber damit kommt er so wenig aus wie der Materialismus mit seinen Erklärungen des Geistigen. Denn es läßt sich un= schwer nachweisen — und ich habe es bereits in den vorher= gehenden erkenntnistheoretischen Untersuchungen getan —, daß die von uns sinnlich wahrgenommenen Körper durch= gehends wesentlich verschieden sind von unseren bloßen geistigen Vorstellungen. Folglich kann man sie nicht mit Recht einander gleichsetzen. Das Materielle, das Körper= liche bleibt real und macht sich energisch auch uns gegen= über geltend, wenn wir es noch so sehr leugnen oder zu bloßen Vorstellungen herabsetzen. Ein sinnlich wahr= genommener Tisch z. B. bleibt immer wesentlich verschieden von einem bloß vorgestellten Tische.

Aber woher soll das Materielle entstanden sein, wenn es nicht aus dem Geiste als solchem abgeleitet werden kann, und woher das Geistige, wenn es nicht aus dem Materiellen als solchem zu erklären ist?

Auf diese höchst wichtige Frage erwidere ich: sowohl das Materielle als das Geistige ist etwas Ursprüngliches. Das Grundwesen der Dinge ist weder rein materiell, wie der Materialismus meint, noch rein geistig, wie der Spiritualismus behauptet, sondern ist beides zumal. Jedes materielle Ding ist daher zugleich geistig, und jedes geistige Ding zugleich materiell oder körperlich. Es gibt keine absolut pure Materie, d. h. eine Materie, die nichts als Materie oder bloßer Stoff ist, und ebenso gibt es auch keinen absolut puren Geist, d. h. einen Geist, der nichts als Geist ist und deshalb zum Materiellen in gar keiner Beziehung steht. Die vollständige Trennung des Geistigen vom Materiellen oder Körperlichen ist daher keine Wirklichkeit, sondern nur eine Abstraktion unseres

Denkens. Indem man aber bisher diese bloße Abstraktion für eine Realität ausgegeben hat, sind so große Schwierigkeiten und Irrtümer in der Philosophie entstanden.

Diese fundamentalen Behauptungen will ich nun beweisen.

Ich sage also zunächst: jedes materielle Ding ist zugleich geistig. Wohlgemerkt: ich sage nicht: ist zugleich ein Geist — diese Behauptung wäre falsch. Denn unter Geist versteht man ein selbstbewußtes und sich selbst bestimmendes Wesen. Und das ist durchaus nicht jedes materielle oder körperliche Ding. Gibt es doch tatsächlich sehr viele materielle Dinge, die nicht einen Geist besitzen, die aber dennoch meines Erachtens geistig, d. h. immateriell sind. So ist z. B. jede Phantasievorstellung, jeder Gedanke, jeder Willensakt etwas Geistiges', aber deshalb noch kein Geist, d. h. kein selbstbewußtes und sich selbst bestimmendes Wesen. Der Begriff geistig ist also viel weiter als der Begriff Geist. Jeder Geist ist wohl geistig, aber nicht jedes Geistige ist ein Geist. Der letztere ist das höhere beziehungsweise höchste Geistige.

Was ist nun das Geistige im allgemeinen? Dasselbe ist das Gegenteil vom Körperlichen, es ist das Immaterielle, das Unkörperliche, das Unsichtbare, das Ungreifbare, das Unteilbare, das Unwägbare, das überhaupt mit den Sinnen Nichtwahrnehmbare, weil es keine von den sinnlichen Eigenschaften besitzt, das nur mit der Vernunft Erkennbare, das Intelligible.

Daß nun die Menschen und die Tiere trotz ihrer Materialität etwas Geistiges in sich haben, wird man leicht zugeben, da sie unstreitig beseelt sind und das Seelische geistig ist. Aber auch die Pflanzen sind keine bloßen Körper, sondern, wie wir bereits im vorhergehenden dar=

getan haben, sie besitzen ein Organisationsprinzip, welches die physikalisch-chemischen Kräfte zweckmäßig verwertet und gleichfalls etwas Immaterielles, etwas Geistiges ist. Auch spricht für das Vorhandensein eines immateriellen, seelischen Faktors in den Pflanzen die Tatsache ihrer Reizbar= keit. „Das Reizgefühl der Pflanzen", sagt der Botaniker Reinke, „ist dem Tastgefühl der Haut des menschlichen Körpers zu vergleichen. Wie wir mit unserer Hand warmes und kaltes Wasser, Sonnenstrahlen und Schatten, Pelzwerk, Sammet, Seide, Sand, Stecknadeln usw. unterscheiden, in jeder Berührung solcher Körper einen besonderen Reiz empfinden, so unterscheidet die Pflanze die Einwirkung von Schwerkraft und Licht, von roten und blauen Strahlen, von Druck, Feuchtigkeit und besonderen chemischen Stoffen und reagiert auf diese Reize durch Bewegungen, die wieder von der Beschaffenheit der durch den Reiz getroffenen Gewebe und der Wechselbeziehung ihrer Teile untereinander abhängen [1])".

Dieses alles kann aber die Pflanze nur dann leisten, wenn sie ein seelisch=geistiges Prinzip in sich hat; denn, sagt der Zoologe A. Pauly, „alle diese Zweckmäßigkeiten, wie jede Zweckmäßigkeit überhaupt, setzen an jeder Stelle der Reaktion Empfindung voraus. Die Lebenserscheinungen sind daher psychologisch zu erklären oder genauer: psycho= physisch" [2]). Desgleichen bemerkt H. v. Schoeler: „Beim Vollzug des Lebens zeigt sich gewiß das Walten physikalisch= chemischer Gesetze; aber diese Gesetze sind nicht das Leben, und es besteht nicht im Stoffwechsel der Eiweißkörper!

---

[1]) Reinke, Die Welt als Tat. 1905. S. 233.
[2]) A. Pauly, Wahres und Falsches an Darwins Lehre. München 1902. S. 16, 17.

Denn das Prinzip des Lebens kann nur geiſtiger Natur ſein, wenn wir uns auch keinen poſitiven Begriff davon machen können: es beſteht in der Reizempfänglich= keit und Reaktionsfähigkeit, in der Kraft zu leiden und zu wirken, d. h. zu empfinden und zu begehren[1])."

Doch das Geiſtige findet ſich nicht nur in Menſch, Tier und Pflanze, ſondern auch in den unorganiſchen Kör= pern, freilich hier auf der niederſten Stufe. Denn wie beim Körperlichen, ſo gibt es auch beim Geiſtigen ver= ſchiedene Grade und Arten. Man kann daher zwiſchen einem geiſtigen Minimum und einem geiſtigen Maximum unterſcheiden. Den gewöhnlichen unorganiſchen Körpern, wie z. B. den geringen Steinen, kommt ein geiſtiges Minimum zu. Dieſe ſind keine bloßen Körper, keine bloße Materie, kein bloßer Stoff, wie man durchgängig meint, ſondern auch ſie haben ſchon etwas Geiſtiges in ſich, und dieſes iſt ihre innere Weſensform. Denn die Form iſt nicht der Stoff oder das Bildſame, ſondern etwas zu dem Stoff Hinzukommendes, das den Stoff geſtaltet, alſo etwas vom Stoff Verſchiedenes, etwas Nichtſtoffliches, Nichtmaterielles. Erſt gar die ſyſtematiſche Form, d. h. die aus der ſyſtematiſchen Anordnung der Teile hervorgegangene Form. Dieſe trägt ganz beſonders das geiſtige Gepräge an ſich. Iſt doch der Geiſt ſelbſt ein Syſtem, das höchſte Syſtem in unſerer Erfahrungswelt, und alles Syſtematiſche iſt etwas Geiſtiges. Wie das Kunſtwerk nicht bloßer Stoff iſt, ſondern in ſeiner Form etwas Geiſtiges darſtellt, nämlich die Idee des Künſtlers, ſo iſt auch das Naturwerk kein bloßer Stoff, ſondern beſitzt zugleich eine Weſensform, die gleichfalls etwas Immaterielles, Geiſtiges iſt. Schon das

---

[1]) H. v. Schoeler, Probleme. Leipzig 1900. S. 32.

elementarste Naturding, das chemische Element, ist ein
Ganzes aus Stoff (oder Materie) und Form. „Jedes der
75 Elemente ist wie eine Münze von bestimmtem Werte:
ein-, zwei-, drei- oder vierwertig, und jedes Element zeigt
gegen jedes andere Element ein ganz bestimmtes Verhalten,
einen eigentümlichen Charakter, so daß man noch
niemals durch Berechnung voraussagen konnte, was für
ein Produkt zwei Stoffe miteinander bilden werden, und
der Grund dieser spezifischen Anlage ist es, was wir Formel-
ursache oder Form nennen[1].“ Diese ist nichts Stoffliches,
sondern etwas den Stoff Bestimmendes, etwas Geistiges.

Auch jede vom Menschen gefertigte Maschine ist mehr
als bloßer Körper, mehr als bloßer Stoff: sie ist körperlich
und geistig zugleich, denn in ihr verkörpert sich der Geist
ihres Erfinders. Seine Intelligenz durchdringt deren Teile
und zwingt sie zu einheitlichem Zusammenwirken. „Je verwickelter eine Maschine ist, um so höher ist der Grad der
darin verkörperten Intelligenz. Jede Kausalerklärung einer
Maschine muß diese Intelligenz berücksichtigen. Es wäre
töricht zu sagen, nur Druck und Stoß des Hammers, das
Schneiden der Säge und das Rotieren der Drehbank
habe diese oder jene Maschine geschaffen. Im planmäßigen Wirken der Maschine gelangen Gedanken und
Absichten zum Ausdruck, wir könnten von einer Seele
sprechen, die ihr Wirken bestimmt. Ein materielles System
würde außerstande sein, die Zeit anzuzeigen, wenn es nicht
vom Genie des Erfinders der Uhr durchgeistigt wäre. Diese
Durchgeistigung der Maschinen ist der Grund, daß sie ganz
andere Aufgaben lösen, als das Spiel blinder Naturkräfte
es vermöchte[2].“

---

[1] C. Hasert, Antworten der Natur. 5. Aufl. 1903. S. 12.
[2] Reinke a. a. O. S. 283.

Folglich ist das Geistige in der Maschine das Dominierende, das die körperlichen Teile Bestimmende und harmonisch zweckmäßig Ordnende. In einer Maschine steckt mehr Geist als in einem bloßen Eisenklumpen, wie ihn die Natur uns liefert. Aber auch dieser ist keineswegs völlig geistlos; denn auch in ihm ist eine Wesensform, die von innen heraus den ganzen Stoff durchdringt und bestimmt, aus dem er besteht und ihn eben zum Eisen macht, zum Unterschied vom Stein und jedem anderen Metall. Und so ist es mit jedem Körper: jeder bildet eine wesenhafte Einheit von Stofflichem und Geistigem.

Dazu kommt als weiteres beachtenswertes Moment, daß das Geistige in jedem, auch dem geringsten Körper einen logischen Charakter an sich trägt. Wieso?

Alle Körper unterliegen den logischen Grundgesetzen. So vor allem dem Gesetz der Identität, welches besagt, daß jedes Ding sich selbst gleich ist oder mit sich übereinstimmt. Nicht minder dem Gesetz des Widerspruchs, das eigentlich nichts anderes als die negative Form des Identitätsgesetzes ist. Denn stimmt jedes Ding mit sich selbst überein, dann steht es nicht mit sich im Widerspruche.

Desgleichen entsprechen alle körperlichen Wesen dem dritten logischen Grundprinzip: dem Kausalitätsgesetz, demgemäß es keine Wirkung oder Veränderung geben kann ohne entsprechende Ursache, d. h. ohne etwas, das dieselbe hervorbringt. Das gilt durchweg in der Körperwelt; denn überall, wo man in derselben eine Wirkung wahrnimmt, setzt man mit Recht eine Ursache hierfür voraus. Und wenn man auch die letztere nicht immer sogleich erkannt hat, so stellte sich doch dieselbe später als Tatsache heraus und bestätigte das logische Kausalitätsgesetz. Darum sagt Wundt mit Recht: „Tatsächlich fügt sich überall die Er=

fahrung demselben, sobald wir zu einer Erkenntnis der
empirischen Zusammenhänge durchgedrungen sind, und diese
Tatsache ist zugleich die wesentlichste Bürgschaft dafür,
daß zwischen unserem Denken und den Objekten der
Erfahrung eine Beziehung besteht, vermöge deren die
letzteren ebensowohl den Normen unseres Denkens adäquat
sind, wie unser Denken sich von seinen Objekten bestimmen
läßt, eine Wechselwirkung, ohne welche überhaupt Erkennt=
nis unmöglich wäre[1])." Sind aber die wahrgenommenen
körperlichen Dinge den Normen oder Gesetzen unseres
Denkens entsprechend, dann besitzen sie einen logischen und
folglich einen vernünftigen Charakter; sie sind nicht nur
körperlicher, sondern zugleich geistiger Art, dem Wesen
unseres Geistes konform, wenn sie auch unbewußt sind.
Denn das Bewußtsein ist kein wesentliches Erfordernis des
Geistigen.

Wie das letztere, so hat übrigens auch das Bewußtsein
verschiedene Stufen: vom Nullpunkt des Bewußtseins oder
dem Unbewußten anfangend, durch das Minimalbewußte,
das Dunkelbewußte, das Starkbewußte und das Klar=
bewußte, bis hinauf zum Selbstbewußten. Alle diese Stufen
des Bewußtseins durchläuft das Geistige in den verschiedenen
Dingen, und im Menschen, der höchsten Spitze der Welt=
entwicklung, sind zeitweise alle vertreten.

Je niedriger das Geistige steht, desto weniger ist es
bewußt, und desto schwächer und unselbständiger ist
es in seinem Sein und Wirken. Am unselbständigsten ist es
in den unorganischen Dingen als deren bloße Wesensform.
Höher und deshalb etwas selbständiger erscheint es schon
im Pflanzenreich — als Lebensprinzip. Noch höher steht

---

[1]) Wundt, Logik. 1880. Bd. I. S. 549.

es im Tierreich, wo es bereits als reicher gegliederte Seele tätig ist. Aber erst im Menschen wird das Geistige zum Geist, d. h. zu einem selbstbewußten und sichselbstbestimmenden Wesen, das den Körper und die Körperwelt mehr oder minder zu beherrschen imstande ist. Aber auch im Menschen ist das Geistige vom Körperlichen noch vielfach abhängig. Erst im absoluten Geiste oder in Gott ist es vom Körperlichen vollständig unabhängig, dagegen das Körperliche von ihm vollständig abhängig.

Somit ist das Geistige nicht etwas Abgeleitetes, etwas Sekundäres, wie der Materialismus meint — das ist sein großer Irrtum — sondern etwas Ursprüngliches, etwas Primäres, etwas allgemein Durchgehendes — das ist die Wahrheit des Spiritualismus oder des metaphysischen Idealismus. Aber das ist nur die halbe Wahrheit.

Ich ergänze sie durch den Satz: Auch das Materielle oder Körperliche ist ursprünglich und durchgehends in den Wesen vorhanden.

Wie es nämlich keine absolut reine, d. h. völlig geistlose Materie oder Körperlichkeit gibt, so gibt es auch keinen absolut reinen Geist, d. h. einen Geist, der nichts als Geist ist und deshalb zum materiellen Sein in gar keiner Beziehung steht. Auch das ist nun zu begründen.

Zu diesem Zwecke weise ich zunächst auf unsere ganze Erfahrungswelt hin. Dieselbe zeigt uns das Geistige nirgends rein, ohne Körperliches. Auch im Tode behält unsere Seele ihre sinnlichen, d. h. körperlichen Fähigkeiten oder das Vermögen zur Materialisation und Organisation, wenn nicht einen ätherischen Leib, wie viele annehmen[1]). Des-

---

[1]) So z. B. Aristoteles, Physik IV, 2, 3, sowie die Stoiker nach Diogenes Laertius III, 56. Desgleichen die Neuplatoniker, wie Porphyrius und Jamblichus (De myster. Aegypt. I, 8.

gleichen spricht die christliche Lehre von der Auferstehung der Menschenleiber für die wesentliche Zusammengehörigkeit des Geistigen und Körperlichen.

Nicht minder schreiben die „Spiritisten" den Geistern die Fähigkeit zu, sich zu materialisieren[1]), wie auch das Christentum stattgefundene materielle Engelserscheinungen annimmt. Folglich müssen nach dieser Auffassung auch die Engel, obschon Geister, die Anlage zur Materialisation in sich haben. Und was endlich den absoluten Geist oder Gott betrifft, so ist auch er nicht durchaus materielos zu fassen, denn wie hätte er sonst die Materie erschaffen oder produzieren können, und wie könnte er zu der materiallen Welt in realer inniger Beziehung stehen? Beides wäre unmöglich. Gott konnte die Materie nur dann hervorbringen, wenn er die Potenz dazu in sich hatte. Das ist unbestreitbar. In Gott ist daher die Materie von Ewigkeit her potenziell, in der Welt zeitlich aktuell. Man könnte die Materie deshalb gleichsam das „ewig Weibliche"

V. 10). Vgl. Zeller, Philosophie der Griechen III, 709. C. du Prel, Studien aus dem Gebiete der Geheimwissenschaften. Leipzig 1891. Monistische Seelenlehre 1888. S. 143. Auch Origenes, Tertullian, Lactantius und Augustinus (de div. et daemon. c. 3 u. 5) nahmen für die Seele nach dem Tode einen ätherischen Leib an. Ebenso noch heutzutage alle Theosophen.

[1]) Der Spiritismus, so viel Schwindel auch damit getrieben wurde und teilweise noch wird, enthält höchst wahrscheinlich doch einen guten Kern Wahrheit. Auch die „Kölnische Zeitung" sagt einmal: „Wer heute den Spiritismus als Schwindel und seine Phänomene samt und sonders für Taschenspielerkunststücke ausgibt, ist lediglich unwissend." Und der englische Ministerpräsident Lord A. J. Balfour bemerkt sogar: „Der Spiritismus ist unendlich wichtiger als jede andere soziale oder politische Frage!" Im Munde eines hervorragenden modernen Politikers gewiß sehr merkwürdig.

im abfoluten Sein nennen[1]), während das ewig Männliche
oder das ewig Aktuelle in ihm der Geift ift.

Sonach ift auch das Materielle etwas Urfprüngliches,
Ewiges — das ift die Wahrheit des Materialis=
mus — wie nicht minder der Geift etwas Urfprüngliches,
Ewiges ift, was wir bereits als die Wahrheit des Spiritua=
lismus oben dargelegt haben.

Beide Theorien enthalten alfo Wahrheiten, aber nur
halbe Wahrheiten, die ganze Wahrheit liegt in der Der=
einigung beider. Darum ift der vollftändig richtige Stand=
punkt der **Material=Spiritualismus.** Diefem zufolge
gehen das Geiftige und das Körperliche oder Materielle
immer Hand in Hand; fie find nicht zufällig miteinander
verbunden, fondern gehören wefentlich zufammen. Sie
ftehen deshalb im ewigen Bunde. Das Materielle ift die
Unterlage oder das Mittel zur Betätigung des Geiftigen.
So in unferem täglichen Leben, fo in der Technik, in der
Kunft und Wiffenfchaft. So auch in der Welt im großen;
fo bei Gott, der im Materiellen feine Ideen verwirklicht
hat. Das ift der Zweck und Wert des Materiellen. Es
ift deshalb das Niedere, das Geiftige aber das Höhere; das
Materielle ift·das Dienende, das Geiftige, das Herrfchende.
Beide find die ftets Unzertrennlichen, die Inséparables. Sie
find fo wenig voneinander zu fcheiden wie im Kreis das
Zentrum und die Peripherie. Aber trotzdem hat man fie
bisher durchgehends in der Theorie getrennt, und diefe ihre
theoretifche Trennung in die beiden einander entgegen=
gefetzten Theorien: in Materialismus und Spiritualismus,

---

[1] Das dürfte auch der Wahrheitskern der Schellingfchen Lehre
von der Natur in Gott fein. Schelling, „Über die menfchliche Frei=
heit" (Sämtl. Werke Bd. VII). Kuno Fifcher, Gefchichte der neueren
Philofophen. Bd. VI. Heidelberg 1895. S. 640.

war das tiefste und schlimmste Schisma in der
Philosophie, das durch vorstehende Theorie nun über=
wunden ist.

Nach der letzteren läßt sich zugleich auch der große
Gegensatz von **Dualismus** und **Monismus** lösen.

Beide Theorien sind relativ wahr und relativ falsch.
Der Dualismus lehrt: jedes Ding besteht aus einer Zwei=
heit — das ist wahr; der Monismus lehrt: jedes Ding
besteht aus einer Einheit — das ist ebenfalls wahr. Es
kommt nur darauf an, wie man die Zweiheit und die Ein=
heit faßt. Faßt man die Zweiheit oder die zwei Haupt=
bestandteile der Dinge als absolute oder grundwesent=
liche Verschiedenheit, dann ist es falsch; denn eine solche
kann in einem Dinge nicht harmonisch bestehen und ver=
einigt werden. Faßt man aber die zwei Hauptbestandteile
der Dinge als nur wesentlich verschieden und ihre Einheit
nicht als Identität, wie Schelling es tat[1]), sondern als
Einheitlichkeit, dann ist es richtig. Denn jedes Wesen ist
tatsächlich die Einheit einer Doppelnatur, also eine Art
Trinität, nämlich die Einheit eines immateriellen und eines
materiellen, eines geistigen und eines körperlichen Faktors.
Der geistige Faktor ist das Aktive und der körperliche
Faktor das Passive in den Dingen. Beide Faktoren, ob=
schon wesentlich voneinander verschieden, dennoch von Anfang
an miteinander vereinigt, und in ewiger Allianz miteinander
stehend, bilden das Grundwesen oder das Gemeinsame
alles Seienden[2]). Alle Dinge, wenn auch sonst noch so

---

[1]) Schelling, Darstellung meines Systems der Philosophie. Vgl.
Kuno Fischer, Geschichte der neueren Philosophie. 1895. Bd. VI.
S. 545 ff. — In Schellings poetischer Philosophie kommen übrigens
viele wahre und schöne Gedanken zum Ausdruck.

[2]) In meinen früheren Werken habe ich als das Grundwesen

verſchieden, ſind alſo doch im Grundweſen eins — das iſt
die Wahrheit des Monismus.

Derſelbe iſt jedoch einſeitig und darum ungenügend,
wenn er als dieſes Grundweſen entweder das Materielle
— wie Haeckel und der Materialismus es tut — oder
das Geiſtige betrachtet — wie Hegel, Schopenhauer,
E. v. Hartmann und Wundt, überhaupt der Spiritualis=
mus es getan haben; denn das Grundweſen, das wie ein
roter Faden durch alle Weſen hindurchgeht, iſt, wie ich im
Vorhergehenden gezeigt habe, nicht einfach, ſondern zwei=
fach: es beſteht aus zwei weſentlich voneinander verſchiedenen
Faktoren: aus einem immateriellen und einem materiellen,
aus einem geiſtigen und einem körperlichen Faktor — das
iſt die Wahrheit des Dualismus.

Aber auch dieſer iſt ungenügend und falſch, indem er
die beiden Gegenſätze des Geiſtigen und Körperlichen über=
ſpannt und abſolut faßt, und infolgedeſſen nicht ihre tat=
ſächliche Einheit in den Dingen befriedigend erklären kann,
wie die wunderlichen Verſuche eines Geulinx[1]) und
Leibniz[2]), das Verhältnis von Leib und Seele aufzuhellen,
deutlich beweiſen. Die in Rede ſtehenden Gegenſätze des
Geiſtigen und Körperlichen können nur dann in den Dingen
einheitlich verbunden ſein, wenn ſie etwas Gemeinſames
haben, wenn ſie aufeinander angewieſen ſind, indem ſie ſich
ergänzen. Und ſo iſt es in der Tat: das Geiſtige, das
Innerliche hat von Natur aus die Tendenz, ſich zu ver=
körpern und dadurch zu äußern, und das Körperliche iſt

---

alles Seienden die „Vernunftenergie" bezeichnet. Dieſe Auffaſſung
ſteht mit der obigen nicht im Widerſpruch, ſondern hier iſt nur die
Sache von einem anderen Geſichtspunkt aus betrachtet.

[1]) A. Geulinx, Ethika, 1665.

[2] Leibniz, Monadologie, 1720.

von Natur aus darauf angelegt, das Geistige zu empfangen und sich von ihm gleichsam befruchten, d. h. bestimmen und formen zu lassen. Beide Faktoren schließen sich also keineswegs einander aus, sondern fordern einander; sie stehen daher auch nicht im absoluten Gegensatz, sondern in Harmonie zueinander wie Zentrum und Peripherie in einem Kreise.

Jedes Ding bildet sonach eine Einheit von Gegensätzen — das ist die Wahrheit des Grundprinzips des Nikolaus von Cusa[1]). Folglich setzen die Dinge die Gegensätze voraus, da ohne Gegensatz keine harmonische Einheit möglich ist. Und insofern hat auch Heraklit recht, wenn er sagt: „Der Streit (der Gegensatz) ist der Vater der Dinge"[2]). Aber der „Streit" oder der Gegensatz für sich allein erzeugt noch kein Ding, sondern er ist nur der „Vater"; soll ein Ding entstehen, so muß noch eine „Mutter" hinzukommen, und diese ist die Einheit, die Harmonie. Das Sein und Leben beruht daher auf der Harmonisierung der Gegensätze.

Ich setze also an die Stelle des extremen Dualismus einerseits und des einseitigen Monismus anderseits den **Unitarismus,** der die beiden Gegensätze (Geistiges und Körperliches) in einer höheren Einheit vereinigt.

Je nachdem nun der eine oder der andere Faktor in einem Wesen bedeutend und stark ist, je nachdem wird es charakterisiert und benannt. Wiegt nämlich bei einem Wesen das Körperliche besonders vor, so nennt man es, nach dem alten Grundsatz: a potiori fit denominatio, einen Körper; wiegt dagegen das Geistige sehr vor, so heißt man es einen

---

[1]) Nicolaus von Cusa, Apologia doctae ignorantiae fol. 35. De conjecturis I, 11.

[2]) Heraklit, Über die Natur.

Geist. Ist endlich das Geistige derart vorherrschend, daß
das Materielle bloß der Potenz nach in ihm vorhanden
ist, so nennt man es reinen Geist. Hier ist offenbar das
Wort rein nicht im absoluten, sondern nur im relativen
Sinne zu verstehen. Das geistige Maximum besitzt der ab=
solute Geist, das geistige Minimum dagegen die gewöhn=
lichen leblosen Körper; in der Mitte zwischen beiden steht
im allgemeinen der Mensch. Aber auch bei den Menschen
gibt es in dieser Beziehung bedeutende Unterschiede: bei
den einen wiegt das körperliche Leben stark vor — diese
nenne ich Körpermenschen — bei den anderen das geistige
Leben und Streben, welche mit Recht den Namen „Geist=
menschen" verdienen. Wieder bei anderen hält das körper=
liche und geistige Leben sich im allgemeinen in der Regel
das Gleichgewicht — das sind die Mittelmenschen. Je mehr
das Geistige in einem Wesen vorwiegt, desto höher steht es
im Range.

In Gott ist aktuell alles geistig, das Körperliche ist
in ihm nur der Potenz nach. So muß es sein; denn sonst
hätte er die materielle Welt nicht produzieren oder er=
schaffen können.

Es fragt sich nun: wie kam Gott zur Welt=
schöpfung?

Als absoluter Geist erkennt und will Gott ewig sich
selbst und damit sein unendliches Sein. Dieses ist in seiner
Erkenntnis das ewige geistige Bild oder die ewige Idee
seiner selbst; also eine Idee von unendlichem Inhalt. Folg=
lich dasselbe wie die Ideenwelt Platos. Als das unmittel=
bare ewige Bild Gottes ist sie dessen direkte Selbstoffen=
barung. Aber wie jede Idee, wenn sie einen Wertgehalt
besitzt, zur äußeren Realisierung drängt, wie wir aus unserer
eigenen Erfahrung wissen, so auch die Ideenwelt in Gott,

die sein unendliches Sein darstellt. Und wie die äußere Realisierung unserer Ideen nur möglich ist, indem wir sie im Materiellen ausprägen, ins Räumliche und Zeitliche übertragen: so ähnlich bei Gott.

Zu diesem Zwecke aktualisierte er die potenziell in ihm vorhandene Materie und stellte in ihr seine Ideenwelt und damit sich selbst in endlicher Weise dar. Denn in unend= licher Weise konnte Gott sein unendliches Sein nicht als Realität reproduzieren, weil das unendliche Sein nur einmal real existieren kann. Denn wenn es zwei oder drei reale unendliche Sein gäbe, würden sie sich einander beschränken und damit aufhören, unendlich zu sein. Es gibt daher nur ein Absolutes, nur ein aktuell unendliches Sein. Darum konnte die Realisierung der göttlichen Ideenwelt oder des geistigen Bildes des unendlichen Seins nur in endlicher Weise vor sich gehen.

Aber wie sollte das Unendliche im Endlichen dargestellt werden?

Das war nur dadurch möglich, daß Gott dem End= lichen die Potenz gab, sich ins Unendliche zu entwickeln und dadurch immer reicher zu entfalten. Das war un= streitig das beste Mittel, den Hauptzweck der Welt: die Theophanie oder die Offenbarung Gottes nach außen möglichst zu verwirklichen.

Daher die außerordentliche Mannigfaltigkeit der Dinge, die so weit geht, daß es unter den vielen Milliarden von Wesen keine zwei in der Welt gibt, die einander ganz gleich sind, und daher die fortschreitende, ins Unendliche gehende Entwicklung der Welt, wodurch im Endlichen das Unendliche mehr und mehr offenbar wird.

Vollendet wird diese Offenbarung Gottes in der Welt oder des Unendlichen im Endlichen nie werden; denn die Welt oder das Relative kann nie absolut, das Endliche nie wirklich unendlich werden. Aber ins Unendliche, d. h. dem Unendlichen mehr und mehr entgegen, kann der Welt= prozeß fortgehen. Und wenn auch diese Welt, in der wir uns befinden, einmal untergeht, so wird aus ihren Ruinen wie ein Phönix eine neue, schönere Welt entstehen, bis auch diese nach Millionen Jahren wieder altert und vergeht, um einer anderen noch vollkommeneren Platz zu machen, und sofort — ins Unendliche! Diese unsere Weltanschauung er= öffnet somit für die Zukunft die großartigste Perspektive, die es gibt: Entwicklung, Fortschritt, Dervoll= kommnung ins Unendliche.

Fassen wir nun unser Prinzip ganz kurz zusammen, so ist zu sagen: Gott ist aktuell das Unendliche und poten= ziell das Endliche, die Welt aber aktuell das Endliche und potenziell das Unendliche. So zeigt sich also auch hier eine herrliche Übereinstimmung alles Seienden im Grundwesen.

○▭○

VII. Die Grundgesetze alles Seienden.

Nicht- nur im Grundwesen, sondern auch in den Grund= gesetzen stimmen alle Wesen überein, wie ich bereits in meinem Buche „das Grundproblem der Metaphysik" (Mainz, Kirchheim 1894) dargelegt habe, worauf ich mich im fol= genden beziehe. Und zwar habe ich daselbst folgende zehn Grundgesetze nachgewiesen, die man auch die Universalgesetze alles Wirklichen nennen kann.

1. Das Gesetz der durchgängigen Konkretion.

Alle realen Wesen sind Konkreta, d. h. kein (relativ) selbständiges Wesen besteht nur aus einer einzigen Qualität oder Kraft, sondern jedes aus einer Mehrheit von Momenten, die zu einer substanziellen Einheit verbunden sind. Dies gilt nicht nur von den teilbaren Wesen, sondern auch von den unteilbaren, wie z. B. von der menschlichen Seele und von Gott. Man bezeichnet wohl diese Wesen als einfache. Das ist richtig, insofern sie nicht aus Teilen zusammen= gesetzt sind und darum auch nicht in Teile zerlegt werden können. Aber es wäre falsch, wenn man das Attribut der Einfachheit, das man ihnen beilegt, so verstände, als ob sie nur aus einer einzigen Qualität oder Bestimmung oder Kraft gebildet seien, wie Herbart seine Realen faßte. Derartige absolut einfache Reale lassen sich nirgends nach= weisen, sondern sind nur Abstraktionen. In der Wirklich= keit finden sich nur konkrete Wesen, die verschiedene Inhalts= bestimmungen in sich enthalten und infolgedessen auch durch ihre Wechselwirkung mit anderen Wesen mannigfacher Leistungen fähig sind. So ist z. B. unsere Seele keines= wegs ein so mageres Ding, das nur mit einer einzigen Qualität ausgestattet wäre, sondern sie besitzt im Gegen= teil schon von Natur aus mehr oder minder zahlreiche An= lagen. Und erst gar das göttliche Wesen! Obschon man es ens simplicissimum nennt, enthält es doch eine un= endliche Fülle von Eigenschaften.

Aber auch selbst das geringste und ärmste Wesen, dem eine relative Selbständigkeit zukommt, ist immerhin ein Konkretum, da es nicht nur einer, sondern verschiedener Beziehungen zu anderen Wesen fähig ist und folglich auch mehrere Momente in sich schließt. Richtig bemerkt deshalb M. Carriere: „In der Welt besteht weder Allgemeines noch Besonderes für sich, sondern das Wirkliche ist stets das Konkrete, ein Einzelnes mit gattungsmäßiger all= gemeiner Bestimmtheit, ein „Allgemeines also individuali=

fiert"[1]). Somit ist weder der extreme mittelalterliche Realismus im Rechte noch der extreme Nominalismus, sondern die Wahrheit liegt auch hier in der Mitte, im Konkretismus, der diese beiden einseitigen Standpunkte in einer höheren Einheit verbindet.

2. Das Gesetz der durchgängigen Systematik.

Jedes reale Wesen bildet ein mehr oder minder kompliziertes System.

Die mannigfachen Kräftemomente nämlich, die eine jede Substanz als Konkretum in sich enthält, sind nicht willkürlich und regellos miteinander verbunden, sondern stehen in einem bestimmten gesetzmäßigen Verhältnis zueinander, so daß sie ein einheitliches zusammengehöriges Ganze ausmachen. Dies ist schon der Fall bei den niedrigsten Elementarwesen der unorganischen Natur, indem z. B. ein Wasserstoffmolekül wenigstens aus zwei gleichartigen Wasserstoffatomen zusammengesetzt ist, die zueinander in bestimmter gesetzlicher Beziehung stehen und ein einfaches System bilden. Verwickelter sind schon jene Molekularsysteme, welche die chemisch zusammengesetzten Körper konstituieren. Noch mehr die Organismen auf ihren sehr verschiedenen Entwicklungsstufen, bis hinauf zum kompliziertesten Organismus, dem menschlichen Leibe. Aber auch die Menschenseele mit ihren zusammenhängenden Anlagen und Funktionen bildet ein reich gegliedertes System. Und da so alle uns bekannte Wesen den Systemcharakter an sich tragen, so dürfen wir mit Recht annehmen, daß derselbe auch dem Absoluten oder Gott zukommt, indem

---

[1]) M. Carriere, Das Wachstum der Energie in der geistigen und organischen Welt. München 1892. S. 58.

die unendliche Seinsfülle sicherlich einheitlich in ihm zu=
sammenhängt. Ja, man kann sagen: Gerade weil das
Absolute die Systembeschaffenheit als wesentlichen Charakter=
zug in sich trägt, deshalb besitzen ihn auch die durch es
bedingten relativen Dinge. Folglich ist die Systematik ein
universales Gesetz alles Seins.

3. Das Gesetz der durchgängigen Energetik.

Jedes Wesen besitzt Energie, d. h. die Fähigkeit, Wir=
kungen zu setzen, Arbeit zu leisten oder Veränderungen
hervorzubringen. Dieses dritte Universalgesetz ist eine not=
wendige Folge aus dem zweiten, wie dieses eine Folge aus
dem ersten ist. Da nämlich die Kräfte eines jeden Wesens
systematisch zusammenhängen und deshalb zusammenwirken,
so müssen sie auch gesetzmäßige Wirkungen hervorbringen.
Das gilt wieder sowohl von den relativen als von dem
absoluten Wesen.

4. Das Gesetz der durchgängigen logischen Determination.

Jedem realen Wesen kommt von Natur ein logischer
Charakter zu; denn es unterliegt den Grundgesetzen des
logischen Denkens, dem Prinzip der Identität, der Kontra=
diktion und der Kausalität. Das kann man an jedem
Wesen nachweisen. Dieser Grundzug bildet die objektive
Vernunftgemäßheit eines jeden und zugleich die Möglichkeit
zu unserer subjektiven Erkenntnis der Dinge; denn ent=
sprächen sie nicht den Grundgesetzen unseres Denkens, dann
vermöchten wir sie unmöglich zu erkennen. Infolge ihres
logischen Charakters sind alle Wesen von Natur aus Ver=
nunftwesen, freilich in sehr verschiedenen Graden und Arten.
Die einen rein objektiv, die anderen objektiv und sub=

jektiv; die einen unbewußt, die anderen bewußt. Infofern hat Hegel recht, wenn er fagt: „Alles Wirkliche ift ver= nünftig"; ja, wenn man unter dem Wirklichen das wefen= hafte Sein und Wirken, und unter dem Ausdruck „ver= nünftig" das den Grundgefetzen der Logik Entfprechende verfteht, ift diefer Grundfatz des metaphyfifchen Idea= lismus wahr. Syftematik, Energetik und Logik find alfo die drei fundamentalen Charakterzüge aller Wefen.

5. Das Gefetz der durchgängigen Relation.

Alle Wefen ftehen in realen Beziehungen zueinander. Diefe Beziehungen find nähere und entferntere, engere oder weitere, unmittelbare oder mittelbare. Es gibt kein Wefen in abfoluter Abgefchloffenheit für fich, keines führt ein „völlig infulares Dafein", fondern alle hängen mehr oder minder zufammen und bilden komplexe Syfteme, deren Gefamtheit das Univerfum ausmacht. Letzteres ift das Totalfyftem, das alle Einzelfyfteme in fich fchließt. Und nur dadurch, daß fämtliche Einzelfyfteme oder Wefen, die es gibt, fortwährend in beftimmten gefetzlichen Beziehungen zueinander ftehen, ift die Welt als geordnetes Ganzes oder als Kosmos möglich.

Das Gefagte gilt wieder nicht nur von den relativen Dingen, fondern auch von dem abfoluten Wefen. Als der Urgrund aller Realitäten fteht dasfelbe zu allen in Be= ziehung, indem es fie prinzipiell in ihrem Sein bedingt. Folglich ift auch das Abfolute in gewiffem Sinne relativ. Die Frage ift nun: Ob aber auch umgekehrt das Relative in gewiffer Beziehung abfolut ift. Und darauf erwidere ich mit ja. Es ift es infofern, als jedes Wefen

doch auch etwas a n u n d f ü r f i ch ift und nicht bloß etwas
für andere. Alle Wefen haben eine gewiffe Selbftändigkeit,
die einen mehr, die anderen weniger; das ift ihre Sub=
ftanzialität, und vermöge ihrer Individualität find alle
Wefen voneinander verfchieden, folglich hat jedes Wefen
etwas r e i n f ü r f i ch, und in diefem reinen Für=fich=fein
liegt ein Moment der Abfolutheit. Jedes Wefen ift durch
feine Individualität e i n z i g, insbefondere der Menfch;
darum hat auch jeder ein Recht für fich. Das ift das
Wahrheitsmoment der Theorie Max Stirners[1]). So
ift alfo das Abfolute auch relativ, und das
Relative auch abfolut — ein neuer und fehr wichtiger
Gedanke; denn es zeigt fich hier, daß fogar die größten
Gegenfätze, die Abfolutheit und die Relativität nicht voll=
ftändig voneinander getrennt find, fondern in der Wirklich=
keit fich harmonifch vereinigen, — ähnlich wie ich es bereits
früher rückfichtlich der Ewigkeit und der Zeit fowie der
Unendlichkeit und Endlichkeit, der Geiftigkeit und Körperlich=
keit nachgewiefen habe.

6. Das Gefetz der durchgängigen Analogie.

Zwifchen allen Dingen befteht ein mehr oder minder
hoher Grad von Ähnlichkeit; denn wenn fie auch noch fo
fehr in ihren Eigenfchaften voneinander abweichen, fo
ftimmen fie doch wenigftens im Grundwefen, wie im Vorher=
gehenden gezeigt wurde, überein. Alle nämlich find in=
folge ihrer fyftematifchen Kräfte=Konftitution energetifche
Wefen, und alle unterliegen den Grundgefetzen der Logik.
Es gibt daher zwifchen den Dingen keine a b f o l u t e
Verfchiedenheit; denn würde eine folche beftehen, dann wäre

---

[1]) Max Stirner, Der Einzige und fein Eigentum. Leipzig 1844.

der allgemeine Kaufalzufammenhang der Welt unmöglich, da in diesem Falle die Dinge keinen Anknüpfungspunkt zur gegenseitigen Wirksamkeit besäßen.

Das Gesagte gilt wieder auch vom absoluten Wesen oder Gott. Zwischen ihm und den relativen Dingen gibt es gleichfalls keine absolute Differenz, sondern alle Dinge haben eine gewisse Ähnlichkeit mit Gott, ihrem Ursprung, die einen mehr, die anderen weniger; denn alle Dinge sind in beschränkter Weise vernunft-energetische Wesen, wie Gott die absolute Vernunftenergie ist. Im allgemeinen Grund-charakter der Systematik, Energetik und Logik stimmen alle Wesen überein. Darum hat bereits Leibniz mit Recht gesagt: omnia in natura analogica sunt[1]). Ja schon Hippokrates hat erkannt: σίμπνοια πάντα.

7. Das Gesetz der durchgängigen Verwandtschaft.

Alle Wesen sind mehr oder minder miteinander ver-wandt. Denn alle stammen aus demselben Urprinzip und stimmen im Grundwesen zusammen. Darum besteht bei allen irgendwelche, wenn auch außerordentlich verschieden-gradige Verwandtschaft sowohl untereinander als mit dem absoluten Wesen.

8. Das Gesetz der durchgängigen relativen Verschiedenheit.

Alle Wesen sind irgendwie voneinander verschieden. Es gibt nicht einmal zwei Dinge in der ganzen Welt, welche absolut gleich sind, denn wären sie dieses, dann wären sie eben nicht zwei Dinge, sondern nur eines. Es

---

[1]) Leibniz, Epist. ad Wagnerum de vi act. corp. Opera philos. IV, p. 466.

herrscht deshalb in der Welt die möglich größte Mannig=
faltigkeit und trotzdem die herrlichste Einheit und Harmonie.
Darum hat schon Pythagoras ebenso wahr als tief die
Welt mit einer großartigen Musik verglichen. Sie ist in der
Tat die imposanteste Symphonie. Aber wie die Verwandt=
schaft, so hat auch die Verschiedenheit der Wesen höchst
mannigfache Stufen und Grade: Es gibt quantitative und
qualitative, es gibt Gattungs=, Art= und individuelle Unter=
schiede, es gibt wesentliche und accidentelle Differenzen in
der Welt.

Aber kein Ding ist von dem anderen absolut, d. h.
in jeder Beziehung verschieden, sondern nur relativ, nur teil=
weise. Dieses Gesetz hat wieder universelle Bedeutung, so
daß kein Wesen davon ausgenommen ist, auch das Absolute
oder Gott nicht. Selbst wenn wir Gott, das allerhöchste
Wesen, mit dem niedrigsten Wesen auf Erden, etwa mit
dem geringsten Steine vergleichen, so finden wir Ähnlichkeits=
punkte zwischen beiden. So ist ein Stein eine relative
Realität, Gott die absolute Realität; ein Stein ist ein sub=
stanzielles Wesen, Gott die absolute Substanz; ein Stein ist
ein endliches Kräftesystem, Gott das unendliche, d. h. all=
umfassende Kräftesystem; ein Stein ist ein beschränktes
Energiewesen, Gott das höchste Energiewesen usw.

9. Das Gesetz der durchgängigen Bestimmtheit.

Alle Wesen sind in sich bestimmt, keines ist durchaus
unbestimmt. Dieser Satz ist eine notwendige Konsequenz
aus dem soeben besprochenen Gesetze der durchgängigen
relativen Verschiedenheit. Denn wenn jedes Wesen von
jedem anderen verschieden ist, dann muß auch jedes in sich
positiv bestimmt sein, weil sonst keine Unterscheidung zwischen
dem einen und dem anderen stattfinden könnte.

Freilich gibt es in der Welt auch Unbestimmtes, aber nicht im absoluten, sondern nur im relativen Sinne, und meistens liegt die Unbestimmtheit mehr in unserer sub= jektiven Auffassung der Dinge als in deren objektivem Sein. So hat man z. B. früher fast durchgängig auch in der Naturwissenschaft das Protoplasma der Pflanzen und Tiere für etwas homogenes, formloses, Unbestimmtes ge= halten. Dagegen bin ich bereits in meiner Schrift „Über das Prinzip der Organisation und die Pflanzenseele" (Mainz, Kirchheim 1883 S. 43 ff.) entschieden aufgetreten, indem ich daselbst betone, daß schon in der Keimzelle eine bestimmte systematische Anordnung der Stoffteilchen und daher ent= sprechende Molekularbewegungen anzunehmen seien[1]), was dann durch spätere Forschungen immer mehr bestätigt wurde[2]).

10 Das Gesetz der durchgängigen Überein= stimmung.

Alle Wesen stimmen von Natur aus derart zusammen, daß sie das einheitliche, bis ins kleinste Detail gegliederte Weltsystem bilden. Stehen auch die verschiedenen Wesen vielfach in bedeutenden Gegensätzen zueinander, so gleichen sich dieselben doch immer insoweit aus, daß die Harmonie des Ganzen nie zerstört wird. Darauf beruht bei allem Antagonismus der Kräfte die großartige einheitliche Welt= ordnung und der fortwährende Bestand des Kosmos.

---

[1]) E. L. Fischer, Über das Prinzip der Organisation. 1883. S. 48.
[2]) Vgl. A. Goette, Über den Ursprung des Todes. — A. Braß, Organisation der tierischen Zelle. — v. Hanstein, Das Protoplasma als Träger der pflanzlichen und tierischen Lebensverrichtungen. — A. Binet, La vie psychique des Microorganismes; 2. Aufl. Deutsch von W. Medicus. 1892.

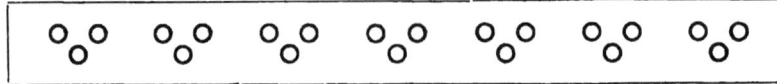

Dritter Teil.

Das Menſchenproblem.

I. Die Abſtammung des Menſchen.

Wie das Erkenntnis- und das Weltproblem, ſo ſchließt auch das Menſchenproblem verſchiedene Einzelprobleme in ſich, und unter dieſen ſteht allen voran die Frage nach der erſten Entſtehung des Menſchen. Auch auf dieſe Frage wurden bisher zwei entgegengeſetzte Antworten gegeben: Die einen nämlich meinen, die erſten Menſchen ſeien durch eine beſondere Schöpfung Gottes ins Daſein getreten. Da haben wir alſo wieder die Theorie des **Spezial-kreationismus,** auf die wir bereits bei dem Problem des Urſprungs der Lebeweſen überhaupt geſtoßen ſind. Die anderen dagegen behaupten, die erſten Menſchen hätten ſich im Laufe der Zeit aus dem Tierreich entwickelt, und zwar aus demjenigen Stamme, aus welchem auch die Affen-geſchlechter hervorgegangen ſeien. — **Evolutionstheorie, Darwinismus.** Die erſte Anſicht iſt die populäre und gewöhnlich theologiſche, die zweite die gewöhnliche natur-wiſſenſchaftliche.

Da erhebt sich wieder die Frage, welche von diesen beiden konträren Anschauungen hat recht?

Darauf erwidere ich, was zunächst die Theorie des Spezialkreationismus betrifft, so spricht gegen sie alles, was wir bereits früher bei der Behandlung des Lebens= problems gegen dieselbe hervorgehoben haben. Vornehmlich verstößt sie gegen den durchaus vernünftigen methodologischen Grundsatz der Wissenschaft, daß zur Erklärung einer Sache oder eines Geschehens in der Natur so lange keine über= natürlichen Ursachen anzunehmen sind, als die natürlichen ausreichen. Nun ist der Mensch ein Glied der Natur und als solches etwas Natürliches. Darum wird er auch einst auf natürliche Weise, d. h. durch natürliche Kräfte, entstanden sein, wie es später der Fall war und jetzt immer noch der Fall ist. Früher, sowohl in der Altzeit, als im Mittelalter, hatte man die Neigung, auch das Natürliche übernatürlich zu erklären, weil man die natürlichen Ursachen noch zu wenig kannte; jetzt, in der Neuzeit, wo die Naturerkenntnis so bedeutend fortgeschritten ist, herrscht die entgegengesetzte Tendenz, alles natürlich zu erklären, und soweit es sich um natürliche Wesen und Vorgänge handelt, ist dieses Streben berechtigt. Da nun aber die Schöpfung durch Gott etwas Übernatürliches ist, so will man in der heutigen Zeit, zumal in der modernen Wissenschaft, nichts von ihr wissen, und darum ist auch die Annahme einer Spezialschöpfung des ersten Menschen bei den meisten Gebildeten und gar bei den Männern der Wissenschaft gegenwärtig verpönt. Nur gewisse religiöse Bedenken, hergenommen aus der Bibel, halten manche noch ab, die in Rede stehende Kreationstheorie aufzugeben. Aber auch diese Bedenken schwinden jetzt mehr und mehr, seitdem man in der jüngsten Zeit mit freierem Blick die Bibelerklärung auch

auf katholischer Seite handhabt und mit Recht dabei wohl
unterscheidet zwischen der Substanz der berichteten Tat=
sachen und deren Form oder Einkleidung, die oft
mythischen Charakter an sich trägt.

Freilich dauerte es lange, bis man zu dieser Ansicht
gelangte. Daß indes die großen Geister in der richtigen
Erkenntnis den anderen immer weit voran sind, zeigt sich
auch in dieser Frage. Schon der heilige Augustinus, der
größte Geist in den ersten christlichen Jahrhunderten, hatte
in dem bezüglichen Problem einen besseren Blick, indem er
in seinem Werk „Zwölf Bücher über die Genesis nach dem
Buchstaben" wegen der Geistigkeit Gottes die Vorstellung,
als habe Gott den ersten Menschen wirklich aus Lehm
geknetet, als eine „zu kindische" bezeichnete; auch der Aus=
druck der heiligen Schrift: „Gott bildete den Menschen"
— meint er — zwinge durchaus nicht, an eine unmittelbare
und persönliche Tätigkeit Gottes bei der Gestaltung des
Menschen zu denken, sondern die Sache lasse sich auch auf
natürliche Weise erklären[1]).

Doch diese richtige Idee ist keineswegs damals und
auch nicht später sobald durchgedrungen und bei den Christen
zum Gemeingut geworden, sondern man hat nach wie vor
die Ansicht der wunderbaren Entstehung des ersten Menschen
durch unmittelbares menschenähnliches Eingreifen Gottes in
den Naturlauf bis in unsere Zeit beibehalten. Und als ich
1500 Jahre danach in meinem Werke „der Triumph der
christlichen Philosophie" (1900) für den natürlichen Ursprung
des Menschen entschieden eintrat und eine dementsprechende
Theorie aufstellte, da betrachteten gar manche dieses noch
als ein kühnes Unternehmen. Aber wie sonst, so sind wir

---

[1]) Augustinus, De gen. ad lit. l. 6 c. 12.

gegenwärtig auch in der Wissenschaft raschlebiger als die früheren Zeiten. Denn schon in den nächsten Jahren ist ein Umschwung auch in dieser Frage eingetreten, und man ist jetzt auch auf christlich=theologischer Seite fast allgemein zu der Überzeugung gekommen, daß die bezügliche mosaische Erzählung der Bibel rücksichtlich des Ursprungs des Menschen eine bildliche naive Darstellungsweise ist, entsprechend dem einfachen Kulturstand derjenigen, für die sie gemacht war, nämlich der Israeliten zur Zeit des Moses, eine Darstellungs= weise, die in der Wissenschaft keine Geltung mehr habe. In= folgedessen verliert die Ansicht der speziellen übernatürlichen Schöpfung des ersten Menschen durch Gott immer mehr an Boden.

Wie steht es nun mit der entgegengesetzten Theorie des Darwinismus, der gemäß der Mensch sich ursprüng= lich aus dem Tierreich, und zwar aus dem gemeinsamen Stamme der Affengeschlechter, im Laufe der Zeit entwickelt habe? Die Gründe, welche Darwin für diese Ansicht geltend gemacht hat, habe ich im einzelnen bereits in meinem oben angeführten Werke (S. 242—381) ausführlich geprüft, weshalb ich hier nicht noch einmal näher darauf einzugehen brauche, und dabei habe ich gefunden, daß dieselben durch= aus nicht genügend seien, um die Wahrheit seiner Lehre zu beweisen. Sprechen doch mehrere feststehende Tatsachen gegen die tierische Abstammung des Menschen, und diese will ich nun in aller Kürze hier zusammenstellen.

Vor allem sind die bedeutenden Körperverschieden= heiten zwischen dem Menschen und den höchstentwickelten Tieren, den menschenähnlichen Affen, zu beachten. Diese Unterschiede zeigen sich schon im aufrechten Gang des Menschen, der natürlich auf besonderen anatomischen Ver= hältnissen beruht und unter allen irdischen Lebewesen nur dem Menſchen zukommt. Bei dem ſtehenden Menſchen bilden Rumpf, Oberſchenkel und Unterſchenkel eine gerade Linie, was bei keinem Tiere der Fall iſt. In ſeiner aufrechten Stellung bekundet der Menſch ſchon im Äußeren etwas Erhabenes, das ihn vor allen anderen Lebeweſen auf Erden auszeichnet.

Ferner beſitzt der Menſch allein zwei Hände und zwei Füße, der Affe aber vier Hände. „Die menſchliche Hand iſt das Werkzeug aller Werkzeuge: ſie iſt Fauſt und Zange, Haken und Ring, Schaufel und Gefäß, ſie faßt das Große und das Kleine an, ſo als wäre ſie eigens nur für dieſes angepaßt, ſie erſetzt für den Blinden das Auge, für den Stummen die Zunge; aber alles das iſt ſie noch nicht durch das freie Schultergelenk, durch die Raddrehung der Speiche, durch die Beweglichkeit des Daumens, ſondern durch den erfinderiſchen Geiſt.“

Auch der menſchliche Fuß kommt ſonſt nirgends in der Natur vor; er bildet gegen den Boden ein feſtes Gewölbe, auf drei Punkte geſtützt, mit auffallend ſtarkem Ferſenbein, beſtimmt zum Stehen und Gehen, und die Fußwurzel hat ein eingeſchränktes Gelenk mehr nach oben beweglich. Die Affenfüße dagegen ſind mehr Hände als Füße: ſie ſind vollſtändig zum Greifen und Klettern eingerichtet, da der Affe ein Baumtier iſt.

Auch das Kinn und die Stirn kommen ausſchließlich dem Menſchen zu; der Affe hat weder das eine noch das andere. Statt der Stirn hat er einen Scheitelkamm.

Am meiſten aber unterſcheidet ſich in körperlicher Beziehung der Menſch vom Tier, ſpeziell vom Affen, durch das Gehirn. Durchſchnittlich iſt das Gehirn der menſchenähnlichen Affen: Gorilla, Schimpanſe und Orang-Utan nur ein Drittel der durchschnittlichen Gehirngröße des Menschen[1]). Das G e w i ch t der Gehirnmasse beträgt beim Affen höchstens 400 g, beim Menschen durchschnittlich 1350 g, also ungefähr das Vierfache!

Besonders beachtenswert ist das Verhältnis des Gehirns, des Organs der geistigen Tätigkeiten, zum Rückenmark, dem Zentrum der vegetativen Verrichtungen: beim größten Affen nämlich ist das Gehirn nur 18 mal schwerer als das Rückenmark, beim Menschen aber ist das Gehirn 50 mal schwerer als das Rückenmark; und zwar ist gerade der nicht automatisch wirkende Teil des Gehirns, die graue Rinde, beim Menschen unvergleichlich größer. Deshalb nennt J. Bumüller den Menschen ein „Gehirntier" im Gegensatz zu den „Rückenmarktieren"[2]).

Zwar hatte Huxley hinsichtlich der S ch ä d e l b i l d u n g behauptet, daß die anatomischen Verschiedenheiten, die den Menschen vom Gorilla und Schimpanse unterscheiden, nicht so groß seien als die, welche den Gorilla von den niedrigen Affen trennten; allein dem trat Th. B i s ch o f f entschieden entgegen, indem er erklärt, daß ihm nach der Vergleichung des anatomischen Baues der genannten höchstentwickelten Affen mit dem des Menschen die Unterschiede zwischen beiden noch immer sehr groß erscheinen und es ihm nicht gelingen will, dieselben im Sinne der modernen Schule wegzudemonstrieren. „Diese Unterschiede", sagt er, „erstrecken sich nicht nur auf einzelne Punkte, z. B. auf den Gesichtswinkel, auf die Stellung des Hinterhauptloches, auf die Anordnung, Art und Bau der Zähne oder auf die absolute und relative Größe des Gehirns, die Anordnung seiner

---

[1]) R a n k e, Der Mensch. Bd. I. S. 409.
[2]) J. B u m ü l l e r, Mensch oder Affe? Ravensburg 1900. S. 36.

Windungen, die Gegenwand oder Ausbildung eines hinteren
Hornes der Seitenventrikel und eines Calcar Avis in dem=
selben, auf die Bildung der Extremitäten und Hände und
Füße u. dgl. m., sondern sie erstrecken sich auf das kleinste
Detail, dessen vorzugsweise hervortretende Effekte nur
jene einzelnen hervorgehobenen Punkte sind" [1]).

Von ganz besonderer Wichtigkeit aber sind die For=
schungsergebnisse rücksichtlich der Wachstumsverhält=
nisse der Affen= und Menschenschädel, die vornehmlich
Lucae untersucht hat. Zwar sind in der Jugend Mensch
und Affe hinsichtlich des Schädels einander sehr ähnlich,
aber bei weiterem Alter werden sie sich immer unähnlicher.
Während nämlich beim ferneren Wachstum das Gehirn des
Affen in der Entwicklung sehr zurückbleibt, die Gesichts=
knochen hingegen sich außerordentlich groß bis zum Charakter
reißender Tiere entwickeln, gelangt umgekehrt beim Menschen
das Gehirn als das Organ des Geistes zur höchsten Ent=
wicklung und wird dadurch der Gesichtsknochen des mensch=
lichen Schädels förmlich unterdrückt. Das Gesamtergebnis
seiner Vergleichungen faßt Lucae in folgenden Sätzen zu=
sammen: „So ist denn der genetische Zusammenhang zwischen
Affe und Mensch als Eltern und Kinder falsch; denn der
sich entwickelnde Affe könnte sich nur noch weiter
vom Menschen entfernen, wie Virchow ganz richtig
sagt [2]) und wie unsere vorstehende Untersuchung aufs gründ=
lichste nachweist. Nie aber wird nach den strikten
Gesetzen des Wachstums ein Mensch werden, da

---

[1]) Bischoff, Über die Verschiedenheit der Schädelbildung. 1867.
S. 74.
[2]) Virchow, Menschen und Affenschädel. Sammlung wissen=
schaftl. Vorträge. 1870.

beide in ihrer Entwicklung diametral entgegen= gesetzte Wege beschreiten"[1]).

Zu demselben Resultat gelangten die französischen Physio= logen: Gratiolet, P. Bert und Pruner=Bey, welch' letzterer bemerkt: „Il n'existe pas de passage possible entre l'Homme et le singe, si ce n'est à la condition d'intervertir les lois du développement"[2]).

Demnach ist es also physiologisch unmöglich, daß nach den tatsächlich bestehenden Gesetzen der Entwicklung je aus dem Affen ein Mensch sich bilden könnte; denn beide ver= folgen in der Entwicklung des Schädels und des Gehirns einen umgekehrten Weg, indem sie sich, je mehr sie sich vervollkommnen, voneinander entfernen, statt sich zu nähern[3]). Folglich kann der Mensch auch nicht aus dem= selben Stamm hervorgegangen sein, aus dem die Affen sich entwickelt haben. Das alles spricht also direkt gegen die Darwinsche Theorie.

Aber nicht nur die Anatomie und Physiologie, sondern auch die Paläontologie oder die Lehre von den vorgeschicht= lichen Überresten von Tieren und Menschen spricht dagegen. Auf diese vorgeschichtlichen Menschenreste hat man natürlich seitens der modernen Forscher das schärfste Augenmerk ge= richtet, in der besonderen Absicht, um sie womöglich als sehr erwünschte Belege für die Darwinsche Theorie zu verwerten. Aber das Ergebnis all dieser mit größtem Eifer unternommenen Forschungen ist bis jetzt, wie ich bereits

---

[1] Lucae, Affen= und Menschenschädel im Bau und Wachstum begriffen. Archiv für Anthropologie. Bd. VI. 1873.

[2] Quatrefages, Rapport sur les progrès de l'Anthro- pologie, p. 247.

[3] Vgl. F. v. Rougemont, Der Urmensch. Heft 8. S. 11. Berlin 1870.

anderwärts[1]) eingehend dargelegt habe, ein negatives ge=
wesen, was der große Anthropologe R. Virchow mit den
Worten bestätigt: „Ich muß sagen: irgendein fossiler Affen=
schädel oder Affenmenschenschädel, der wirklich einem mensch=
lichen Besitzer angehört haben könnte, ist noch nie ge=
funden worden. Jeder Zuwachs, welchen wir in dem
materiellen Bestande der zu diskutierenden Objekte gewonnen
haben, hat uns von dem gestellten Problem weiter ent=
fernt... Wir können nicht lehren, wir können es nicht
als eine Errungenschaft der Wissenschaft bezeichnen, daß der
Mensch vom Affen oder von irgendeinem anderen Tiere
abstammt"[2]).

Noch entschiedener als die Anatomie, die Physiologie
und Paläontologie spricht gegen die tierische Abstammung
des Menschen die Psychologie oder die Vergleichung des
Seelenlebens der Tiere, auch der höchstentwickelten, mit dem
Seelenleben des Menschen. Wohl haben Darwin und
seine Anhänger stets behauptet, daß „zwischen dem Menschen
und den höheren Säugetieren kein fundamentaler
Unterschied in bezug auf ihre geistigen Fähigkeiten be=
steht"[3]), sondern nur ein gradueller oder quantitativer.
Allein wenn ich auch zugebe, daß das ganze sinnliche
Seelenleben das Tier mit dem Menschen gemein hat, also
die sinnlichen Wahrnehmungen, die darauf beruhenden sinn=
lichen Vorstellungen und Urteile, die sinnlichen Gefühle,
Triebe und Strebungen, die Instinkte usw., so geht doch
dem Tier, auch dem höchstentwickelten, soweit die allgemeine
Erfahrung reicht, das Vermögen, das Übersinnliche zu

[1]) E. L. Fischer, Triumph der christlichen Philosophie, 1900.
S. 266 ff.
[2]) R. Virchow, Freiheit der Wissenschaft. S. 30.
[3]) Darwin, Die Abstammung des Menschen. S. 28, 90.

erfassen, das Übersinnliche zu erstreben und das Über=
sinnliche zur sinnlichen Darstellung zu bringen, also über=
haupt das Vermögen des Übersinnlichen oder das, was man
auch Vernunft oder Geist nennt, vollständig ab. Das ist
die scharfe Grenze, wodurch sich das Tier vom Menschen
in seelischer Beziehung wesentlich unterscheidet. Das
Tier ist ein bloßes Sinnenwesen, d. h. es erfaßt nur das,
was durch die Sinne oder äußerlich wahrgenommen werden
kann, aber nicht das Übersinnliche oder das, was nicht
durch die Sinne, sondern nur innerlich wahrnehmbar ist,
wie z. B. die Gedanken, die Gefühle, die Willensentschlüsse
usw. Der Mensch dagegen ist ein Sinnen= und Vernunft=
oder Geistwesen, d. h. ein Wesen, das auch das Übersinn=
liche zu erkennen, zu fühlen, zu wollen und zu betätigen
imstande ist.

Infolge des soeben hervorgehobenen prinzipiellen Gegen=
satzes kommt erstens dem Tier kein Selbstbewußtsein
zu; denn es denkt nie über sich selbst, über sein inneres,
seelisches Leben, sein Vorstellen, Fühlen und Streben nach,
weil das alles übersinnliche Objekte sind, und das Über=
sinnliche ihm unfaßbar ist, während der Mensch, wie die
tägliche Erfahrung lehrt, ein Wissen von seinem Denken,
Vorstellen, Fühlen und Wollen hat, ein Wissen um sein
Wissen, also eine ganz besondere Art des Denkens.
Daraus ergibt sich unstreitig, daß die Auffassungskraft des
Tieres von der Denkkraft des Menschen nicht nur quan=
titativ oder dem Grade nach, wie Darwin und Genossen
meinen, sondern qualitativ oder der Art nach verschieden ist.
Denn wäre die Auffassungskraft des Tieres von der Denk=
kraft des Menschen nur quantitativ verschieden, dann könnte
durch eine Steigerung der ersteren die letztere sich daraus
entwickeln. Das ist aber tatsächlich nicht der Fall; denn so

wenig aus einer Steigerung des Sinnlichen das Übersinnliche entstehen kann: ebensowenig kann aus einer bloßen Steigerung der sinnlichen Auffassung das übersinnliche Denken entstehen. Und der Grund hierfür liegt darin, weil das Sinnliche und Übersinnliche, das Physische und Psychische nicht nur der Quantität, sondern der Qualität nach oder wesentlich voneinander verschieden sind. Deshalb gehört auch eine qualitativ oder wesentlich höhere Kraft dazu, um das Übersinnliche zu erfassen, als zur Erfassung des Sinnlichen. Da nun dem Menschen diese erstere Kraft unstreitig zukommt, dem Tiere aber nicht, so folgt daraus ganz klar, daß die Menschenseele qualitativ oder wesentlich höher steht als die Tierseele und deshalb nicht aus dieser sich entwickelt haben kann. Darum ist es auch noch nie, nicht einmal durch die intensivste geistige Einwirkung seitens des Menschen auf das Tier, gelungen, das letztere zur Erfassung des Übersinnlichen, zum Selbstbewußtsein und überhaupt zum menschlichen vernünftigen Denken hinaufzubilden.

Ferner geht dem Tiere zweitens auch das Kausalitäts= und Wesensbewußtsein ab, während beides dem Menschen, selbst dem Kinde schon, wie die Erfahrung lehrt, zukommt. Denn das Tier kümmert sich nie um das Warum oder um die Ursachen der Dinge und ebensowenig um deren Wesen, sondern es nimmt sie einfach hin, wie sie sich ihm äußerlich darbieten.

Drittens besitzt das Tier auch keine Allgemeinbegriffe, keine Ideen, und zwar deshalb nicht, weil dieses etwas Übersinnliches sind, dem Tiere aber das Vermögen des Übersinnlichen ganz fehlt.

Darum kommt ihm auch viertens keine Wortsprache zu, ferner fünftens keine Wissenschaft, d. h. kein systematisches freies Denken, und sechstens keine eigentliche Kunst. Wohl

spricht man von den Kunsttrieben der Tiere und ihren Er=
zeugnissen, die oft staunenswert sind. Aber eigentliche Kunst=
werke sind das nicht, sondern nur instinktive, mecha=
nische, ungewußte, naturnotwendige Fertigkeiten,
während bei der wahren menschlichen Kunst mit Bewußt=
sein und Freiheit das Ideale im Realen zur Darstellung
gebracht wird.

Siebentens fehlt dem Tiere auch das Vermögen der
Sittlichkeit, weil ihm eben, wie bemerkt wurde, das
Selbstbewußtsein mangelt und damit die Selbstbestimmung
oder die Freiheit. Und ohne Freiheit keine wahre Sittlichkeit.

Endlich achtens geht ihm auch vollständig die Religio=
sität ab, weil auch diese auf dem Vermögen des Über=
sinnlichen beruht, indem das höchste Wesen, in dessen Ver=
ehrung im Grunde die Religiosität besteht, etwas Über=
sinnliches ist. Zwar ziehen die Menschen in ihren religiösen
Kulten häufig auch das höchste Wesen in den sinnlichen
Bereich herab, da sie selbst nicht rein geistig, sondern auch
sinnlich sind, weshalb sie das Übersinnliche sinnlich dar=
stellen. Aber auch in diesem Falle, ja sogar wenn sie groben
Götzendienst treiben, wenn sie, auf der niedrigsten Stufe der
Religion stehend, plumpe Fetische anbeten, so gilt ihre Ver=
ehrung doch nicht eigentlich dem sichtbaren, körperlichen
Dinge, sondern dem geheimnisvollen, unsichtbaren Wesen,
welches sie darin wähnen. Jedoch nicht einmal zu einer
solchen Ahnung des Übersinnlichen und Übernatürlichen
vermag sich das Tier zu erheben, da ihm alle Fähigkeit
für das Übersinnliche abgeht.

Aus all diesen Tatsachen nun ergibt sich mit Not=
wendigkeit, daß der Mensch sich nicht aus dem Tier ent=
wickelt haben kann, weil demselben gerade die Anlagen
fehlen, welche das Spezifisch=Menschliche ausmachen. —

Nach dem bisher Erörterten ist also sowohl die Ansicht von der übernatürlichen Entstehung des ersten Menschen durch eine spezielle Schöpfung Gottes, als auch die Theorie der tierischen Abstammung desselben unbefriedigend. Aber da erhebt sich die Frage: Wie ist denn sonst der erste Mensch entstanden, wenn er weder durch besondere Schöpfung Gottes oder durch ein Wunder noch durch Entwickluug aus dem Tier= reich geworden ist?

Zwecks richtiger Lösung dieses Problems sind vor allem zwei Hauptprinzipien zu beachten: Das Kausalitäts= und das Analogieprinzip.

Dem Kausalitätsprinzip gemäß kann der Mensch nur aus einem solchen Wesen entstanden sein, in dem er sowohl leiblich als geistig potenziell veranlagt war. Darum kann er nicht aus einem bloß tierischen Stamme sich entwickelt haben, weil er, wie wir gezeigt haben, wesentlich mehr als ein Tier ist, und weil einem Dinge weder innerlich noch äußerlich etwas wesentlich Neues zuwachsen kann, was es nicht von Natur aus der Anlage nach in sich enthält.

Was sodann das Analogieprinzip betrifft, so gibt uns dieses zur Beantwortung unserer Frage einen Fingerzeig, indem es uns auf die gegenwärtige Entstehung des Menschen hinweist und uns den Schluß nahelegt: wie jetzt der Mensch sowohl seinem Leibe als seinem Geiste nach virtuell in der befruchteten Eizelle angelegt ist und sich allmählich stufenweise infolge äußerer Einwirkungen aus derselben entwickelt, so war es wohl auch ähnlich ur= sprünglich bei der ersten Entstehung, nur mit dem Unter= schiede, daß einst die Erde in ihrer höchsten Entwicklung den Mutterschoß bildete, indem sie das spezifisch=menschliche Organisationsgesetz in sich enthielt, welches nun, nachdem die Bedingungen seiner Wirksamkeit gegeben waren, in

Tätigkeit trat, ähnlich wie auch die erſten Pflanzen und die erſten Tiere infolge beſonderer Organiſationsgeſetze durch Bildung von entſprechenden Urzellen aus der Erde hervor= gegangen ſind.

Der Menſch iſt alſo nach unſerer Auffaſſung, wie er ein Erdbewohner iſt und im Tode zur Erde zurückkehrt, urſprünglich ein Erdgeborener wie auch die Tiere und Pflanzen. Und ſo wenig die Pflanzen ohne weiteres aus den unorganiſchen Körpern und die Tiere ohne weiteres aus den Pflanzen ſich entwickelt haben, ſondern ihre Ent= ſtehung auf beſonderen Naturgeſetzen beruhte, ebenſo war es auch beim Menſchen der Fall. Der Vater des erſten Menſchen war gewiſſermaßen das ſpezifiſch = menſchliche Organiſationsgeſetz, welches zwar ſchon im primitiven Welt= zuſtand angelegt war, aber erſt dann zur Geltung kommen konnte, nachdem eine lange Reihe von Entwicklungen voraus= gegangen war, da im Kosmos wie im Organismus das eine das andere zur Vorausſetzung hat und nicht eher zur Entwicklung gelangt, bis das andere vorhanden iſt.

Die Mutter des erſten Menſchen war die Erde; denn wie jetzt der Menſch aus dem Mutterſchoß hervorgeht, ſo iſt er einſt im Anfange aus dem Erdſchoße entſtanden und kehrt beim Tod in denſelben zurück. Und zwar iſt er da= durch aus der Erde entſtanden, daß dieſe in ihrer letzten Bildungsepoche, in der Quartärzeit, infolge des ihr inne= wohnenden Entwicklungsgeſetzes ſchließlich zu einer derartigen organiſchen Kombination ihrer chemiſchen Hauptelemente gelangte, daß aus derſelben, ähnlich wie jetzt aus der be= fruchteten Keimzelle, der menſchliche Leib ſich entwickelte. Dieſe Entwicklung war demnach ſo wenig ein Wunder, wie die jetzige Entſtehung des Menſchen eines iſt, da wie dieſe ſo auch jene auf naturgeſetzliche Weiſe vor ſich ging.

Der Urmenſch war im Anfang höchſtwahrſcheinlich
Hermaphrodit, d. h. er vereinigte männliche und weibliche Charaktere, wenn auch unentwickelt, in ſich[1]), wie es
auch bei den Urtieren war. Dafür ſpricht zunächſt die
ontogenetiſche Tatſache, daß die Embryonen ſowohl der
Menſchen als · der Tiere längere Zeit hermaphroditiſch
bleiben und erſt im ſpäteren Fötalleben ihre geſchlechtlichen
Eigentümlichkeiten herausbilden.

Nicht minder ſpricht dafür die anatomiſche Tatſache der
geſchlechtlichen Rudimente, wie z. B. der Brüſte bei
den männlichen Individuen, die ſich oft ſtark entwickeln.
Dieſe Rudimente laſſen ſich nur dadurch erklären, daß
urſprünglich beide Geſchlechter in einem Weſen vereinigt
waren und ſich erſt ſpäter differenzierten. Dieſen anfänglich
geſchlechtlich indifferierten Charakter bekunden deshalb eine
Zeitlang auch die Embryonen, bis im weiteren Verlauf der
Entwicklung bei dem einen als Rudiment zurückbleibt, was
bei dem anderen als fungierendes Organ ſich herausbildet.
Es kann auch durch Störungen in der Entwicklung ein
Organ, das regelmäßig Rudiment zu bleiben hat, in Aus-
nahmsfällen ſich mehr oder weniger entwickeln. Weil ſo
in jedem der beiden Geſchlechter der Charakter des anderen
Geſchlechts latent gewahrt bleibt, kann derſelbe ſelbſt in
höherem Alter noch zur Entwicklung kommen, dann nämlich, wenn der beſtimmende Charakter des Geſchlechts
zurückbleibt.

Auch läßt ſich aus der urſprünglichen Vereinigung der
Geſchlechter in einem Weſen die gegenſeitige geſchlechtliche
Beziehung, der inſtinktive ſtarke Trieb der Zuſammen-

---

[1]) Auch die Bibel vertritt dieſe Anſicht, indem ſie das Weib erſt
aus dem Manne hervorgehen läßt, freilich wieder in mythiſcher Dar-
ſtellungsweiſe.

gehörigkeit und geschlechtlichen Verbindung zum Zweck der Fortpflanzung leicht erklären. Weil das Weib aus dem Manne stammt, strebt es immer noch mit Naturnotwendigkeit zu demselben zurück. Daher die gewaltige gegenseitige Anziehung der Geschlechter.

Das ist meine Auffassung von der ersten Entstehung des Menschen. Diese Theorie hat folgende Vorteile: Erstens trägt sie einen durchaus wissenschaftlichen Charakter an sich, indem sie nicht auf übernatürliche Faktoren rekurriert, sondern die Sache, um die es sich handelt, natürlich erklärt.

Zweitens ist das von mir hier angewandte Erklärungsprinzip im Grunde dasselbe wie dasjenige in betreff der Entstehung der Weltkörper, ferner der Pflanzen und Tiere und deren Weiterentwicklung in Gattungen und Arten. Es ist also einheitlich und von universaler Geltung.

Drittens entspricht meine Theorie durchaus dem großen Kausalitätsgesetz, speziell dem allgemeinen Gesetz der Veranlagung, demzufolge nur dann etwas sich entwickeln kann, wenn es zuvor der Anlage nach vorhanden war.

Viertens schließt meine Theorie die Wahrheitsmomente der beiden anderen einander entgegengesetzten Theorien in sich, während sie ihre Schiefheiten vermeidet. Behaupten nämlich die einen: der erste Mensch ist entstanden durch Schöpfung, dagegen die anderen: nein, durch Entwicklung, so sage ich: er ist entstanden sowohl durch Schöpfung als durch Entwicklung; aber nicht wie man gewöhnlich meint, durch eine spezifische, unmittelbare Schöpfung Gottes, sondern durch die ursprüngliche, mittelbare, wie jedes andere Ding auch, indem Gott bereits am Anfange der Welt zugleich mit der Produktion der Substanzen und

ihrer Gesetze dieselben in eine derartige Verfassung brachte,
daß daraus in naturgesetzlicher Abfolge die ganze Welt-
bildung mit all ihren Einzelheiten bis zur Entstehung des
Menschen, der Krone des Kosmos, hervorging.

Auch ich nehme also zur Erklärung des Ursprungs des
Menschen eine Entwicklung an, aber nicht wie Darwin,
Haeckel und Genossen eine Entwicklung aus dem Tiere,
sondern eine **selbständige, autochthone Entwicklung,**
weil der Mensch, wie wir im Vorausgehenden gesehen
haben, sowohl mit Rücksicht auf seine körperliche als geistige
Konstitution eine solche fordert, wie nicht minder die
Forschungsergebnisse der Paläontologie auf eine solche hinweisen. Ich setze also an die Stelle der bisherigen einander
widerstreitenden Theorien des Spezialkreationismus und der
tierischen Entwicklung (Darwinismus) die Theorie der selbständigen autochthonen Entwicklung des Menschen,
die über den beiden steht, indem sie deren berechtigte Elemente in einer höheren Einheit verbindet.

❙○▭○❙

II. Das Wesen und die Konstitution des Menschen.

Nachdem wir den Ursprung des Menschen.in Betracht
gezogen, kommen wir an die Frage nach seinem Wesen.

Auch auf diese Frage wurden bisher zwei entgegengesetzte Antworten gegeben: die einen nämlich behaupten,
das Wesen des Menschen bestehe in seinem lebenden Organismus oder in der besonders organisierten Materie, indem
die seelischen Vorgänge in ihm nur die Folgeerscheinungen
von jenen seien — **materialistische Theorie;** die anderen
dagegen meinen, das Wesen des Menschen bestehe in seiner

Seele oder in seinem Geiste, da sein Leib nur dessen Pro=
dukt sei — **spiritualistische Theorie.** Hier haben wir
also wieder die beiden großen Gegensätze des Materialismus
und Spiritualismus, denen wir schon früher bei der Frage
nach dem Grundwesen der Dinge überhaupt begegnet sind,
hier nur in spezifischer Anwendung auf den Menschen. Nach
den einen ist sonach die Substanz des Menschen die organi=
sierte Materie, der Leib, während die Seele oder der Geist
nur dessen Funktion oder Produkt ist; nach den anderen
ist die Substanz des Menschen umgekehrt die Seele oder
der Geist, dessen Produkt oder Erscheinung der Leib sein soll.

Wer von beiden hat nun recht? Ich sage: beide
Theorien sind einseitig; sie sind zwar nicht ganz falsch, aber
auch nicht ganz richtig.

So ist vor allem die materialistische Ansicht vom Wesen
des Menschen insofern verfehlt, als sie dessen Körper für
die Hauptsache, für seine eigentliche und alleinige Substanz
erklärt, dagegen das seelische, geistige Leben als ein pures
Accidens, als eine bloße Begleiterscheinung betrachtet. Wohl
ist das seelisch=geistige Leben in seiner Betätigung und Ent=
wicklung bedeutend abhängig vom organischen Leben, aber
auch umgekehrt ist das organische Leben vielfach abhängig
vom seelisch=geistigen Leben des Menschen. Daraus folgt,
daß das eine nicht die Substanz des anderen, und dieses
nicht bloßes Accidens von jenem sein kann; denn sonst
müßte das eine von dem anderen ganz abhängig und
das andere von ihm ganz unabhängig sein.

Dasselbe Resultat ergibt sich aus der Vergleichung der
beiderseitigen Lebensvorgänge, der körperlichen und seelischen
Prozesse miteinander. Die körperlichen Lebensvorgänge
lassen sich unstreitig alle auf räumliche Bewegungen
zurückführen, und zwar entweder auf Massen= oder Mole=

kular= oder Atombewegungen. Das ist ihr gemeinsamer
Grundcharakter, wie die Naturwissenschaften dartun.

Findet sich nun dieser Grundcharakter auch bei den
seelisch=geistigen Vorgängen, wie beim Empfinden, Wahr=
nehmen, Vorstellen, Denken, Fühlen und Streben? Durchaus
nicht. Wohl haben auch diese Funktionen einen gemein=
samen Grundcharakter, aber dieser ist bei ihnen nicht die
Bewegung, sondern das Bewußtsein, welches laut allgemeiner
innerer Erfahrung etwas ganz anderes als eine räumliche
Bewegung ist.

Folglich sind unsere körperlich=organischen von unseren
seelisch=geistigen Vorgängen we f entlich verschieden, und
deshalb können sie auch nicht einander erzeugen und nicht
ineinander übergehen. Das können zwar die verschieden=
artigen körperlichen Bewegungsarten, welche den Natur=
erscheinungen zugrundeliegen: so läßt sich die mechanische
Bewegung in Wärme und Licht umsetzen und umgekehrt;
die Wärme ferner verwandelt sich in Elektrizität und Magne=
tismus. Ja, selbst die Schwere, jene geheimnisvolle Kraft,
die das Weltall regiert, erweist sich in den Erscheinungen
der Elektrizität und des Magnetismus als ein Zustand
dynamischer Spannung eines überall verbreiteten Mediums,
und deshalb hängt auch sie von demselben ab[1]).

Aber eine derartige Erzeugung und Verwandlung ist
nicht möglich zwischen den organischen, speziell den Nerven=
vorgängen unseres Leibes einerseits und den seelisch=geistigen
Vorgängen in uns anderseits, weil beide Klassen von Vor=
gängen wesentlich voneinander verschieden sind. Darum er=
fordern sie auch wesentlich verschiedene Subjekte oder Sub=

----

[1]) Vgl. A. Secchi, Die Einheit der Naturkräfte; deutsch von
L. R. Schulze. Leipzig 1876.

ſtanzen, die ihnen als Prinzip zugrundeliegen, und von denen
ſie ausgehen. Denn jeder Vorgang, jede Tätigkeit, jeder
Zuſtand ſetzt nach dem Subſtanzgeſetz ein entſprechendes
Subjekt voraus: es gibt keine Bewegung ohne ein Bewegendes, keine Empfindung ohne ein Empfindendes, kein
Gefühl ohne ein Fühlendes, kein Denken ohne ein Denkendes uſw. Und weſentlich verſchiedene Vorgänge,
Tätigkeiten und Zuſtände können nicht von weſentlich
gleichen Subjekten ausgehen, ſondern ſetzen auch weſentlich verſchiedene Subjekte oder Subſtanzen voraus.

Daraus ergibt ſich die Einſeitigkeit und die aus derſelben folgende Verfehltheit der beiden in Rede ſtehenden
Theorien, da jede von ihnen nur eine Subſtanz im Menſchen
annimmt: der Materialismus die materielle, der Spiritualismus die geiſtige Subſtanz, während doch, nach den vorliegenden Erfahrungstatſachen, welche zwei weſentlich verſchiedene Reihen darbieten, zu ſchließen, zwei weſentlich verſchiedene Subſtanzen im Menſchen ſein müſſen: die körperliche und die geiſtige Subſtanz, freilich keine in abſoluter
oder durchaus ſelbſtändiger Weiſe, ſondern jede nur relativ,
indem eine die andere in ihrer Wirkſamkeit bedingt —
ähnlich wie bei den übrigen irdiſchen Weſen, nur mit dem
Unterſchied, daß beim Menſchen der geiſtige Faktor den
körperlichen überwiegt, bei den einen viel, ja bei manchen
ſehr viel, bei anderen weniger. Und je nach dem Grad
und der Art des Überwiegens des Geiſtigen über das Leibliche bemißt ſich der Wert und die Bedeutung der Menſchen.

Ich vertrete alſo auch hier in der Anthropologie den
Standpunkt des **Material-Spiritualismus,** weil dieſer
allein den Erfahrungstatſachen entſpricht und die Einſeitig-
keiten der anderen Theorien überwindet. Denn nicht nur
das geiſtige Sein iſt dem Menſchen weſentlich, ſondern auch

das körperliche. Der Mensch bildet die substanzielle Einheit beider. Er ist sonach, wie die übrigen Weltdinge, eine Doppelnatur: eine Zweiheit in der Einheit. Darum ist sowohl der materialistische Monismus, wie z. B. Haeckel und Genossen ihn vertreten, als auch der idealistische Monismus ungenügend. Dagegen ist der den Dualismus in sich schließende und vermittelnde Unitarismus allein den Tatsachen entsprechend.

Als eine zwei wesentlich voneinander verschiedene Faktoren in sich vereinigende Einheit bildet der Mensch eine schöne Harmonie, ein großartiges System und ist ein Abbild der Welt. Denn wie diese das Universalsystem im großen, so ist er das Universalsystem im kleinen. Ist er doch Mineral, Pflanze, Tier und Geist zumal. Mineral: durch die physikalisch-chemischen Vorgänge in ihm; Pflanze: durch sein vegetatives Leben; Tier: durch sein Sinnenleben; Geist: durch seine Vernunfttätigkeit, seine Kunst, seine Moralität und Religiosität. Deshalb hat man ihn bekanntlich schon oft im Unterschiede vom Makrokosmos den Mikrokosmos genannt. Ja, der Mensch ist die Welt im kleinen; aber diese kleine Welt ist größer als die große; denn sie enthält den Geist, der sie und sich begreift und über beide hinübergreift und nach dem Unendlichen strebt.

Der Grundcharakter, den der Mensch in seinem allgemeinen Wesen an sich trägt: Zweiheit in der Einheit, bekundet sich bei ihm auch im Speziellen: vor allem in seinem Organismus. Ist doch derselbe durchaus doppelseitig gebaut: er besitzt zwei Augen, zwei Ohren, zwei Nasenöffnungen, zwei Reihen Zähne, zwei Lippen, Luft- und Speiseröhre, zwei Brüste, zwei Lungenflügel, zwei Herzkammern, zwei Nieren, zwei Arme, zwei Beine, zweierlei

Geſchlechtsteile, zwei Arten von Adern (Arterien und Venen), zwei Nervenarten (Empfindungs= und Bewegungsnerven), zwei Gehirne (Groß= und Kleinhirn), zwei Hirnhemiſphären, überhaupt zwei Nervenſyſteme: das animale und vegetative. Das erſtere beſteht aus dem Gehirn, dem Rückenmark und den zugehörigen Nerven, und bildet das Organ des ſee= liſchen Lebens, das zweite, das vegetative, auch ſympathiſche genannt, beſteht aus den Nervenknoten oder Ganglien; das ſind graue, rundliche oder eckige Körper, welche an vielen, aber beſtimmten Orten im Organismus zerſtreut vorkommen. Es ſteht vorzugsweiſe den ohne Einfluß des Bewußtſeins waltenden vegetativen Tätigkeiten der Ernährung, Ab= ſonderung und den damit verbundenen unwillkürlichen Be= wegungen vor. Beide Syſteme, welche durch Faſern mit= einander verbunden ſind, greifen vielfach ineinander ein, indem das vegetative Nervenſyſtem einen großen Teil ſeiner Elemente aus dem animalen bezieht, und der Einfluß des animalen Nervenſyſtems auf die vegetativen Prozeſſe ſich in vielfacher Beziehung bekundet.

Was nun das animale Nervenſyſtem im beſonderen be= trifft, ſo iſt deſſen wichtigſter Beſtandteil das Großhirn und von dieſem wieder die ungefähr 0,2 qm große und zirka 3 mm dicke g r a u e R i n d e , zu welcher von den verſchiedenen äußeren Sinnesorganen beſondere Leitungen führen, die in beſonderen Flächen oder Sphären endigen. Da durch dieſe die verſchiedenartigen äußeren Wahr= nehmungen phyſiologiſch bedingt ſind, ſo werden ſie die „Wahrnehmungszentren", auch „Sinnesſphären" genannt. So gibt es in der Großhirnrinde eine abgegrenzte Seh=, Hör=, Riech=, Schmeck=, Taſt= und Körpergefühlſphäre.

Dieſe Wahrnehmungsſphären nehmen aber etwa nur ein Drittel der menſchlichen Großhirnrinde ein, zwei Drittel haben eine andere, höhere Aufgabe, die darin besteht, daß sie Tätigkeiten m e h r e r e r Sinnesorgane zu höheren Einheiten zusammenfassen und deshalb „Assoziationszentren" heißen. Auch sie bilden wie die Sinneszentren verschieden große, wohlgesonderte Bezirke im menschlichen Gehirn, die teils hinter der freien Stirnfläche in dem unmittelbar über den Augen gelegenen Hirnteil sich befinden, teils einen bedeutenden Teil der Schläfen- und Hinterhauptslappen, ein mächtiges Gebiet im hinteren Scheitelteil und endlich die tief im Innern des Gehirns versteckte Insula Reilii einnehmen. Durch sie wird die Kombination der verschiedenartigen Sinneswahrnehmungen physiologisch vermittelt.

Die Erkrankung dieser Assoziationszentren bewirkt vornehmlich die Geisteskrankheiten. Wenn ihre Zellen desorganisiert sind, geraten die Gedanken in ein wirres Durcheinander; sind sie krankhaft gereizt, entstehen fremdartige Vorstellungsgebilde. Werden sie vernichtet, schwindet in vielfacher Beziehung das Gedächtnis. Sie sind die organischen Hauptträger von dem, was wir Erfahrung nennen, zum Teil auch der Sprache.

Ähnlich wie die Erdoberfläche aus Kontinenten und Meeren, so ist die menschliche Großhirnrinde aus mehreren anatomisch wohlgesonderten, aber miteinander zusammenhängenden Gebieten zusammengesetzt. Das körperliche Organ unseres Geistes zeigt also eine kollegialische Verfassung mit zwei Kammern: einer niederen, die aus den verschiedenen Sinneszentren besteht, und einer höheren, die durch die jenen übergeordneten Assoziationszentren gebildet ist, wodurch die Sinneszentren verbunden werden[1]).

---

[1]) Näheres bei P. Flechsig, Gehirn und Seele. 2. Aufl. Leipzig 1896. S. 19 ff.

Der größte Teil des menschlichen Großhirnmarkes be=
steht aus nichts anderem als aus Millionen wohlisolierter,
insgesamt Tausende von Kilometern messender Leitungen,
welche die Sinneszentren untereinander, diese mit den Asso=
ziationszentren und diese wieder untereinander verknüpfen.
Aus dieser systematischen Mechanik ergibt sich die Einheit=
lichkeit der Großhirnleistungen.

Da entsteht nun die Frage: wer ist das eigentlich
empfindende und wahrnehmende Subjekt in
uns? Sind das die Sinnes= und Assoziationszentren im
Gehirn? So meinen die Materialisten. Daß aber diese
Ansicht falsch ist, ergibt sich aus folgendem:

Erstens: Die Tätigkeit der Sinnes= und Assoziations=
zentren besteht in gewissen räumlichen Molekularbewegungen
der Nervenzellen der grauen Großhirnrinde; das Empfinden
und Wahrnehmen aber ist etwas ganz anderes als räum=
liche Bewegung, ist ein Innen= und Bewußtwerden von
etwas. Darum können die Sinnes= und Assoziationszentren
nicht das eigentlich empfindende und wahrnehmende Sub=
jekt in uns sein.

Zweitens: Die peripherischen und zentralen Sinnes=
organe können ganz normal von außen gereizt und dem=
entsprechend in Tätigkeit versetzt werden, aber trotzdem
findet oft — wenn z. B. unsere Aufmerksamkeit, unser
Denken intensiv auf etwas anderes gerichtet ist — keine
Empfindung und Sinneswahrnehmung statt. Daraus geht
evident hervor, daß die Sinnes= und Assoziationszentren und
ihre Tätigkeiten nicht das eigentlich empfindende und wahr=
nehmende Subjekt in uns sind. Dieses ist vielmehr unser
geistiges Ich, während jene nur die Apparate sind, deren
es sich naturgesetzlich bei seinen Empfindungen und Wahr=
nehmungen bedient.

Drittens: Sowohl unsere Empfindungen und Wahr=
nehmungen als auch die Stoffe, aus denen unser Gehirn
zusammengesetzt ist, verändern sich und wechseln, aber das
empfindende und wahrnehmende Subjekt in uns oder unser
Ich bleibt bei all diesem Wechsel wesentlich dasselbe, wie
es bestimmt aus eigener innerer Erfahrung weiß, woraus
sich ebenfalls ergibt, daß das, was in uns empfindet und
wahrnimmt, nicht mit den Sinnes= und Assoziationszentren
im Gehirn identisch sein kann.

Viertens: Die letzteren hängen wohl räumlich mit=
einander zusammen, aber sie laufen nicht in einem Punkt
zusammen; sie bilden wohl eine Vereinigung, aber keine
strenge numerische Einheit. Gerade dieses aber ist der Fall
bei dem in uns empfindenden, wahrnehmenden, vorstellen=
den, denkenden, fühlenden und wollenden Subjekt oder
unserem Ich. Denn dasselbe, was in uns empfindet, nimmt
auch äußerlich wahr, stellt innerlich vor, denkt, fühlt und
will in uns. Auch diese Tatsache spricht dafür, daß unser
Ich, das laut innerer Erfahrung dies alles tut, unmöglich
eins ist mit unseren Sinnes= und Assoziationszentren, sondern
etwas wesentlich von ihnen Verschiedenes.

Fünftens: Unser empfindendes, wahrnehmendes, vor=
stellendes, denkendes, fühlendes, wollendes Ich weiß un=
mittelbar von sich selbst, unser Selbstbewußtsein ist gleich=
falls unbestreitbare Tatsache. Aber es weiß unmittelbar
nichts von unseren Sinnes= und Assoziationszentren im Ge=
hirn. Ja, weitaus die meisten Menschen haben überhaupt
kein Wissen von denselben trotz ihres Selbst= oder Ich=
Bewußtseins, und diejenigen, die davon eine Kenntnis be=
sitzen, haben sie nicht unmittelbar, durch innere Wahr=
nehmung, sondern nur mittelbar, durch äußere Wahrnehmung.
Auch das ist ein Beweis dafür, daß unser Ich und unsere

Sinnes= und Affoziationszentren im Gehirn keineswegs das=
selbe, sondern verschiedene Dinge sind.

Das Subjekt also, das unserem Empfinden, Wahr=
nehmen, Vorstellen, Denken, Fühlen und Wollen einheitlich
zugrunde liegt, ist nicht unser Gehirn mit seiner grauen
Rinde und deren Nervenzellen, sondern unser geistiges Jch,
das bei allen Veränderungen seines Bewußtseinsinhaltes
stets wesentlich dasselbe bleibt und sich als solches weiß,
und das man gewöhnlich Seele nennt.

Was ist die Seele?

Auch auf diese Frage wurden zwei konträre Antworten
gegeben: die **starre Substanzialitätstheorie** und die
Aktualitätstheorie. Nach der ersteren ist sie eine den
psychischen Vorgängen zugrundeliegende, unwandelbare Sub=
stanz, nach der zweiten dagegen ist sie lediglich der im Be=
wußtsein gegebene Zusammenhang der einzelnen seelischen
Erlebnisse. Die erstere ist die ältere, die zweite die neuere
Theorie, die durch Hume angebahnt, besonders von Wundt
und Paulsen in der Gegenwart vertreten wird.

Beide Auffassungen des Wesens der Seele erscheinen
mir einseitig und unzureichend. Denn unsere Seele ist weder,
wie z. B. Herbart meint, eine starre Substanz, die als
ein einfaches „Reales" dem Wechsel des psychischen Ge=
schehens fremd und passiv zugrunde liegt und für dasselbe
gleichsam nur das Piedestal bildet, noch ist sie lediglich ein
beständig wechselndes „Bündel" von Vorstellungen und
sonstigen Bewußtseinszuständen, sondern sie ist ein mit
mannigfachen ursprünglichen Anlagen aus=
gerüstetes, dieselben mit dem ihr zugehörigen Organismus
allmählich entwickelndes, sich in den verschiedenen
psychischen Vorgängen betätigendes, substanziell

einheitliches und bei allem Wechsel seiner Zustände i m
G r u n d e sich gleichbleibendes, sinnlich=geistiges Wesen.

Diese Auffassung entspricht allein den Erfahrungstat=
sachen: sowohl der unleugbaren Einheit des Bewußtseins
als der seelischen bedeutenden Entwicklung, sowie dem Sub=
stanzgesetz, demzufolge wir uns keine Zustände denken können
ohne einen Träger, keine Vorgänge ohne etwas, an dem
sie stattfinden, und keine Tätigkeiten ohne ein in ihnen
Tätiges. Ich stehe also auch in dieser Frage ü b e r den
beiden einseitigen Theorien und verknüpfe ihre Wahrheits=
elemente in einer höheren Einheit[1]).

Man hat ferner auch nach dem S i t z der Seele im
Organismus gefragt. Darauf ist zu bemerken: Da die
Seele nichts Räumliches ist, hat sie auch keinen räumlichen
Ort und folglich auch keinen Sitz. Sie sitzt weder im Ge=
hirn noch in den Sinnesorganen, noch im Herzen, noch
sonstwo, sondern sie steht nur mit den körperlichen Organen
in bestimmter Beziehung, mit den einen, speziell dem Groß=
hirn in näherer, mit den anderen in entfernterer. Oder
will man eine Analogie aus der Natur anwenden, so kann
man sagen: wie die Elektrizität oder der Magnetismus
im Körper, so ist ähnlich die Seele im lebendigen Organismus.

Aber wenn auch die Seele wesentlich vom Organismus
verschieden ist, so stimmt sie doch im G r u n d c h a r a k t e r
mit ihm überein, und als diesen Grundcharakter haben
wir bereits die Zweiheit in der Einheit erkannt. Dieselbe
Konstitution bekundet auch die Seele: auch sie besteht in
der Hauptsache aus der Dualität von W i s s e n und W i l l e ,
welche durch das G e f ü h l miteinander verbunden sind. In

[1]) Vgl. zu diesem Problem die beachtenswerten Bemerkungen
O. Külpes in seiner „Einleitung in die Philosophie", 2. Aufl.
Leipzig 1898. S. 188 ff.

unſerem Seelenleben gibt es daher drei Hauptrichtungen:
eine theoretiſche, welche ſich im Wahrnehmen, Vorſtellen
und Denken mit dem Ziele der Wahrheitserkenntnis be=
tätigt, eine praktiſche, die in den Trieben, Strebungen
und Willensakten ſich kundgibt, deren Ziel die Handlungen
ausmachen, und eine äſthetiſche, die ſich im Gemüt und
ſeinen Stimmungen zeigt.

Jede dieſer Hauptrichtungen unſeres Seelenlebens be=
ruht ſowohl auf allgemein menſchlichen oder weſentlichen
als auf individuellen Anlagen unſerer angeborenen Natur,
weshalb dieſelben zwar allen Menſchen zukommen, aber
jedem in ganz beſonderer Weiſe. Sie quillen aus den drei
Grundbedürfniſſen unſeres geiſtigen Seins: aus dem Drange
nach Wahrheit, nach Tüchtigkeit oder Güte und nach Schön=
heit oder Harmonie. Ihre höchſten Leiſtungen offenbaren
ſich in der Wiſſenſchaft, in der Technik und tätigen Nächſten=
liebe ſowie in der Kunſt, deren vorzüglichſte die Lebens=
kunſt iſt.

Alle Anlagen und Funktionen des menſchlichen Seelen=
lebens hängen, ſolange dasſelbe normal verläuft, ſyſtematiſch
miteinander zuſammen, greifen ineinander ein und bilden
einen geiſtigen Organismus, der dem zugehörigen körper=
lichen entſpricht.

Es fragt ſich nun: in welchem Verhältnis ſtehen beide
Organismen, Seele und Leib zueinander?

Nach der gewöhnlichen, allgemeinmenſchlichen Anſicht
befinden ſie ſich in Wechſelwirkung. Doch dagegen hat
man geltend gemacht: da beide weſentlich voneinander ver=
ſchieden ſind, ſo könnten ſie nicht aufeinander wirken, und
man hat daher die Theorie des pſycho=phyſiſchen
Parallelismus aufgeſtellt. Dieſer zufolge gehen die
ſeeliſchen und organiſchen Vorgänge im Menſchen neben=

einander her, ohne aufeinander einzuwirken, aber sie korre=
spondieren derart miteinander, daß in dem Moment, in dem
ein bestimmter seelischer Zustand stattfindet, auch ein be=
stimmter körperlicher Zustand eintritt und umgekehrt.

Doch da liegt die Frage nahe: wie ist dies möglich?
Beruht dieser merkwürdige Parallelismus auf dem bloßen
Zufall oder auf was für einem Grund? Erwidert man: auf
dem bloßen Zufall, so heißt das soviel als: diese groß=
artige durchgängige Übereinstimmung bei so vielen Millionen
Menschen erfolgt durchaus grundlos. Eine solche Annahme
aber ist vollständig unbefriedigend; denn sie widerstreitet
dem Kausalitätsgesetz.

Hat dagegen die in Rede stehende Übereinstimmung
einen Grund, so liegt derselbe doch sicherlich in den betreffen=
den Faktoren: in Leib und Seele selbst, d. h. beide sind
von Natur so eingerichtet, daß ein bestimmter Vorgang in
dem einen einen bestimmten Vorgang in dem anderen mit
sich bringt. Aber damit räumt man doch wenigstens in=
direkt eine Wechselwirkung beider ein, also gerade das, was
man leugnet.

Und so stehen wir wieder vor der Frage: wie ist
eine solche möglich? Kann ein Immaterielles auf ein
Materielles und umgekehrt wirken? Darauf erwidere ich:
das absolut oder rein Immaterielle, d. h. das Im=
materielle, das zu dem Materiellen in gar keiner Beziehung
steht, kann allerdings nicht auf das absolut oder rein
Materielle wirken, weil beide keinen Anknüpfungspunkt für
das Wirken haben. Aber diese Voraussetzung existiert in der
Wirklichkeit nicht; denn es gibt, wie ich bereits früher ge=
zeigt habe, weder ein absolut oder rein Immaterielles noch ein
absolut oder rein Materielles. Auch beim Menschen nicht; denn
unsere Seele hat erfahrungsgemäß die Vermögen der Sinn=

lichkeit: sinnliche Wahrnehmungen, sinnliche Vorstellungen, sinnliche Gefühle, sinnliche Triebe, sinnliche Begehrungen, also etwas Materielles in sich, und unser Leib besitzt in seiner Wesensform etwas Immaterielles oder Geistiges. Folglich ist die Seele weder absolut immateriell noch der Leib absolut materiell, sondern beide Hauptbestandteile unseres Wesens sind immateriell und materiell zugleich, freilich in verschiedenem Grade und in verschiedener Art.

Wie es nämlich verschiedene Grade und Arten des Immateriellen oder Geistigen gibt, so gibt es auch ver= schiedene Grade und Arten des Materiellen oder Körper= lichen. Man hat bisher durchgängig drei Zustände der Materie unterschieden: den festen, den flüssigen und den gasförmigen Zustand; aber es existiert noch ein vierter: der ätherische Zustand, welcher wieder verschiedene Formen haben kann, wie das Licht, die Wärme, die Elektrizität und der Magnetismus beweisen. Es gibt also Grob= oder Dichtmaterielles und Feinmaterielles. Das erstere ist das für uns Greif= und Wägbare, und dahin gehören die festen, flüssigen und gasförmigen Körper; das zweite, das Fein= materielle ist der Äther mit seinen Zuständen: dem Licht, der Wärme, der Elektrizität und dem Magnetismus.

Unser Leib ist unstreitig beides: er ist grob= oder dicht= materiell, denn er ist greif= und wägbar; er ist aber auch feinmateriell, indem er sicher in sich Äther, Elektrizität und Magnetismus enthält. Und daß diese feinmateriellen Fak= toren nicht umsonst in uns vorhanden sind, ist ohne weiteres klar. Auch wurde ihre Wirksamkeit bei allen Aktionen unserer Seele auf den Körper durch die sorgfältigsten Beob= achtungen schon tatsächlich nachgewiesen. Ja, wenn man sogar nach dem Tode vor eingetretener Starre künstlich den elektrischen Strom den Leichen zuführt, werden dadurch

in denselben noch Bewegungen hervorgerufen, welche denen
im Leben aufs täuschendste ähnlich sehen.

Man kann daher als höchst wahrscheinlich annehmen,
daß die Wechselwirkung zwischen Seele und Leib vermittels
des Feinmateriellen in uns: des Äthers, der Elektrizität
und des Magnetismus stattfindet. Durch ihre Sinnlichkeit,
die ich als das Feinstmaterielle bezeichnen möchte, wirkt
unsere Seele auf das Feinmaterielle in uns, den Äther=
leib, durch diesen auf unseren grob= oder dichtmateriellen
Leib, und durch diesen auf die Außenwelt. Auf diese Weise
läßt sich meines Erachtens das große Problem der Wechsel=
wirkung von Seele und Leib am besten lösen.

III. Das Freiheitsproblem.

Ein viel umstrittenes, sehr schwieriges Problem ist auch
das der menschlichen Willensfreiheit. Auch in dieser Be=
ziehung haben sich bisher zwei einander widerstreitende
wissenschaftliche Ansichten herausgebildet: der **absolute
Determinismus** und der **absolute Indeterminis=
mus**. Dem ersteren zufolge besitzt der Mensch gar keine
Willensfreiheit, sondern alle seine Willensakte und Hand=
lungen unterliegen ebenso der strengen Notwendigkeit wie
die Bewegungen der Weltkörper oder das Wachstum der
Blumen. Dieser Ansicht huldigen vor allem die Materialisten
und Monisten, ferner Schopenhauer[1]), Fouillée[2]),
Paulsen[3]), Rée[4]), Windelband[5]) usw.

[1]) Schopenhauer, Die beiden Grundprobleme der Ethik. S. 45.
[2]) Fouillées neue Theorie der Ideenkräfte. 1893. S. 4.
[3]) Paulsen, System der Ethik. S. 366.
[4]) P. Rée, Die Illusion der Willensfreiheit. Berlin 1885.
[5]) W. Windelband, Üb. Willensfreiheit. Tübingen u. Leipzig 1904.

Nach der zweiten Ansicht dagegen kommt dem Menschen vollständige Willensfreiheit zu, d. h. ursachlose Selbstbestimmung, die Macht absoluter Initiative oder Spontaneität. Diese Theorie beruht auf der Meinung, der menschliche Wille besitze die Fähigkeit, sich lediglich aus sich selbst, durchaus unbeeinflußt für etwas zu entscheiden. Vertreten wurde und wird dieselbe von Descartes, Kant, Fichte, Schelling und deren Anhängern in der Gegenwart.

Die erstgenannte Theorie, der absolute Determinismus, welche die Willensfreiheit ganz leugnet, zählt heutzutage in der wissenschaftlichen Welt viel mehr Anhänger als die zweite, obschon sie dem allgemeinmenschlichen Bewußtsein stark widerstreitet. Doch da fragt es sich: welche Gründe macht man auf dieser Seite gegen die Willensfreiheit geltend?

Vor allem behauptet man, die Annahme der Willensfreiheit widerspreche dem Kausalitätsgesetz und sei mit demselben unvereinbar. Denn diesem Gesetze gemäß bestehe zwischen der Ursache und Wirkung stets eine strenge Notwendigkeit, so daß aus der einen unweigerlich die andere hervorgehen müsse. Dieses aber schließe die Freiheit aus. So bemerkt z. B. P. Rée: „Der Wille ist frei, würde bedeuten: er ist frei vom Kausalitätsgesetz ... Der Wille ist frei heißt: er ist frei von Ursachen".[1]

Darauf erwidere ich: Diesem ganzen Einwand liegt eine falsche Auffassung des Kausalitätsgesetzes zugrunde. Wieso? Diesem Gesetze gemäß gibt es nämlich keine Wirkung ohne Ursache und keine Ursache ohne Wirkung. Daraus hat man nun auf seiten der Deterministen geschlossen: folglich fordert jede Wirkung notwendig eine Ursache,

---

[1] P. Rée, a. a O. S. 1, 17.

und jede Urſache hat notwendig eine Wirkung. Und
daraus wieder hat man weiter geſchloſſen: alſo gibt es
nur notwendig wirkende Urſachen, alſo keine frei-
wirkenden, alſo keine Freiheit.

Wie ſteht es nun mit der Wahrheit dieſer Schlußfolgerungen? Der erſte Schluß iſt richtig: jede Urſache muß
notwendig eine Wirkung und jede Wirkung muß notwendig
eine Urſache haben. Das folgt aus ihren Begriffen, iſt
alſo eine logiſche Notwendigkeit. Denn wenn etwas eine
Urſache ſein ſoll, dann muß es auch etwas verurſachen oder
bewirken; ſonſt iſt es eben keine Urſache. Und wenn etwas
eine Wirkung ſein ſoll, dann muß es auch verurſacht oder
bewirkt ſein; ſonſt iſt es eben keine Wirkung. Allein
daraus, daß etwas jetzt eine Urſache iſt und deshalb wirkt,
folgt durchaus nicht, daß es notwendig eine ſolche ſein
oder notwendig wirken mußte, und das iſt eben der
falſche Schluß der Deterministen oder Freiheitsleugner. Dieſe
meinen: weil jedes Ding als Urſache, d. h. wenn es
eine Urſache iſt, notwendig eine Wirkung ſetzen muß —
da dieſes eben im Begriff der Urſache liegt — darum
müßte jedes Ding notwendig wirken, und es müßte unbedingt gerade ſo wirken, wie es wirkt.

Das iſt aber ein verkehrter Schluß aus der begriff-
lichen oder logiſchen Notwendigkeit auf die ſachliche.
Und derartige Fehlſchlüſſe kommen ſpeziell bei den Korrelat-
begriffen, wie auch der Begriff von Urſache und Wirkung
einer iſt, ſehr häufig vor. Aus dem allgemeinen Kauſalitätsgeſetz: „Keine Wirkung ohne Urſache" folgt nicht, daß dasjenige Ding, welches in einem beſtimmten Fall als Urſache
fungierte, abſolut notwendig gerade dieſe Wirkung
ſetzen mußte, mit anderen Worten: daß alle Dinge nur gezwungen wirken müſſen und keines mit relativer Selbſtändig-

keit oder Freiheit wirken könne. Diesen falschen Schluß
machen die Freiheitsleugner.

Wohl gibt es in der Welt eine mit Zwang wirkende
Kausalität oder mechanisch wirkende Ursachen. Das ist der
Fall in der äußeren Natur oder Körperwelt. Aber daraus
folgt keineswegs, daß es auch auf dem Gebiete des Geistes
so sein müsse; denn der Geist ist wesentlich vom Körper
verschieden und unterliegt daher auch wesentlich anderen
Gesetzen. Ja, wäre der Mensch ein bloßes Naturwesen,
dann unterläge auch er, wie das Mineral, die Pflanze,
das Tier, mit Notwendigkeit dem Naturmechanismus, und
von Freiheit könnte auch bei ihm keine Rede sein; da er
aber nicht nur ein Natur=, sondern auch ein Geistwesen
ist, so ist er als letzteres nicht dem besonderen Gesetze der
mechanischen oder körperlichen Kausalität unterworfen, das
nur für die Körper gilt, wenn auch dem allgemeinen
oder logischen Kausalitätsgesetz. Aus diesem letzteren
aber folgt nicht, daß alle Akte oder Wirkungen des Men=
schen mit Notwendigkeit geschehen, sondern es fordert nur,
daß, wenn ein Akt oder eine Wirkung seitens des Menschen
geschieht, es eine Ursache dafür geben müsse; diese Ursache
kann frei oder unfrei sein. —

Als zweiten Haupteinwand gegen die Willensfreiheit
macht man das Gesetz der Erhaltung der Kraft
geltend. Dasselbe besagt, daß in der Natur keine mechanische
Kraft verloren geht, sondern nur von einer Form in eine
andere umgesetzt wird, und daß die Summe der mechanischen
Kräfte sich immer gleich bleibt. Wohl ist dieses Gesetz
richtig; aber wie daraus die Unmöglichkeit der menschlichen
Willensfreiheit folgen soll, ist nicht einzusehen. Denn dieses
Gesetz ist doch nur als gültig in der Körperwelt nach=
gewiesen. Bei der Frage betreffs der Willensfreiheit handelt

es sich aber um etwas Geistiges, das vom Körperlichen wesentlich verschieden und darum auch anderen Gesetzen unterworfen ist. Die Gegner der Willensfreiheit machen sich also hier desselben Grundfehlers schuldig wie im ersten Fall, indem sie ein Gesetz der Körperwelt ohne weiteres auf die Geisteswelt übertragen, wo es keine Geltung hat. Wenn wir durch unseren Willen unsere oder andere Körper bewegen, so schaffen wir dadurch keine neue mechanische Kraft, sondern wir geben nur der bereits vorhandenen eine andere Richtung, oder wenn der betreffende Körper vor= her ruhte und die mechanische Kraft in ihm bisher latent war, machen wir sie durch unseren Willen nur aktuell, aber wir bringen dadurch keine neue hervor. Folglich ist die Annahme der Willensfreiheit durchaus nicht unvereinbar mit dem Gesetz der Erhaltung der Kraft in der Körperwelt, in der es bisher allein nachgewiesen wurde. —

Drittens führt man als Haupteinwand gegen die menschliche Willensfreiheit die Moralstatistik ins Feld, indem man sagt: nach den statistischen Berechnungen zeigen die sog. willkürlichen Handlungen der Menschen, wie die Verehlichungen, die Selbstmorde, die Verbrechen gegen andere, ja sogar die Geburten und die Sterbefälle inner= halb desselben Volkes und bestimmter Zeiträume eine solche Regelmäßigkeit und Gesetzmäßigkeit, daß von einer Freiheit des menschlichen Willens keine Rede sein kann[1]).

Darauf erwidere ich: der Beweis gegen die Willens= freiheit aus der Statistik steht auf schwachen Füßen und erscheint deshalb ungenügend. Denn die Statistik bezieht sich nur auf die äußeren Handlungen der Menschen, die

---

[1]) Vgl. Adolf Wagner, Die Gesetzmäßigkeit in den scheinbar willkürlichen Handlungen vom Standpunkt der Statistik. — Georg Mayr, Die Gesetzmäßigkeit im gesellschaftlichen Leben. München.

Willensentschließungen aber, um die es sich in unserer Frage handelt, sind etwas rein Innerliches und werden keineswegs immer in äußere Taten umgesetzt, weil die Bedingungen oder die Mittel dazu fehlen.

Dazu kommt, daß die Statistik nicht einmal die g a n z e S u m m e der äußeren Handlungen der Menschen umfaßt, sondern nur einen sehr geringen Teil davon, da die meisten derselben nicht in die Öffentlichkeit treten, sondern im ge= heimen vollbracht werden, und da selbst diejenigen, welche publik werden, nicht alle von der Statistik ins Auge gefaßt und gesammelt werden, ja gerade die vorzüglichsten am wenigsten, wie die Werke der Nächsten= und Gottesliebe, indem die Statistik mehr die Verbrechen, die gerichtlich ver= folgt werden, also die Kehrseite der moralischen Verfassung eines Volkes, zum Gegenstand ihrer Forschung macht, als die guten Werke. Folglich ist das Material der Statistik mit Rücksicht auf unsere allgemeine Frage, um die es sich handelt, ein sehr mangelhaftes und erlaubt daher auch keinen sicheren Schluß in Beziehung auf das Problem der Willensfreiheit.

Aber — kann man fragen — wie läßt sich bei der Annahme der letzteren die behauptete Gesetzmäßigkeit wenigstens innerhalb des von der Statistik gesammelten beschränkten Tatsachenbereiches erklären? Wie reimen sich Freiheit und Gesetzmäßigkeit z. B. in der Wiederkehr der Verbrechen zusammen?

Zwecks Lösung dieses Problems ist zu beachten, daß innerer Willensentschluß oder Gesinnung und äußere Tat sich nicht decken. Infolge dessen darf man von der Summe begangener Verbrechen nicht auf eine entsprechende gleiche Summe verbrecherischer Gesinnung und Willensentschlüsse schließen. Die letztere Summe kann größer sein und ist es

ſicher in der Wirklichkeit; denn nicht jeder böſe Willens=
entſchluß kann in die böſe äußere Tat umgeſetzt werden,
da die äußeren Verhältniſſe die Macht des Menſchen viel=
fach beſchränken. Folglich hängen die menſchlichen Hand=
lungen nicht nur von den inneren Willensentſchlüſſen, ſondern
auch von den äußeren Verhältniſſen ab. Je nachdem dieſe
einen günſtigeren Boden abgeben, je nachdem werden jene
ſich leichter verwirklichen. Bleiben ſich alſo die äußeren
Verhältniſſe innerhalb eines beſtimmten Zeitraumes ziemlich
gleich, ſo wird auch die Summe der Verbrechen während
dieſes Zeitabſchnittes ſich ziemlich gleich bleiben und folglich
eine gewiſſe Geſetzmäßigkeit bekunden, wenn auch die
Summe der inneren verbrecheriſchen Geſinnungen oder
Willensentſchlüſſe nicht dieſelbe iſt. Darum iſt es nicht ge=
ſtattet, von der periodiſchen Regelmäßigkeit in der Zahl
der Verbrechen auch auf eine entſprechende Regelmäßigkeit
in der Summe verbrecheriſcher Geſinnungen oder Willens=
akte zu ſchließen. —

Ein vierter Haupteinwand gegen die Willensfreiheit
iſt die Behauptung, daß alle Handlungen des Menſchen
aus ſeinem angeborenen, urſprünglichen und un=
veränderlichen Charakter mit Notwendigkeit ent=
ſpringen, gemäß dem Grundſatze: operari sequitur esse.
Iſt der angeborene Charakter gut, dann handelt der Menſch
notwendig gut, iſt er ſchlecht, dann handelt er notwendig
ſchlecht, wie „jeder gute Baum nur gute Früchte bringt,
und jeder ſchlechte Baum nur ſchlechte Früchte.“

Dieſen ſehr beachtenswerten Einwand hat beſonders
Schopenhauer gegen die empiriſche Willensfreiheit er=
hoben[1]). Dagegen hat man bemerkt: Die Vorausſetzung,

----

[1]) Schopenhauer, Die beiden Grundprobleme der Ethik. Werke
Bd. 4. — Die Welt als Wille und Vorſtellung. Werke Bd. 2, § 55.

die hier gemacht wird, nämlich die Annahme, daß der angeborene Charakter des Menschen unveränderlich sei, ist
falsch und darum auch die darauf gegründete Folgerung
der Unfreiheit des Menschen; denn es gibt genug Beispiele
von einer radikalen Änderung des ursprünglichen Charakters: so wurde „aus einem Saulus ein Paulus, aus
dem Skeptiker Augustinus ein Vater der Kirche und
katholischer Heiliger, der ausschweifende de Rancé gründete
den strengen Trappistenorden, und umgekehrt gestaltete sich
der Zögling Senecas, Nero, aus einem gut veranlagten
Jüngling in den Grundtypus aller grausamen, feigen
Tyrannen um, und wurde der anfänglich sittenreine, für
sein Volk besorgte Ludwig XV. durch Maitressenwirtschaft,
Verschwendung und Indolenz zu einem moralischen Urheber
der Revolution. Wie viele Menschen ändern nicht mit ihren
intellektuellen Anschauungen dauernd ihre Umgebung und
damit auch ihr Handeln, kurz:

> „Es bildet ein Talent sich in der Stille,
> Sich ein Charakter in dem Strom der Welt[1].“

So haben wir also auch hier zwei entgegengesetzte
Ansichten rücksichtlich des angeborenen Charakters der
Menschen; die einen sagen: derselbe ist durchaus unveränderlich; aus ihm folgen mit Naturnotwendigkeit unsere
Handlungen; wir sind deshalb in denselben nicht frei und
folglich auch nicht für sie verantwortlich. Die anderen
sagen: der angeborene menschliche Charakter ist veränderlich, ja radikal veränderlich, wie viele Beispiele es beweisen.
Welche von diesen beiden Parteien hat nun recht? Ich
erwidere: sie haben beide recht und beide — unrecht. Wieso?

---

[1] C. Güttler, Wissen und Glauben. 2. Aufl. München, Beck.
1904. S. 171 f.

Unrecht haben sie, insofern jede von ihnen ihre Ansicht einseitig und in absoluter Weise geltend macht; recht haben sie, indem jede eine teilweise Wahrheit zum Ausdruck bringt. Ja, der angeborene Charakter oder die über= kommene Natur des Menschen ist veränderlich; denn wir können sowohl durch die Erziehung und den Einfluß seitens anderer als durch eigene beharrliche Selbstzucht, sowie in= folge tiefeingreifender Lebenserfahrungen gar manche Natur= anlagen in uns, weil sie böse sind, unterdrücken oder nicht zur Entwicklung gelangen lassen, wodurch sie mit der Zeit verkümmern und absterben, dagegen andere, die ursprünglich schwach sind, durch stetige Pflege und Übung entwickeln und veredeln, — ähnlich wie wir dies auch bei den Pflanzen, speziell den Bäumen, und bei den Tieren erfahrungsgemäß vermögen. Wir haben also tatsächlich eine gewisse Macht und damit eine gewisse Selbständigkeit und Freiheit sowohl über unsere eigene als die äußere Natur — das ist das Wahr= heitsmoment des Indeterminismus oder der Freiheitslehre.

Aber wir können, so wenig wie die äußere Natur, ebensowenig unsere innere Natur oder unseren angeborenen Charakter vollständig umändern, wir können ihn nicht ganz und gar vernichten und einen völlig neuen an= nehmen, sondern derselbe ist in seinem Grundwesen beharrlich. Das ist das Wahrheitsmoment des Determinismus. Denn um etwas ganz zu vernichten und etwas völlig Neues an seine Stelle zu setzen, dazu gehört absolute oder schöpferische Macht. Diese haben wir aber nicht, so wenig wie über die Natur außer uns, ebensowenig über unsere eigene Natur, sondern wir besitzen nur eine relative Macht, weil wir selbst nur relative Wesen sind[1]). Und deshalb gibt

---

[1]) Wenn aus dem Saulus ein Paulus und aus Augustinus

es für uns auch nur eine relative, mehr oder minder
große, aber keine absolute Willensfreiheit. Diese kommt
nur dem absoluten Sein zu.

Die Freiheit ist wie jede andere Fähigkeit und wie
der Geist überhaupt zunächst nur potenziell im Menschen
vorhanden und bedarf daher der Entwicklung und Bildung.
Sie ist infolgedessen bei den verschiedenen Menschen ver=
schiedengradig. Sie ist abhängig von seiner übrigen Geistes=
kultur, besonders von seiner Vernunft und deren Überlegung.

Das ist eine Hauptbedingung der Freiheit. Aber nicht
die einzige. Man hat freilich bisher fast durchgängig die
Meinung gehabt, man sei immer dann in seinem Willen
frei und für seine Handlungen verantwortlich, wenn man
bei denselben ein richtiges Denken besitze und deren Er=
laubtheit oder Unerlaubtheit einsehe. Das ist der Stand=
punkt des einseitigen Intellektualismus, speziell
angewandt auf das in Rede stehende Problem. Denn nach
dieser Auffassung hängt alles vom Intellekt oder vom Verstand
ab: ist dieser normal, dann ist der Wille frei und für seine
Taten verantwortlich; ist aber der Verstand verkehrt, dann
ist der Wille unfrei und darum nicht verantwortlich. Das
ist die bisher herrschende Ansicht, sowohl im gewöhnlichen
Leben, als im Gerichtssaal bei den Juristen und Geschworenen,
als in der Wissenschaft. Ist dieselbe aber auch richtig oder
nicht?

Zunächst bemerke ich, daß es genau genommen nicht
zutreffend ist, von der Freiheit lediglich des Willens zu
sprechen. Darin liegt eine Art Hypostasierung einer einzelnen
geistigen Fähigkeit, die für sich allein nichts vermag, sondern

---

ein Heiliger wurde, so haben sie sich doch nicht ganz geändert,
sondern nur teilweise, und ebenso ist es mit allen anderen Bei=
spielen in dieser Hinsicht.

nur in Verbindung mit dem Verstand oder der Vernunft und dem Gefühle sowie mit dem ihnen allen gemeinsam zugrunde liegenden bewußten Subjekt oder dem Ich. Dieses letztere ist eigentlich unter gewissen Bedingungen frei in seinem Wollen und Handeln.

Aber da fragt es sich: welches sind diese Bedingungen? Genügt zum freien Wollen nur die richtige Verstandes= tätigkeit oder vernünftige Überlegung und das Bewußtsein von der Erlaubtheit oder Unerlaubtheit der betreffenden Handlung?

Nein; denn das alles kann vorhanden sein, und trotz= dem kann der Wille durch andere innere Faktoren: durch ungewöhnlich heftige Affekte und Gefühle sowie sehr mächtige Triebe überwältigt werden. Das beweisen eklatante Beispiele. So habe ich eine Person gekannt, die einen sehr soliden, guten und religiösen Charakter hatte, auch klar und richtig dachte, und von dem Unrecht ihres Vorhabens überzeugt war, aber trotzdem zweimal sich das Leben zu nehmen versuchte, indem sie in einen Weiher sprang. Warum? „Weil“, wie sie mir sagte, „ein innerer, unwillkürlicher, dunkler starker Drang sie dazu getrieben, dem sie nicht habe widerstehen können.“ Hier war also Überlegung, richtiges Werturteil und guter Wille vorhanden, aber dennoch keine Freiheit und darum keine Verantwortlichkeit, weil der Wille durch andere Faktoren: durch einen dunklen krankhaften Trieb überwältigt wurde. Darum ist es falsch, wenn man wie gewöhnlich meint: falls jemand vor oder bei seiner Tat, z. B. einem Selbstmord, oder bei sonst einem schweren Vergehen, einen ungetrübten Verstand und eine klare Einsicht in die betreffende Sache hatte, dann müsse er für seine Handlung stets verantwortlich sein. Das ist kein richtiger Schluß; denn es können auch, wie im obigen

Falle, noch andere Faktoren im Spiele sein, durch die der Wille mit unüberwindlicher Macht zu verkehrten Handlungen gedrängt wird, obschon der Verstand deren Verwerflichkeit recht wohl einsieht. Folglich ist nicht jede überlegte Handlung eine freie Handlung, sondern außer der Überlegung gehört noch die Bedingung dazu, daß der Wille nicht durch eine andere Macht überwältigt wird. Es kommt also nicht nur auf die richtige Einsicht und Überlegung oder auf den Verstand sowie auf die Güte oder die Richtung des Willens an, sondern auch auf dessen Stärke oder Energie.

Wie unser Verstand und unser Gefühl, so muß auch unser Wille von Kindheit an zum Guten, d. h. zu dem Seinsollenden, zur Pflichterfüllung erzogen werden, und zwar durch beständige moralische Kraftübungen im kleinen. Die richtige Erziehung besteht daher nicht so sehr in der Lehre als in der Übung. Das Wollen und Tun des Guten oder des Seinsollenden muß uns zur zweiten Natur werden, und das geschieht nur durch Gewöhnung. Wir gewöhnen uns aber an das Gute nur durch stete Übung.

Ein anderes Mittel der Willensstärkung und Willenserhebung ist die Setzung großer, wertvoller Ziele und die Konzentrierung all unserer Kräfte auf dieselben; denn „der Mensch wächst mit seinen höheren Zielen".

Ferner trägt zur Mehrung unserer Willensenergie und zur Anregung hohen Strebens die eingehende verehrende Betrachtung erhabener geschichtlicher Persönlichkeiten bei. Denn mit Recht sagt Carlyle: „Große Menschen sind ein bildender Umgang ... Wir können einen großen Mann nicht betrachten, ohne etwas

durch ihn zu gewinnen. — Der Mensch wird selbst größer,
indem er das verehrt, was über ihm steht . . . Denn alles
Außerordentliche und Großartige, alles, was den Stempel
des Genies und den Charakter der ungewöhnlichen Ge=
walt trägt, erzeugt in uns eine Art Begeisterung." [1]

Ein weiteres wichtiges, erst in der Gegenwart recht
erkanntes, aber noch viel zu wenig angewandtes Mittel
der Willensstärkung ist die A u t o = oder S e l b s t s u g g e s t i o n.
In diesem Betreff verweise ich auf das interessante Buch
von P. E. Levy, „Die natürliche Willensbildung" [2]).

Allmählich erhebt sich der Mensch von der bloß n a t ü r =
l i c h e n W a h l f r e i h e i t zur s i t t l i c h e n F r e i h e i t und zum
s i t t l i c h e n C h a r a k t e r, der darin besteht, daß unser
Wille s t ä n d i g auf das Gute gerichtet ist. In diesem
Falle ist das letztere ihm zur anderen Natur und damit
zur Notwendigkeit geworden. Hier also, im s i t t l i c h e n
C h a r a k t e r l i e g t d e r V e r e i n i g u n g s p u n k t v o n
F r e i h e i t u n d N o t w e n d i g k e i t, in ihm sind diese
beiden großen Gegensätze harmonisch verbunden.

Die sittliche Freiheit setzt aber nicht nur die natürliche
Wahlfreiheit, sondern auch die i n t e l l e k t u e l l e F r e i h e i t
voraus, welche in der Erkenntnis des Wahren und Rechten
besteht. Denn wenn man das letztere nicht einsieht, wird
man es auch nicht wollen. Insofern hat S o k r a t e s recht,
wenn er die Tugend auf der richtigen Einsicht basieren läßt.
Aber dieselbe genügt nicht. Infolge des bloßen Wissens
des Guten will der Mensch dasselbe noch nicht, wie so oft
die Erfahrung lehrt. Denn sehr viele wissen ganz wohl, was

---

[1] Carlyle, Über Helden und Heldenverehrung. Leipzig, Reclam.
S. 24, 40.
[2]) Deutsche Ausgabe von M. B r a h n. Leipzig, Voigtländer.
1903.

recht und unrecht ist, wollen und tun es aber doch nicht. Warum? Weil das betreffende Wissen auf sie und ihren Willen keinen Eindruck macht, weil es sie kalt läßt oder ihnen gar widrig und unangenehm erscheint, kurz, weil es ihrem Gefühle nicht entspricht. Folglich spielt auch das Gefühl hier eine große Rolle. Es bildet die verbindende Mitte zwischen Intellekt und Wille. Nur dann übt das vom Verstand erkannte Gute auf unseren Willen einen Einfluß, wenn es unser Gefühl entsprechend affiziert. Darum sagt mit Recht der Dichter im „Faust":

> Wenn ihr's nicht fühlt,
> Ihr werdet's nicht erjagen.

Deshalb heißt es auch, daß jede Lehre, die nicht zu Herzen geht, keine Früchte trägt. Wir fühlen aber nur dann das erkannte Gute als angenehm und darum be= gehrenswert, sowie das erkannte Böse als unangenehm und darum verabscheuungswert, wenn wir für das eine wie für das andere einen geeigneten „Sinn" in uns haben, wenigstens einen starken Sinn für die Pflicht; denn wofür man keinen „Sinn" hat, dazu hat man keine Neigung und das will man auch nicht. Man hat aber nur dann einen „Sinn" für etwas, wenn man eine Anlage dazu in sich trägt. So beruht also ähnlich wie auf dem organischen und in= tellektuellen Gebiete, so auch auf dem ethischen Gebiete ursprünglich alles auf bestimmten Anlagen. Ja, jede Tugend setzt eine besondere moralische Anlage im Menschen voraus, und wo diese fehlt, da kann jene nicht innerlich, d. h. als wirkliches persönliches Eigentum erworben, sondern höchstens nur äußerlich, mechanisch anerzogen werden, was aber keinen moralischen Wert und keine Dauer hat, weil keine innere Wurzeln vorhanden sind.

Soll ich nun meine Auffaſſung der in Rede ſtehenden Hauptfrage kurz zuſammenfaſſen, ſo ſage ich: beide bisher zu ihrer Löſung aufgeſtellte Theorien: der abſolute Deter= minismus und der abſolute Indeterminismus ſind einſeitige, übertriebene und darum ſchiefe Anſchauungen, die vor allem auf einem falſchen Freiheitsbegriff beruhen. Der Menſch iſt frei, heißt: (negativ) er muß in ſeinen Willensent= ſchließungen nicht immer den äußeren objektiv ſtärkſten Motiven folgen, ſondern (poſitiv) er beſitzt unter Umſtänden in ſich ſelbſt die Macht, für das von ihm als recht Er= kannte, trotz entgegengeſetzter ſehr ſtarker ſinnlicher oder ſonſtiger äußerer Antriebe, ſich zu entſcheiden oder es zu wählen; die Wahlfreiheit des Menſchen iſt alſo, ganz ſeinem Weſen entſprechend, keine abſolute, ſondern ſehr bedingte: bedingt ſowohl durch die Erkenntnis des Verſtandes als auch durch die Stärke des Willens. Es ſiegt in ihm nicht immer das äußere ſtärkſte Motiv, wohl aber ſtets der ſtärkſte Faktor: iſt nämlich der Vernunftwille ſtärker als die anderweitigen Antriebe oder, wie man auch kurz ſagen kann: der Naturwille, dann ſiegt ſicher der Vernunft= wille und iſt in dieſem Falle frei; iſt dagegen der Natur= wille ſtärker als der Vernunftwille, dann ſiegt ſicher der Naturwille, indem er den Vernunftwillen überwältigt. Das Prinzip vom Siege des Stärkſten iſt alſo auch hier richtig, aber man muß es recht verſtehen, und dann zeugt es nicht gegen die relative Willensfreiheit des Menſchen. Es kommt nur darauf an, wer im Menſchen der Stärkſte iſt: der von der Vernunft und dem entſprechenden Gefühl geleitete Wille, den ich kurz den „Vernunftwillen" nenne, oder die niederen Triebe und Neigungen, die ich in dem Ausdruck „Naturwille" zuſammenfaſſe. Je ſtärker alſo unſer Ver= nunftwille iſt, deſto ſiegreicher iſt er und deſto freier in seinen Entschließungen. Darum ist die größtmögliche Stärkung des Vernunftwillens die wichtigste innere Aufgabe des Menschen.

Also nicht der Wille allein ist, wie die Theorie des **Voluntarismus** (Schopenhauer, Wundt, Paulsen) meint, das Primäre und Höchste in uns — denn der Wille ist an sich nur eine blinde Macht —, auch nicht der Intellekt oder die Vernunft allein, wie die Theorie des **Intellektualismus** (Descartes, Spinoza, Leibniz, Herbart) behauptet — denn in der bloßen Wahrheitserkenntnis liegt nicht des Menschen' höchstes Ziel, — noch das ästhetische Gefühl allein, wie der moderne **Ästhetizismus** geltend macht, sondern Vernunft und Wille, harmonisch verbunden miteinander durch das ästhetische Gefühl, bilden zusammen, als menschliche Trinität, den Kern und Stern unseres Wesens.

Ich stehe also auch beim Problem der Willensfreiheit über den bisher vertretenen extremen Theorien, deren Wahrheitsmomente ich übrigens anerkenne und einheitlich verknüpfe.

IV. Inhalt und Ursprung des Sittengesetzes.

In uns ist nicht nur ein Wollen, sondern auch ein Sollen, nicht nur ein Wissen, sondern auch ein Gewissen. Das Sollen nennt man auch das Sittengesetz, zum Unterschied von dem Naturgesetz, das ein Müssen in sich schließt; und das Gewissen bringt uns das Sittengesetz zum Bewußtsein. Dem Naturgesetz muß man folgen, dem Sittengesetz soll man folgen. Das letztere ist wie das erstere an sich etwas Objektives für uns, aber es soll auch subjektiv werden, und dies ist dann der Fall, wenn wir wollen, was wir sollen, und dann sind wir sittlich.

Man hat nun die Frage aufgeworfen: ob es nur ein oder mehrere Sittengesetze gebe. Auch darauf wurden zwei konträre Antworten gegeben: die einen behaupten nur eins, die anderen verschiedene Sittengesetze. Beide haben recht, aber nur relativ, nur teilweise. Prinzipiell gibt es im allgemeinen nur ein Sittengesetz, ähnlich wie es prinzipiell nur ein Denkgesetz gibt: das Gesetz der Identität. Wie jedoch aus diesem einen Grunddenkgesetz andere Denkgesetze hervorgehen, wie z. B. das Gesetz des Widerspruches, der Kausalität, der Substanzialität, so ergeben sich auch aus dem einen prinzipiellen Sittengesetz in concreto verschiedene andere.

Wie ferner alle zum Gebrauch der Vernunft gelangte Menschen in dem einen prinzipiellen Denkgesetz: A = A, „jedes Ding ist sich selbst gleich", übereinstimmen: so stimmen auch alle in dem allgemeinen prinzipiellen Sittengesetz überein. Und wie alle in der Ableitung und konkreten Anwendung der einzelnen Denkgesetze je nach ihrer Geistesentwicklung und aktuellen Geistesverfassung mehr oder minder voneinander abweichen, so tun sie es auch infolge derselben Bedingungen in der Ableitung und konkreten Anwendung der einzelnen Sittengesetze. Und so kommt die Verschiedenheit der sittlichen Anschauungen und Werturteile bei den verschiedenen Menschen und Völkern trotz der prinzipiellen Einheit des allgemeinen Sittengesetzes in jedem.

Da fragt es sich nun: Welches ist dieses allgemeine Sittengesetz, das allen anderen zugrunde liegt?

Dasselbe wurde schon verschieden formuliert: bald bloß formal, bald material, bald umfassender, bald enger, bald beſtimmter, bald unbeſtimmter; aber im Grunde ſtimmt man doch im allgemeinen in der Forderung überein: tue ſtets nach Kräften das Rechte! Dieſes Prinzip wird jeder vernünftige Menſch als praktiſches Poſtulat·ſeines Innern anerkennen.

Aber worin beſteht das Rechte, wenigſtens in der Haupt= ſache? That is the question.

Auch zwecks Beantwortung dieſer Frage wurden bisher verſchiedene Anſichten geltend gemacht, die ſich auf zwei einander entgegengeſetzte Theorien reduzieren laſſen: auf den **Egoismus**[1]) und den **Altruismus.** Der wiſſen= ſchaftliche Egoismus beſteht in der Lehre, daß man vor allem und hauptſächlich, wenn nicht ausſchließlich, für ſich leben, ſich in allen ſeinen Anlagen entwickeln, ſich aus= wirken und in der Welt zur Geltung bringen ſolle; die Förderung und Beglückung des eigenen Jchs bilde die Hauptaufgabe unſeres Strebens, alles andere müſſe für uns pure Nebenſache, ja nichtig ſein.

Das gerade Gegenteil lehrt der Altruismus. Dieſem zufolge ſoll man vornehmlich, wenn nicht ausſchließlich, den anderen leben; ihr Wohl möglichſt zu fördern und ihr Wehe möglichſt zu lindern, ſei unſere wichtigſte Aufgabe. Ja, wir ſollten gern bereit ſein, wenn die Intereſſen der Mitmenſchen es energiſch verlangten, ſelbſt unſer Liebſtes, ſogar unſer Leben für ſie zu opfern.

Vertreter der erſten Anſchauung waren im Altertum die Cyrenaiker mit Ariſtipp an der Spitze, dem der eigene Genuß, das momentane Vergnügen, die aktuelle Luſt als höchſtes, erſtrebenswertes Gut galt; ferner Epicur und

---

[1]) Hier iſt das Wort Egoismus nicht im engeren, moraliſchen Sinn von Selbſtſucht, ſondern in einem weiteren gebraucht.

seine Schule, und in der Gegenwart ganz besonders M. Stirner und Nietsche. Denn des letzteren „Herrenmoral" ist doch in Wahrheit nichts anderes als die Theorie des extremen ethischen Egoismus. Nach Nietsche nämlich besaßen, wie alle Naturgeschöpfe, besonders die Tiere, auch die Menschen ursprünglich nur den „natürlichen" und gesunden Instinkt, sich selbst zu erhalten, sich selbst zu fördern und zu erhöhen, und dabei rücksichtslos über die gleichen Ansprüche der anderen hinwegzuschreiten. Aber indem so die Starken allein ihr Recht auf Dasein durchzusetzen vermochten und die Schwachen schädigten, unterdrückten oder ganz ver= nichteten, so rafften sich die letzteren schließlich auf, um durch die List des Geistes diejenige Stärke zu erlangen, welche sie von Natur nicht besaßen, und zu diesem Zwecke stellten sie die Sache auf den Kopf: sie erklärten die Schwäche als ein menschliches Ideal, priesen die Unterwürfigkeit, die Demut, den Gehorsam als hohe Tugenden, kurz, sie setzten an die Stelle der ursprünglichen bisher herrschenden „Herren= moral" die „Sklavenmoral". Und so entstand eine Um= kehrung aller sittlichen Werte, und zwar zunächst im alten Judentum, dann insbesondere aber durch Christus und seine Religion. Aber diese „Sklavenmoral" ist nach Nietsche die schlechtere, die minderwertige, die nur für die Schwachen paßt; für die starken, die kraftvollen Naturen habe nur die „Herrenmoral" Geltung, und diese müsse wieder zur Herrschaft gelangen, damit das Ziel der menschlichen Ent= wicklung: die Höherzüchtung des Typus „Mensch" erreicht werden könne; sonst gehe die Kultur rückwärts, statt vor= wärts. —

Das gerade entgegengesetzte ethische Prinzip vertritt in der Gegenwart Tolstoi, der als der entschiedenste Re= präsentant des Altruismus erscheint. Ihm ist das Leben

und Wirken für die anderen, die Nebenmenschen das wich=
tigste, die volle Hingabe und Selbstaufopferung für ihr
Wohl unsere höchste Aufgabe; wir sollen uns selbst berauben,
um anderen zu geben, uns selbst schwächen, um andere zu
stärken, uns selbst demütigen, um andere zu erhöhen, über=
haupt unsere eigene Individualität auf den Opferaltar
legen — um des Nächsten willen.

Welche nun von diesen beiden einander entgegengesetzten
ethischen Grundanschauungen ist im Rechte? Darauf er=
widere ich: sie haben beide recht und beide unrecht. Recht
haben sie, aber nur relativ, nur teilweise; unrecht dagegen,
insofern sie ihre Prinzipien in extremer und einseitiger Weise
geltendmachen. Der Egoismus betrachtet den Menschen
als individuelles Einzelwesen und zieht daraus seine Schlüsse.
Diese Theorie hätte ganz recht, wenn der Mensch wirklich
n u r ein individuelles Einzelwesen wäre, da er aber tat=
sächlich mehr als ein solches ist, nämlich auch ein soziales oder
Gesellschaftswesen, indem er für sich allein nicht existieren
kann, sondern mit tausend Fäden an andere geknüpft ist,
so hat diese Theorie unrecht, weil sie diese wichtige, wesent=
liche Seite im menschlichen Leben übersieht. Der Altruismus
dagegen tut das letztere nicht, sondern erfaßt den Menschen
speziell von diesem Gesichtspunkte als soziales Wesen und
macht daraus seine Folgerungen. Darin hat er recht. Da
er aber den Menschen als I n d i v i d u a l w e s e n zu wenig
berücksichtigt, gerät auch er ins Unrecht. Denn ich kann
den anderen nur ersprießlich nützlich mich erweisen, wenn ich
gehörig leistungsfähig bin, und ich kann dies letztere nur
dann sein, wenn ich meine Individualität kräftig ent=
wickelt habe.

Der Mensch ist also in Wahrheit beides zumal. In=
dividual= oder Einzelwesen und Gesellschaftswesen, und

darum muß auch seine ethische Aufgabe eine zweifache sein. Als Einzelwesen soll er seine guten Anlagen mit Bewußt= sein und Freiheit soviel als möglich entwickeln, ausbilden und im Leben zu entsprechenden Leistungen anwenden — ähnlich wie dieses die Naturdinge unbewußt und mit Notwendigkeit tun. Diesen Gedanken drückt S ch i l l e r schön in den Worten aus:

Siehst du das Höchste, das Beste?
Die Pflanze kann es dich lehren.
Was sie willenlos ist, sei du wollend, das ist's.

Als soziales oder Gesellschaftswesen aber soll er auch nach Kräften für die Interessen seiner Mitmenschen wirken, besonders für diejenigen, zu denen er in näherer Beziehung steht: ihr Wohl zu fördern und ihr Wehe zu mildern suchen. Kurz, unsere sittliche Hauptaufgabe soll sein: möglichst große Selbstkultur und Weltkultur zu pflegen und dadurch sowohl unsere als der Mensch= heit Wohlfahrt zu steigern. Ja, nicht nur der Menschheit, sondern auch der übrigen Wesen; denn wir stehen nicht nur mit der ersteren, sondern auch mit den letzteren in näherer oder entfernterer Beziehung, empfangen von ihnen gute Anregungen und haben von ihnen große Vorteile. Darum haben wir auch gegen sie entsprechende Verpflich= tungen. Deshalb muß mit der Individual=Ethik die Sozial= Ethik, ja die Universal=Ethik verbunden werden. Wir sollen nicht nur unsere eigene Persönlichkeit möglichst ent= wickeln, sondern auch mit derselben allen anderen Wesen, mit denen wir in Beziehung stehen, dienen.

Folglich auch dem höchsten Wesen: dem absoluten Sein oder Gott, von dem wir prinzipiell abhängig sind. Ihn sollen wir deshalb verehrungsvoll anerkennen und ihm aus Dankbarkeit freiwillig uns hingeben. Und da man den Dienst des Allerhöchsten oder die freie Hingabe an Gott Religiosität oder Frömmigkeit nennt, so ergibt sich diese als eine sittliche Pflicht. Darum sagt Goethe in seinem Schwanengesang, der Marienbader Elegie, mit der er von der irdischen Liebe Abschied nahm, um sich der ewigen zu widmen:

In unsres Busens Reine wogt ein Streben,
Sich einem Höhern, Reinen, Unbekannten
Aus Dankbarkeit freiwillig hinzugeben.
Wir heißen's: fromm sein.

Ja, die Frömmigkeit oder die Religiosität, d. h. die freie Hingabe an das höchste Sein und erhabenste Ideal folgt aus unserem besseren Wesen als die Krone unserer ethischen Verpflichtungen. Darum kann es keine normal entwickelten Menschen geben ohne sie, und wo sie nicht ist, da ist ein wesentlicher, arger Defekt. Alle wahrhaft großen und voll entwickelten Persönlichkeiten waren daher tief religiös[1]). Darum betont auch Carlyle mit Recht: „Die Religion eines Menschen ist das Wichtigste, was an ihm in Betracht kommt"[2]). Und ich sage: ein Mensch, der keine Religion hat, ist nur ein Menschen=Fragment, ebenso wie einer, der kein Gewissen, keine Sittlichkeit hat.

Ich stehe also dem Gesagten zufolge auch in der ethischen Grundfrage über den beiden bisher geltend gemachten einander entgegengesetzten einseitigen Theorien des Egoismus und des Altruismus. Dieselben bilden keinen absoluten, sondern nur einen relativen Gegensatz und lassen sich harmonisch vereinigen. Denn das Ego oder Ich und das

[1]) Rücksichtlich Napoleons I. und Goethes habe ich dies eingehend in meinen beiden letzten Büchern nachgewiesen.
[2]) Carlyle, a. a. O. S. 250.

Alter oder Du sind nicht völlig. voneinander zu scheiden, da es kein Ich gibt ohne Du, und kein Du ohne Ich; beide sind im Grundwesen eins[1]).

Darum enthält auch das buddhistische Haupt= prinzip: tat wam asi („Du bist Ich"), eine tiefe Wahr= heit, den innersten Grund für die Nächsten=, ja, für die all= gemeine Wesenliebe. Wenn ich daher in meinem Streben und Handeln nicht nur auf die bloß individuellen, sondern auch auf die wesentlichen Bedürfnisse meines Innern achte und denselben zu entsprechen suche, komme ich mit den wesentlichen Bedürfnissen meines Nächsten nicht in Konflikt, da unser beiderseitiges Wesen im Grunde über= einstimmt.

Was nun den Ursprung des Sittengesetzes anlangt, so wurden auch in dieser Beziehung zwei konträre Theorien aufgestellt: die der **Heteronomie** und die der **Autonomie**. Man spricht deshalb bekanntlich von einer heteronomen und einer autonomen Morallehre oder Ethik.

Die erstere Ansicht leitet das Sittengesetz von einer äußeren Autorität ab: die einen von Gott, die anderen von der Kirche oder vom Staate, wie z. B. Hobbes, der seinem absolutistisch gedachten Staate die Befugnis zuspricht, die Art und Richtung des menschlichen Handelns zu bestimmen[2]).

---

[1]) In dieser Beziehung bemerkt daher M. Kronenberg mit Recht: „Das reine Ego ist eine Fiktion und der reine Egoismus eine Utopie. Aber eine solche Utopie ist auch der reine Altruismus. Er scheitert ebenso an der Tatsache der Individualität, wie jener an der Tatsache des sozialen Lebens." Ethische Präludien; C. J. Beck. München 1905. S. 205.

[2]) Doch erkennt Hobbes daneben auch ein natürliches Sitten= gesetz und die Gebote Gottes an, aber wegen ihrer Abhängigkeit von individuellen Deutungen sollen sie nicht die gleiche Allgemeingültigkeit und Gewalt besitzen wie die Gesetze des Staates. Einen ähnlichen

Die zweite Ansicht dagegen erblickt den Ursprung des Sittengesetzes oder der sittlichen Verpflichtungen für gewisse Handlungen in dem menschlichen Wesen selbst: die einen, wie z. B. besonders Kant, in der praktischen Vernunft mit ihrem kategorischen Imperativ, die anderen, wie Nietzsche, in den menschlichen Instinkten oder Naturtrieben, welche sich ihm zufolge auf einen einzigen Grundinstinkt, auf den „Willen zur Macht" zurückführen lassen. Wenn der Mensch, sagt Nietzsche, z. B. nach Tugend, Wahrheit oder Kunst strebt, so tut er dies nur infolge eines Naturtriebes, welcher ihn, um sich zu befriedigen, zu gewissen Handlungen treibt, und der tiefste, urkräftigste Beweggrund hierzu ist der Wille zur Macht. So ist nach Nietzsche auch die Moral, die man vielfach als göttliche Offenbarung ansieht, in Wirklichkeit nur eine „Menschenerfindung", um einen bestimmten Instinkt zu befriedigen. Demnach sind die Instinkte, wie bei den übrigen Wesen, so auch beim Menschen die Hauptsache [1]).

Welche von diesen beiden ethischen Theorien hat nun recht?

Darauf erwidere ich: beide enthalten Wahrheit und beide Irrtum. Das letztere ist der Fall, wenn sich jede von ihnen einseitig und ausschließlich geltend macht. Die Moral beruht allerdings auf der wahrhaften Natur des Menschen, und zwar auf seiner geistigen Natur. Denn die allgemeinen Sittengesetze sind uns, ebenso wie die Denkgesetze, angeboren, d. h. sie sind der Anlage nach in unserem Wesen enthalten, gehören also zu unserem Autos, zu unserem

Standpunkt hat in neuester Zeit auch J. H. v. Kirchmann († 1884) eingenommen. Vgl. O. Külpe, Einleitung in die Philosophie. 2. Aufl. 1898. S. 227.

[1]) Nietzsche, Zarathustra. Werke VI, 85 f. — Vgl. mein Buch: Friedr. Nietzsche. Regensburg. 2. Aufl. 1906. S. 157.

Selbst. Aber gerade deshalb ist die Moral nicht, wie Nietzsche meint, eine bloße „menschliche Erfindung", wie z. B. der Telegraph, also etwas uns an sich Äußerliches, Fremdes, sondern im Gegenteil, weil sie eben in unserer geistigen Natur wurzelt, bildet sie ein Grundelement unseres Wesens. Insofern ist die Lehre von der Autonomie des Sittengesetzes berechtigt. Ja, alle Gesetze, die nicht in unserem sittlichen, vernünftigen Wesen begründet sind und daher unser Gewissen nicht berühren, sondern uns bloß von außen her gegeben werden, haben für uns keine mora=lische Verpflichtung, so wenig, als etwas für uns schön ist oder eine ästhetische Bedeutung hat, wenn es auch äußer=lich noch so schön sein mag, falls es nicht unserem inneren ästhetischen Gefühl entspricht. Denn das bloße Äußere hat für uns kein Interesse und keinen Wert, wenn es uns nicht im Innern ergreift: sei es im Intellekt, sei es im Gefühl oder im Gewissen.

Da aber unser Wesen, weil relativ, wie alle anderen bedingten Wesenheiten, prinzipiell vom absoluten Wesen, von Gott herstammt, so ist auch das in ihm liegende Sitten=gesetz und die darauf beruhende Moral zugleich göttlichen Ursprungs oder eine „göttliche Offenbarung", wie es auch die physischen Naturgesetze sind.

Auf diese Weise lassen sich also meines Erachtens die beiden bisher in der Ethik diametral entgegengesetzten Standpunkte der autonomen und heteronomen Moral recht wohl miteinander versöhnen und vereinbaren. Ja, beide haben dem Erörterten zufolge recht: die Moral beruht auf der menschlichen Natur, und sie beruht zugleich auf dem göttlichen Gesetz. Ich stehe also auch in dieser Frage über den beiden einander widerstreitenden Parteien und vereinige sie in einer höheren Einheit.

○▭○

V. Der Weg zum Glück.
(Lebensphilosophie.)

Welches ist der innerste und tiefste Grund für all unser Streben, Wollen und Tun? Was anders als unser und der unsrigen, d. h. derjenigen, zu denen wir in sympathischer Beziehung stehen, Wohlergehen und Glück? Darin stimmen alle empfindenden Wesen, insbesondere die Menschen, ohne Ausnahme überein: sie wollen alle glücklich sein und lieben stets das, was sie beglückt, hassen dagegen und fliehen möglichst das, was sie unglücklich macht. Das ist eine un= bestreitbare Tatsache.

Also nicht das bloße Pflichtgefühl, wie Kant meinte, auch nicht lediglich der Wille Gottes, wie die Theologen gewöhnlich behaupten, noch weniger der „Wille zur Macht", wie Nietzsche glaubte, ist das ursprünglichste, stärkste und allgemeinste Motiv für unsere Willensakte und Handlungen, sondern der unausrottbare Naturtrieb nach Wohl und Glück, welcher der Trieb aller Triebe, der Urtrieb ist. Und wenn wir auch aus Pflichtgefühl handeln, oder um den Willen Gottes zu erfüllen, oder um uns Macht zu erwerben, oder aus sonst einem Grunde, so tun wir es doch immer nur deshalb, weil wir glauben, daß dies zu unserem Wohle sei; denn wenn wir fest vom Gegenteil überzeugt sind, dann tun wir es freiwillig nicht, auch wenn man uns hundert= mal sagt, daß es unsere Pflicht oder der Wille Gottes oder das Gesetz irgendeiner Autorität sei. Darum hat der **Eudämonismus** recht, der behauptet, daß das Verlangen nach Glück der tiefste Grund, und der Besitz des Glückes das höchste Ziel unseres Strebens, Wirkens und Handelns sei.

Aber worin besteht das Glück, nach dem wir uns alle sehnen, seinem Wesen nach?

Die kürzeste und doch zugleich zutreffendste Antwort
hierauf lautet: in der Zufriedenheit. Denn wer zu=
frieden ist, ist glücklich, auch wenn er wenig Güter besitzt,
und wer unzufrieden ist, ist unglücklich, auch wenn er sehr
viele hat.

Aber wann sind wir zufrieden? Gewiß, wenn unsere
Bedürfnisse befriedigt sind. Solange wir jedoch unbefriedigte
und darum quälende Bedürfnisse haben, sind wir unzufrieden
und damit unglücklich. Freilich kann die Befriedigung
verschiedene Grade haben: sie kann einfach, stark und sehr
stark sein. In den beiden letzten Fällen nennt man sie
Freude und Fröhlichkeit, auch Heiterkeit.

Doch nicht nur dem Grade nach ist die Befriedigung
verschieden, sondern auch der Art nach; denn wir haben
unserer Doppelnatur entsprechend mannigfache Bedürfnisse:
niedere und höhere, sinnliche und übersinnliche, körperliche
und geistige. Die letztere Klasse ist natürlich der ersteren
übergeordnet.

Es fragt sich nun: besitzen die Menschen im allgemeinen
auch die Mittel, ihre verschiedenen, naturgemäßen Bedürf=
nisse zu befriedigen und damit das Glück, nach dem sie
streben, zu erlangen?

Auch auf diese Frage wurden bisher zwei entgegen=
gesetzte Antworten gegeben: die einen bejahen, die anderen
verneinen sie schlechtweg. Die ersteren sind die **Optimisten,**
die zweiten die **Pessimisten.** Der Optimismus ist jene
Weltanschauung, dergemäß die Welt so herrlich ist, daß
jeder darin glücklich sein kann, indem sie viel mehr Lust
und Freude als Unlust und Schmerz bietet. Seine Devise
ist daher: „die Welt ist so schön, man muß sie nur ver=
stehen".

Der Pessimismus dagegen behauptet das gerade Gegen=

teil: die Welt ist so schlecht und elend, so voll Mängel, Schmerz und Übel, daß es unmöglich ist, in ihr das Glück zu finden. Als seine Devise kann man das letzte Wort Buddhas betrachten: „Alles ist eitel!" Deshalb ist Nirwana oder das Vergehen in nichts das Beste. Darum verwünscht der Tragiker Sophokles in seinem Ödipus auf Colonos schon die Geburt:

Nicht geboren zu sein, o Mensch,
Ist das höchste, das beste Los;
Doch, wofern du das Licht erblickt,
Acht' als zweites, dahinzugehn
Wieder, von wannen du kamst, in Bälde.

Ähnlich Lord Byron, dem, wie einem zweiten Prometheus, der Geier des Weltschmerzes ohne Unterlaß die arme Brust zerfleischte. Der große Märtyrer der Poesie haschte beständig nach den goldenen Äpfeln des Glückes, und immer entwichen sie seinen Händen. Ein stürmisches Meer, auf dessen Grund Ungeheuer und kostbare Perlen zugleich ruhen — ein wallender, kochender Vulkan — ein zerrissenes, blutendes Herz — irrt der Dichter friede= und freudeleer durchs Leben, das jammernde Dasein verwünschend:

Count o'er the joys thine hours have seen,
Count o'er thy days from anguish free,
And know, whatever thou hast been,
Tis something better not to be[1].

Desgleichen in der neueren Zeit besonders Schopenhauer, nach dem „die Welt die schlechteste unter allen

---

[1] Die Freuden zähle deiner Stunden,
Die Tage zähle, frei von Pein,
Und wisse, was du auch gefunden,
Es ist doch besser, nicht zu sein.

möglichen ist; sie ist nur so eingerichtet, wie sie sein mußte, um mit genauer Not bestehen zu können; wäre sie aber noch ein wenig schlechter, so könnte sie schon nicht mehr bestehen". [1])

In Schopenhauers Fußstapfen folgte E. v. Hartmann.

Wie steht es nun mit dem Wahrheitsgehalt dieser beiden einander widersprechenden Theorien des Optimismus und Pessimismus?

Darauf erwidere ich: beide sind einseitige, übertriebene und darum unwahre Auffassungen des Lebens und der Welt, wenn sie auch beide etwas Wahres an sich haben. Die Welt hat unstreitig sehr viel Gutes und Angenehmes in sich — das ist die Wahrheit des Optimismus. Die Welt birgt aber auch sehr viel Schlimmes und Unangenehmes in ihrem Schoße — das ist die Wahrheit des Pessimismus. Aber falsch ist die Meinung des Optimismus, daß uns die Welt durch ihre vielen Güter wahrhaft glücklich machen könne, und ebenso falsch ist die Ansicht des Pessimismus, daß wir durch ihre vielen Mängel und Übel nicht glücklich werden könnten.

Ich sage: unser Glück ist nicht nur durch die Welt oder objektiv, sondern noch viel mehr durch uns selbst oder sub= jektiv bedingt. Wir müssen uns selbst unsere Glückstempel bauen, die Welt hat uns nur das Material hierzu zu liefern. Aber dieses Material müssen wir erst nach unseren Zwecken und Interessen bearbeiten. Ja, wir müssen uns selbst hauptsächlich glücklich machen, indem wir uns selbst und die Welt, d. h. unsere äußeren Lebensverhältnisse, soweit sie mangelhaft sind, mehr und mehr verbessern. Ich setze also an die Stelle des einseitigen und übertriebenen

---

[1]) Schopenhauer, Die Welt als Wille und Vorstellung. 3. Aufl. Bd. II. S. 667.

Optimismus und Pessimismus den **progressiven Melio=
rismus.** Die Welt ist so beschaffen, daß wir in ihr
relativ glücklich werden können, wenn wir vernünftig und
ernstlich wollen. Freilich, ein absolutes oder vollkommenes
Glück ist uns hienieden nicht beschieden, da weder wir selbst
noch die Welt und ihre Güter absolut und vollkommen
sind. Wir müssen uns daher mit einem relativen, teilweisen
Glück begnügen, wie es unserer Natur entspricht; aber
wir können und sollen dasselbe mehr und mehr steigern
und vervollkommnen. Und wie das möglich ist, soll uns
eben die Lebensphilosophie lehren.

Sokrates hatte bekanntlich als oberstes Lebensprinzip
den Satz aufgestellt: „Erkenne dich selbst!" d. h. erfasse
dein wahres Wesen und seine tiefsten echten Bedürfnisse.
Dieses Prinzip ist nicht falsch, aber einseitig und darum
ungenügend. Ich ergänze es deshalb folgendermaßen:
erkenne dich selbst — erfasse dein wahres Wesen und seine
tiefsten echten Bedürfnisse, seine Anlagen und Kräfte, seine
Mängel und Vorzüge — erkenne aber auch möglichst die
Welt, in der und mit der du leben mußt; und erkenne
nicht nur beides, sondern betätige dich auch dement=
sprechend, d. h. nach Maßgabe deiner Selbst= und Welt=
erkenntnis: entwickle möglichst deine guten Anlagen, und
wirke energisch aus deine Kräfte, überwinde deine Mängel
und veredle immer mehr deinen Charakter, und dabei setze
dich stets ins rechte Verhältnis zu den übrigen Wesen, mit
denen du in Beziehung stehst, füge keinem mit Wissen und
Willen ein Unrecht zu, sondern sei gegen alle rücksichtsvoll
und gütig, dann wirst du deine Lebensaufgabe gut erfüllen
und dich und andere glücklich machen. Ja, das erachte
ich als die Quintessenz der Lebensweisheit, alles andere ist
nur Detaillierung des Gesagten und Folgerung daraus.

236

Vor allem: 1. muß man, wenn man glücklich
leben will, regelmäßig, seinen Kräften ange=
messen und nützlich tätig sein.

Denn leben heißt: aus sich heraus tätig sein, sterben
dagegen: die Tätigkeit ganz einstellen. Je mehr ein Wesen
tätig ist, desto mehr lebt es, je weniger es wirkt, desto
näher ist es dem Tode. Darum ist für jedes Lebewesen,
insbesondere für das höchste in der Welt, für den Menschen,
die aus seiner Natur quellende und ihr entsprechende Tätig=
keit ein Grundgesetz seines Seins und die erste Haupt=
bedingung für seine Wohlfahrt und sein Glück. Da aber
gerade diese Grundbedingung von so vielen unserer Zeit
nicht oder nur wenig erfüllt wird, indem ihre oberste
Lebensregel das bloße Genießen und dolce far niente ist,
so vereiteln sie selbst ihr Glück, indem sie sich sowohl der
Langeweile preisgeben, die auch eine große Plage ist, als
auch das drückende Bewußtsein in sich erzeugen, daß sie
eigentlich zu nichts da sind, da sie nichts Ordentliches im
Leben leisten. In der Tat sind die meisten Menschen selbst
schuld, wenn sie unglücklich sind; denn würden sie von
Jugend auf dem in Rede stehenden Lebensgrundsatze ge=
folgt sein, so würden sie sicher auch besser in der Welt sich
befinden.

Es fragt sich nun im einzelnen: nach welchen Rich=
tungen sollen wir unsere Kräfte betätigen, um unser Glück
zu begründen?

Darauf ist zu erwidern: wir müssen hauptsächlich dahin
wirken, daß wir unsere berechtigten Bedürfnisse befriedigen.
Das ergibt sich aus dem allgemeinen Wesen des Glückes.
Denn besteht dasselbe, wie wir gehört haben, in der Zu=
friedenheit, diese aber in der Befriedigung seiner berech=
tigten Bedürfnisse, dann muß offenbar unsere Tätigkeit

vornehmlich auf diese Befriedigung gerichtet sein. Unsere
Bedürfnisse aber sind unserer Natur gemäß körperliche und
geistige. Da sie mehr oder minder lebhaft drängen, heißt
man sie auch Triebe. Dieselben sind entweder von vorn=
herein in unserer Natur gelegen und darum uns angeboren,
dann nennt man sie Instinkte, oder von uns angenommen,
erworben, dann heißt man sie Gewohnheiten.

Zunächst heischen nun unsere körperlichen Natur=
triebe, von denen der Selbsterhaltungstrieb, der
auf die Erhaltung des Individuums, und der Geschlechts=
trieb, der auf die Erhaltung der Gattung gerichtet ist,
an der Spitze stehen, Befriedigung. Darum sehen wir die
Haupttätigkeit der Menschen vornehmlich auf die Be=
friedigung dieser beiden körperlichen Grundtriebe hinge=
wendet. „Was werden wir essen, was werden wir trinken,
womit werden wir uns kleiden, wo werden wir wohnen,
wen werden wir heiraten?" Das sind die gewöhnlichsten
und stärksten Sorgen und Interessen der Leute.

Aber sie sind keineswegs die höchsten und allein
maßgebenden; denn höher als sie stehen unstreitig im
Werte die geistigen Bedürfnisse oder Triebe, die freilich
bei den verschiedenen Menschen nicht nur der Art, sondern
auch dem Grade nach sehr verschieden sind.

Die wesentlichen geistigen Bedürfnisse, die allen
Menschen mehr oder weniger von Natur zukommen, sind
folgende:

Erstens der Erkenntnistrieb oder das Streben nach
Wahrheit. Das ist der Trieb unseres Intellektes. Derselbe
regt sich schon früh beim Menschen. Denn kaum ist das
geistige Leben etwas erwacht, zeigt er sich schon bei den
Kindern in ihrer großen Wißbegierde, weshalb sie so viele
Fragen an die Erwachsenen stellen. Und bei den letzteren

selbst setzt er sich auf den unteren Stufen der Kultur fort in der immer regen Neugierde, und auf den höheren Bildungsstufen im Studium der Wissenschaften, bis er seinen Gipfelpunkt erreicht in der selbständigen Erforschung der Wahrheit und in der Produktion und Entdeckung immer neuer Gedanken und Tatsachen. Das letztere gewährt uns das höchste intellektuelle Glück und ist zugleich das beste Mittel, uns im Alter jung zu erhalten. Denn das Neue, das wir im Geiste finden, regt uns an, erfreut uns und macht uns gleichfalls neu. Das Alte aber, das wir immer in uns herumtragen, macht uns schlaff und selber alt. „Willst du immer jung bleiben", bemerkt darum R. W. Trine, „und den Frohsinn und das Über= quellende der Jugend in deine reiferen Jahre mitnehmen, dann achte auf eins: wie du in deiner Gedankenwelt lebst. Dadurch wird alles andere bestimmt. Gautama, der in= spirierte Buddha, hat gesagt: der Geist ist alles; was du denkst, das wirst du".[1] Das ist wohl nicht ganz richtig, aber es liegt viel Wahrheit darin. Ich sage: der Geist ist zwar nicht alles, aber die Hauptsache.

Daher kommt es auch, daß die großen, produktiven Geister meistens ein hohes Alter erlangten, weil sie immer neue Aufschwünge in ihren Gedanken nahmen und dadurch sich stets selbst erneuert und verjüngt haben, während die Kleingeister in ihrer täglichen Tretmühle des Gedankens, in ihrem „ewigen Einerlei" mehr und mehr versumpfen und bald verwelken. Daher auch der merkwürdige Spruch: „Ein Lohn der Philosophie ist ein langes Leben", und ich setze hinzu: auch ein zufriedenes, glückliches Leben, voraus=

---

[1] R W. Trine, In Harmonie mit dem Unendlichen. Deutsche Ausgabe v. M. Christlieb. Stuttgart, Engelhorn 1905. S. 77.

geſetzt, daß die Philoſophie echt und keine bloße Schein=
weisheit iſt.

Das zweite geiſtige Bedürfnis, das in unſerem Weſen
begründet iſt, iſt der moraliſche Trieb oder das Streben,
etwas Gutes, Tüchtiges zu leiſten. Das iſt der Trieb unſeres
Willens. Der letztere will eigentlich immer etwas Gutes,
entweder ein wahrhaft oder doch vermeintlich Gutes. Und
wenn wir ein wirklich gutes Werk vollbracht haben, ſo
macht uns das jedesmal Freude und beglückt uns, wenn
es von Bedeutung war, wie umgekehrt, wenn wir unrecht
gehandelt haben, das Schuldbewußtſein uns unglücklich
macht. Darum iſt das gute Gewiſſen eine notwendige Be=
dingung unſeres Glückes, und treue Pflichterfüllung oder
gar das Hinausgehen über den ſtrengen Pflichtenkreis und
das Wirken des Guten, auch wo es nicht geboten iſt, er=
höht unſer Glück. Das höchſte moraliſche Glück genießen
die Tugendhelden, die das Gute in eminenter Weiſe üben.

Das dritte geiſtige Bedürfnis unſeres Weſens iſt der
äſthetiſche Trieb. Derſelbe wird befriedigt ſowohl durch
die Produktion, als durch den Genuß des Schönen, ſei es
in der Natur, ſei es in der Kunſt, und iſt begründet in
unſerem Gefühl, das nur durch das Innewerden der Har=
monie angenehm berührt, dagegen durch Disharmonie ver=
letzt wird. Auch dieſer Trieb iſt ſowohl der Art als der
Stärke nach bei den verſchiedenen Menſchen ſehr verſchieden.
Am meiſten iſt er bei dem echten, genialen Künſtler vor=
handen, der durch ihn nicht nur zum intenſiven Genuß,
ſondern noch mehr zur ſelbſtändigen Schöpfung des Schönen
gedrängt wird. Die volle Befriedigung dieſes Triebes ge=
währt ihm das höchſte äſthetiſche Glück.

Die drei bisher behandelten, dem Menſchengeiſte weſent=
lichen Triebe: der intellektuelle, der moraliſche und der

ästhetische Trieb entsprechen den drei großen Ideen des Wahren, Guten und Schönen, die für uns die erhabenen Ideale des Lebens bilden. Ja, die Wahrheit immer mehr zu erkennen, das Gute immer mehr zu üben und das Schöne immer mehr zu pflegen — das soll das dreifache Hauptziel unseres Strebens· sein, da dieses den Bedürfnissen unserer geistigen Natur entspricht. Und je energischer wir dieses Ziel ver= folgen, um so fester und sicherer begründen wir dadurch unser wahres Glück; denn um so mehr befriedigen wir dadurch unser geistiges Wesen.

Doch all das ist vielfach abhängig von unserer körper= lichen Beschaffenheit, der Grundlage für unser irdisches Sein und Wirken.

Darum füge ich als zweite Maxime hinzu: pflege sorgfältig und beharrlich deine Gesundheit. Ist dieselbe doch die Voraussetzung nicht nur für ein tüchtiges körperliches, sondern auch für ein gedeihliches seelisch=geistiges Arbeiten und eine Hauptbedingung für unser Glück hienieden. Denn man kann mit Recht sagen: ohne Gesundheit gibt es kein volles Glück auf Erden.

Ich kenne wohl solche, die schon viele Jahre lang krank sind und sich schon längst, besonders infolge ihrer tiefen Religiosität, in ihr Schicksal gefügt haben. Sie sind deshalb zwar nicht unglücklich, aber auch nicht wahrhaft glücklich, denn mit der Gesundheit fehlt ihnen immer etwas Wichtiges. Darum ist sie als ein hohes Gut zu schätzen und sorgfältig zu bewahren.

Die Bedingungen nun zur Erhaltung der Gesundheit sind kurz folgende.

a. Physikalische Bedingungen.

Vor allem Aufenthalt in reiner, sauerstoffhaltiger Luft und kräftiges Ein= und Ausatmen derselben; sonst wird das Blut schlecht und damit der ganze Körper. Besonders möglichst Vermeidung von kleinen Schlafzimmern und aus= giebige Lüftung derselben.

Ferner genieße man reichlich das herrliche Sonnen = licht! Denn wie dieses in der äußeren Natur der Haupt= faktor des vegetabilischen und animalischen Lebens ist, so auch beim Menschen. Darum kommen jetzt immer mehr die Sonnenbäder in Gebrauch. Fort also mit der altmodischen Sonnenscheu! Denn die Sonne ist unsere beste Freundin in der Natur und die Hauptfeindin der Krankheit erregenden Bazillen.

Sodann verachte man keineswegs das natürliche Wasser! Es ist das besondere Verdienst des Prälaten Kneipp, in unserer Zeit dasselbe wieder als einen Haupt= gesundheitsfaktor hervorgehoben und angewandt zu haben. Seitdem fängt man bei uns wieder an, den hohen Wert des Wassers mehr zu schätzen. Die Japaner haben das schon längst getan, und man schreibt in unseren Tagen so= gar ihre auffallende körperliche Leistungsfähigkeit, die sie im letzten Kriege gegen die Russen in sehr bewunderungs= würdiger Weise gezeigt haben, größtenteils ihrem reichlichen Gebrauch von Wasser zu. Sie nehmen nicht nur täglich ein Bad, sondern halten auch das Wasser als Getränk für das wirksamste Mittel zur Erhaltung der Gesundheit und für eine unfehlbare Waffe gegen Krankheiten. Die japanischen Athleten trinken täglich 4¹/₂ Liter Wasser. Es ist interessant, wie diese Anschauung der Japaner begründet wird: Wasser reinigt das Blut wirksamer wie jedes andere Mittel. Äußerlich wird es hauptsächlich in Form örtlicher

Umschläge verschiedener Art und als Reinigungsmittel ge=
braucht. Es ist ein Irrtum, anzunehmen, daß vieles Wasser=
trinken schädlich ist, besteht doch der menschliche Körper
zum großen Teil aus Wasser. Da Lungen, Nieren und
Haut ständig große Mengen Wasser ausscheiden, muß dieser
Verlust durch Aufnahme von 1 ½ Liter Wasser täglich er=
setzt werden; denn sonst verändert sich die normale Struktur
unserer Gewebe und macht sie für den Angriff von Krank=
heiten prädisponiert. Der Japaner sucht durch reichlichen
Wassergenuß die Bildung von Gallen= und Nierensteinen
zu verhindern, ohne seine Zuflucht zu Arzneien nehmen zu
müssen. Gicht und Rheumatismus sind in Japan tatsäch=
lich unbekannte Krankheiten, was man gleichfalls dem
Wassergenuß zuschreibt. Ebenso kennt man in Japan
nicht das bei uns so verbreitete Leiden der Verstopfung,
weil vieles und häufiges Wassertrinken den Magen= und
Darminhalt günstig beeinflußt. Unsere Gewebe und Organe
verlangen nicht nur Wasser, weil sie zum wesentlichen Teile
daraus aufgebaut sind, sondern auch, weil Wasser die Assi=
milationsvorgänge häufiger macht und für eine richtige
Entfernung verbrauchter Massen nötig ist. Die Japaner
übertreffen alle anderen Völker im Verbrauch des Wassers.

b. Physiologische Bedingungen.

Dahin gehört nach den Ergebnissen der gegenwärtigen
Gesundheitsforschung vor allem eine einfache, kräftige
und mäßige Nahrung, die viel mehr aus vegetabili=
schen als aus Fleischspeisen bestehen soll. Der Grundgedanke
des Vegetarianismus ist also richtig. Aber wenn
man ihn ausschließlich geltend macht, wie diese Richtung
es tut, ist er einseitig und entspricht nicht mehr ganz der
Wahrheit. — Einfach soll unsere Nahrung deshalb sein, weil,

je mannigfacher die Speisen sind, die man genießt, sie desto schwerer zu verdauen sind, infolgedessen sie den Organismus mehr belästigen, als sie ihn fördern. Dasselbe gilt auch von dem allzuvielen Essen. Auch in dieser Beziehung sind wieder die Japaner mustergültig, indem sie in der Regel sowohl einfach als mäßig essen, aber kräftige Kost, hauptsächlich Reis. Wie ganz anders wieder die Europäer, besonders in den höheren Ständen! Was muten diese nicht alles ihrem Magen zu, als ob sie wahre Straußenmagen hätten! — Als eines Tages der Baron Rothschild den alten Pfarrer Kneipp fragte: „Sagen Sie mir doch, Herr Prälat, was fehlt mir denn eigentlich?", erwiderte dieser in seiner kurzen, derben Weise: „Nichts als zwei Magen, Herr Baron." Das war treffend.

Wie dem Rothschild, so ergeht es vielen anderen modernen Lebemännern und Lebefrauen. Bei all ihren vielen materiellen Gütern sind sie deshalb Hypochonder, siech und unglücklich.

Ganz besonders unvernünftig aber verfährt man meistens mit dem Gebrauch der Genußmittel, wie Kaffee, Tee, Tabak und der alkoholischen Getränke, und schädigt dadurch sehr seine Gesundheit, statt sie zu fördern. Hauptsächlich ist der Alkoholismus oder der übermäßige Genuß spirituoser Getränke das größte Krebsübel der heutigen Menschheit, speziell in Europa. Ja, wenn man die bezügliche Statistik über den Verbrauch alkoholischer Getränke überblickt, weiß man nicht, worüber man mehr staunen soll: über die kolossale Torheit so vieler Leute bei allem Fortschritt der Intelligenz, oder darüber, daß die Dummheit nicht schon größere Dimensionen angenommen hat; denn daß sie im Alkoholismus einen Hauptnährboden besitzt, ist gar keine Frage.

Doch damit will ich keineswegs dem a b f o l u t e n oder völligen Abstinentismus das Wort reden; denn das wäre auch eine Einseitigkeit, und jede Einseitigkeit ist ein Mangel. Aber der Kampf gegen den übertriebenen Alkoholismus ist sehr zu schätzen, weil der letztere wirklich eine Haupt= quelle vieler Übel ist. Insbesondere muß bei der Erziehung der J u g e n d gegen dieses Grundlaster energisch gewirkt werden, so zwar, daß bei den Kindern bis zu zwölf Jahren auf volle Alkoholenthaltung zu dringen ist, namentlich, um der immer mehr zunehmenden Idiotie und Imbezillität einigermaßen Schranken zu setzen.

Aber auch der viele Kaffee= und Teegenuß ist ein, wenn auch mehr stiller und langsamer, doch gleichfalls ge= fährlicher Zerstörer der Gesundheit, speziell des Nerven= systems. Die schlimmen Folgen dieses Genusses liegen be= reits offen zutage in der außerordentlich weit verbreiteten Nervosität unserer Zeit, die derart grassiert, daß man mit Recht sagen kann: fast jeder Dritte in Europa ist mehr oder minder nervös.

Freilich hat diese moderne Hauptkrankheit — in der Wissenschaft Neurasthenie genannt — auch noch andere Ursachen, z. B. die starke Konkurrenz im heutigen Geschäfts= leben und die dadurch erzeugte geistige und gemütliche Unruhe, Hastigkeit, schwere Sorge und überanstrengte Arbeit im Kampf ums Dasein[1]).

---

[1]) Nicht selten auch das entgegengesetzte Extrem: das ständige Nichtstun und die dadurch hervorgerufene quälende Langeweile. Ja, auch dadurch entsteht häufig Nervosität, besonders in den höheren Gesellschaftsklassen. Kein Wunder; denn „die Nerven brauchen Übung, und jede Überwindung ist ein Sieg, der sie stärkt. Daher ist die Neurasthenie die moderne Strafe der reichen Leute, die die Arbeit nicht nötig zu haben vermeinen und nur das Leben genießen wollen.

Darum bedarf der Mensch, insbesondere der viel ge=
plagte, abgehetzte moderne Mensch, in genügendem Maße
der Erholung. Aber auch in diesem Punkte herrscht oft
großer Unverstand. Worin suchen denn die meisten Leute,
wenigstens bei uns in Deutschland, hauptsächlich ihre Er=
holung? Wie die Erfahrung lehrt, darin, daß sie, besonders
an den Sonn= und Feiertagen, nicht selten aber auch an
den Werktagen, mehrere Stunden lang sich ins Wirtshaus
setzen, tüchtig trinken und ohne Unterlaß rauchen und so
beständig eine verdorbene Luft einatmen, um dann mit
schwerem Kopf um Mitternacht oder noch später nach Hause
zu wanken und sich auf einige Stunden zur Ruhe zu be=
geben. Und auf diese Weise „erholen" sie sich jahrein,
jahraus! —

Andere treiben einen anstrengenden Sport, plagen sich
stundenlang bis aufs äußerste Kraftmaß ab, sei es im
Ringen oder im Schwimmen oder im Rudern oder im
Rennen per Velo oder Auto, oder im Bergkraxeln usw.
Das ist ihre „Erholung". Aber was für eine! Erholung
ist Abspannung, nicht Überspannung seiner Kräfte. Die
Art unserer Erholung soll nicht nur unserem Temperament,
sondern auch unserer Berufstätigkeit angemessen sein, und
zwar soll sie, um auch hier die schädliche Einseitigkeit zu ver=
meiden, sich in einer anderen Richtung bewegen als unsere
gewöhnliche Tätigkeit; denn „Abwechselung gefällt" nicht
nur, sondern ist auch gesund.

In den arbeitenden Klassen ist sie seltener zu finden oder heilbarer
mit einfachen Mitteln. Die Nerven regenerieren sich überhaupt nur
von selbst; es gibt keine künstlichen Mittel, um sie zu erneuern,
sondern nur Unterstützungen der natürlichen Bedingungen ihrer Wieder=
herstellung und Kräftigung". Hilty, Glück; III. Teil, 1900. S. 163.

Der Geistarbeiter soll daher seine Erholung vor=
nehmlich auf dem körperlichen Gebiete suchen, indem er
täglich eine Zeitlang im Freien sich bewegt[1]) oder auch sonstige
Körperübungen macht, sei es durch Turnen zu Hause oder
durch körperliche Arbeiten im Garten u. dgl. So hat z. B.
bekanntlich der englische Premierminister Gladstone bis
in sein hohes Alter hinauf mit seinen Söhnen oft im
Walde Holz gehauen, und ähnliches wird von dem gegen=
wärtigen Präsidenten der Vereinigten Staaten, Roosevelt,
erzählt. — Der Körperarbeiter dagegen möge seine
Erholung vornehmlich auf dem geistigen Gebiete suchen,
wie durch die Lektüre eines guten Buches oder einer be=
lehrenden und unterhaltenden Zeitschrift oder durch den
Genuß der Musik usw. Auf diese Weise wird die erlahmende
Einseitigkeit vermieden — der Grundfehler auf allen Ge=
bieten.

Das gewöhnlichste, natürlichste und beste Erholungs=
mittel aber ist ein genügender gesunder Schlaf.
„Der Schlaf ist für den Menschen, was das Aufziehen für
die Uhr", sagt Schopenhauer treffend. Er ist so wichtig,
daß man mehr der Speisen entbehren kann als seiner.
Darum war der Versuch Friedrichs d. Gr., sich, um noch
mehr arbeiten zu können, den Schlaf abzugewöhnen, un=
vernünftig. Ähnliches probierte auf verschiedene Weise
auch Napoleon I., aber natürlich gleichfalls ohne Er=
folg: auch er mußte der Natur den schuldigen Tribut leisten.

Nun gewöhnte er sich sogar daran, nicht zu spät zu

---

[1]) Dem entspricht auch die Ansicht des großen Feldmarschalls
Moltke, für welchen das Geheimnis der Gesundheit „in einer großen
Mäßigkeit in allen Dingen bei reichlicher Körperbewegung im
Freien" lag.

Bette zu gehen, sondern tat es gewöhnlich nachts um
10 Uhr, da, wie er richtig bemerkte, der Vormitternachts=
schlaf gesünder sei als der nach Mitternacht. Das Richtigste
ist: früh zu Bette gehen, früh aufstehen und sich einer
regelmäßigen, seinen Kräften angemessenen und nützlichen
Tätigkeit und geordneten Lebensweise hingeben. Das
allein erhält gesund und macht glücklich.

Aber die Mehrzahl, besonders in unseren Städten, tut
auch in dieser Beziehung das Gegenteil und muß daher
dafür büßen, indem die meisten davon bald ihre Gesund=
heit untergraben und kein hohes Alter erreichen. Weiser
dachte in dieser Hinsicht Victor Hugo, der auf eine
Wand vom Hautville = Haus folgende Inschrift gravieren
ließ: Lever à six, diner à dix, souper à six, coucher
à dix, fait vivre l'homme dix fois dix[1]).

Ähnlich äußert sich Sir Benjamin Ward Richard=
son: „Derjenige, der hundert Jahre leben will, soll weder
rauchen noch trinken, namentlich letzteres nicht, und sehr
wenig Fleisch essen; er soll frühzeitig aufstehen und so
wenig wie möglich bei künstlichem Licht arbeiten. Ferner
soll er sich nicht anstrengen, um reich zu werden, er soll
sich nicht ärgern und seinen Ehrgeiz bemeistern."

Mit den beiden letzteren Punkten sind wir bereits zu
einer dritten Klasse von Bedingungen zur Erhaltung der
Gesundheit gekommen: das sind

c. Psychische Bedingungen.

Zu denselben gehört vor allem die Gemütsruhe.
Das stoische Lebensprinzip. Denn häufige und heftige

---

[1]) Das heißt: um 6 Uhr aufstehen, um 10 Uhr Mittagessen, um
6 Uhr Abendessen und um 10 Uhr schlafen gehen — macht den Menschen
10 mal 10 leben, also 100 Jahre alt.

Aufregungen, sei es durch Zorn, sei es durch drückende Sorgen und Kummer oder durch Haß, Neid usw. nagen an der Gesundheit und zernagen sie. Glücklich dagegen derjenige, der bei allem den Gleichmut bewahrt.

Ferner gehört dazu eine **ständige Heiterkeit** — das epikuräische Prinzip. Auch dieses ist berechtigt. Denn ein frohes Herz ist identisch mit Glück und die beste Arznei: „Freude macht jung."

Auch selbst in der Krankheit kann und soll man eine gewisse Heiterkeit bewahren, indem man sich oft sagt, daß auch das Schlimme, wenn man es richtig betrachtet und behandelt, einem zum Besten gereicht, und indem man **anderen** Freude zu machen sucht, wozu man nicht selten Gelegenheit hat.

Endlich ist notwendig eine **vernünftige, natur= gemäße, geordnete Lebensweise,** besonders Ver= meidung einer **fortwährenden einseitigen geistigen** Betätigung. Denn diese lähmt die Schwungkraft des Geistes und damit auch des Körpers. Deshalb muß auch in unseren geistigen Arbeiten eine gewisse Abwechselung sein; sonst wird man nicht nur einseitig in der Anschauung der Dinge und Verhältnisse, sondern auch im Leben. Darum war Goethe bis ins hohe Greisenalter außerordentlich frisch, da er so vielseitig in seinem Denken und Arbeiten war.[1]) Der Dichter soll nicht bloß immer Dichter und nichts als Dichter sein, sonst wird er Phantast und ein unpraktischer Mensch. Für ihn ist es daher sehr ratsam, sich neben der Dichtkunst auch mit einer realen Wissenschaft,

---

[1]) Vgl. mein letztes Buch: Goethes Lebens= und Charakterbild. Leipzig, Schmidt und Günther. 1905.

etwa der Weltgeschichte zu befassen[1]) oder einem praktischen Beruf obzuliegen.

Umgekehrt darf der Naturforscher sich nicht ewig nur mit den Körpern abgeben, sonst wird er selber mehr und mehr Körper und Materialist und verliert leicht den Sinn für das Geistige, sondern er muß als Gegengewicht von Zeit zu Zeit auch einen idealen Wissenszweig pflegen, besonders die Philosophie, um nicht einseitig und geistesblind zu werden.

Aber auch der Philosoph darf nicht immer nur Philosoph sein, sonst wird er nach einem Ausdruck Napoleons leicht „Ideolog", vielmehr muß er umgekehrt sich auch realen Wissenschaften widmen, vornehmlich den Natur= wissenschaften und der Geschichte. Auf diese Weise bleibt das geistige Leben elastisch und wird nicht so bald schwind= süchtig.

Dritte Maxime: Strebe nach möglichst großer Unabhängigkeit von den Menschen und den Dingen, darum nach Freiheit von der Ehrsucht, Gesellschaftssucht, Habsucht und Genußsucht!

Denn alle diese stören unseren Gleichmut, inneren Frieden und damit unser Glück. Je mehr wir nämlich von anderen abhängig sind, seien es Menschen oder Dinge, desto prekärer und schwankender ist unser Glück, da wir weder die einen noch die anderen in unserer vollen Gewalt haben, weshalb dieselben imstande sind, uns durch ihr Ver= halten zu ärgern und mehr und mehr unser Glück und unsere Zufriedenheit zu stören. Ja, sogar jeder nieder= trächtige Kerl vermag das, wenn wir uns um ihn kümmern.

---

[1]) Wie z. B. in der letzten Zeit A. L. Kielland, der aus einem Romanschriftsteller ein Geschichtschreiber Napoleons wurde, wie sein Werk „Ringsum Napoleon" (Deutsche Ausgabe. Leipzig, Merse= burger 1906) beweist.

Ist er uns jedoch weniger als Luft, ist er uns nichts, indem wir uns nicht um ihn kümmern, dann vermag er uns auch nicht unsere Gemütsruhe zu rauben. Darum trachtet der Weise und gar der Großgeist nach möglichster Erhaben= heit über die Menschen und die Dinge, insbesondere über diejenigen, die ihm nicht sympathisch oder gar feindselig gesinnt sind; die letzteren verachtet, die ersteren mißachtet er — das zynische Lebensprinzip. Deshalb denkt er auch freiwillig nie an sie, indem er sie nicht für wert hält, auch nur als bloße Vorstellungen sie in seinem Geiste zu haben. Auch geht er ihnen, wo immer er kann, aus dem Wege, um nicht durch ihren bloßen Anblick unangenehm berührt zu werden. Da sie ihm wenig oder nichts gelten, verlangt er auch nicht nach ihrer Hochschätzung, wie er überhaupt nicht viel auf das Lob der wankelmütigen großen Masse gibt, um nicht von derselben abhängig zu sein. Ihm ge= nügt die Anerkennung seinesgleichen: der wahren Weisen, wenn dieselben auch nur wenige sind, und insbesondere das Bewußtsein seiner selbst. In dem letzteren hat er seinen festen Punkt und die Hauptquelle seines Glückes. Denn er weiß am besten, wer und was er ist und was er geleistet hat und zu leisten vermag. Der Weise stützt sich daher möglichst auf sich selbst; da ist er souverän. Sein innerer Reichtum an großen Gedanken, klaren Einsichten und hohen Bestrebungen ist sein Paradies. Er genügt sich selbst und verlangt darum nicht nach den anderen: er liebt die Einsamkeit.

Anders die Mittel= und Kleingeister, welche, da sie in sich und an sich selbst nur wenig sind und haben immer das lebhafte Bedürfnis nach der Gesellschaft anderer in sich fühlen und in der Gesellschaft wieder nach einem äußeren Unterhaltungsmittel, nach dem Spiele, meistens dem Karten=

spiel, als einem willkommenen Erſatz für ihre Gedanken=
leere.

In dieſer Beziehung bemerkt Schopenhauer: „Der
geiſtreiche Menſch wird vor allem nach Schmerzloſigkeit,
Ungehudeltſein, Ruhe und Muße ſtreben, folglich ein ſtilles,
beſcheidenes, aber möglichſt unangefochtenes Leben ſuchen
und demgemäß, nach einiger Bekanntſchaft mit den ſoge=
nannten Menſchen, die Zurückgezogenheit und, bei großem
Geiſt, ſogar die Einſamkeit wählen. Denn je mehr einer
an ſich ſelber hat, deſto weniger bedarf er von außen, und
deſto weniger auch können die übrigen ihm ſein. Darum
führt die Eminenz des Geiſtes zur Ungeſelligkeit. Ja,
wenn die Qualität der Geſellſchaft ſich durch die Quantität
erſetzen ließe, da wäre es der Mühe wert, ſogar in der
großen Welt zu leben; aber leider geben hundert Narren,
auf einem Haufen, noch keinen geſcheiten Mann.

„Der vom anderen Extrem hingegen wird, ſobald die Not
ihn zu Atem kommen läßt, Kurzweil und Geſellſchaft um jeden
Preis ſuchen und mit allem leicht vorlieb nehmen, nichts ſo
ſehr fliehend wie ſich ſelbſt. Denn in der Einſamkeit, wo
jeder auf ſich ſelbſt angewieſen iſt, da zeigt ſich, was er
an ſich ſelber hat: da ſeufzt der Tropf im Purpur unter
der unabwälzbaren Laſt ſeiner armſeligen Individualität,
während der Hochbegabte die ödeſte Umgebung mit ſeinen
Gedanken bevölkert und belebt. Daher iſt ſehr wahr, was
Seneca ſagt: omnis stultitia laborat fastidio sui (ep. 9);
wie auch Jeſus Sirachs Ausſpruch: ‚Des Narren Leben iſt
ärger als der Tod‘. —

„Die gewöhnlichen Leute ſind bloß darauf bedacht,
die Zeit zuzubringen; wer irgendein Talent hat, ſie
zu benützen... Daher iſt in allen Ländern die Haupt=
beſchäftigung aller Geſellſchaft das Kartenſpiel geworden;

es iſt der Maßſtab des Wertes derſelben und der deklarierte
Bankerott an allen Gedanken. Weil ſie nämlich keine
Gedanken auszutauſchen haben, tauſchen ſie Karten aus
und ſuchen einander Gulden abzunehmen. — Das Beſte
und Meiſte muß jeder in ſich ſelber ſein und leiſten. Je
mehr nun dieſes iſt, und je mehr demzufolge er die Quelle
ſeiner Genüſſe in ſich ſelbſt findet, deſto glücklicher wird
er ſein. Mit größtem Recht alſo ſagt A r i ſ t o t e l e s : ἡ
ἐνδαιμονια των αἰταρχων ἐστι : ‚Das Glück gehört denen,
die ſich ſelber genügen‘.[1]) Demnach iſt eine vorzügliche,
eine reiche Individualität und beſonders ſehr viel Geiſt zu
haben ohne Zweifel das glücklichſte Los auf Erden.“[2])

Der Weiſe iſt ſich größtenteils ſelbſt genug, aber nicht ganz.
Da auch er nicht abſolut iſt, bedarf er gleichfalls, wenn
auch im niederen Grade, der Menſchen und Dinge. Um
ſich nun mit denſelben möglichſt gut abzufinden, beachtet
er als

**vierte Maxime: Betrachte alles viel mehr von
ſeiner guten und beſten Seite als von ſeiner
ſchlimmen!**

Ein äußerſt wichtiges Mittel zur Erlangung und Erhaltung des Glückes. Der Weiſe macht es wie die Biene:
wie dieſe aus den Blumen nur den Honig und das Wachs
entnehmen, deren Dornen und Gift aber ihnen ſelbſt be-
laſſen, ſo ſucht er aus allem nur das Gute für ſich zu erhalten. Ja, er macht es ſogar noch beſſer als die Bienen!
Wieſo? Er verſteht es, ſelbſt die Dornen und das Gift zu
ſeinem Vorteile zu verwerten, indem er ſie in ihr Gegenteil

---

[1]) A r i ſ t o t e l e s , Eth. Eud. VII, 2.
[2]) S c h o p e n h a u e r , Aphorismen zur Lebensweisheit. Stuttgart,
A. Kröner. S. 10, 11.

verwandelt. Wodurch? Durch den mächtigen Zauber=
stab seiner günstigen Auffassung.

Ja, auf unsere Auffassung der Dinge und Verhältnisse
kommt es am meisten an, also auf das Subjekt, und nicht
auf das Objekt. Unsere Auffassung hängt aber von der
Verfassung unseres Geistes und Gemütes ab. Darum
sagt Heraklit treffend: „Unser Gemüt ist unser Schicksal."
Desgleichen Fr. Rückert:

Unglücklich bist du nicht, wenn unbeglückt du sei'st;
Das Schicksal nur beglückt, doch glücklich macht der Geist[1].

Wir müssen vor allem den festen Willen haben,
glücklich zu sein und es immer mehr zu werden. In dieser
Hinsicht bemerkt R. W. Trine: „In dir selbst liegt die
Ursache von allem, was in deinem Leben geschieht. Wenn
du zur vollen Erkenntnis deiner inneren Kräfte erwachst,
so bist du imstande, dein Leben völlig nach deinem Willen
zu gestalten".[2] Um es glücklich zu gestalten, wie wir
alle wollen, müssen wir alles aus unserem Bewußtsein mit
Gewalt entfernen und ferne halten, was uns unglücklich
macht, also alle unangenehmen, peinlichen Vorstellungen und
Gedanken, soweit wir sie nicht denken müssen, um die sie
erzeugenden Ursachen zu beseitigen.

Sodann müssen wir möglichst viele angenehme Ge=
danken in uns erwecken und damit unser Gemüt in heitere
Stimmung versetzen und erhalten. — Als der englische Ge=
schichtschreiber Green und seine Frau zu arm waren, um
sich Feuermaterial zu kaufen, pflegte er mit ihr vor dem
ungeheizten Kamin zu sitzen und sich einzubilden, es prassele
ein wohltätiges Feuer darin. „Zwingt eure Gedanken,"

[1] Fr. Rückert, Weisheit der Brahmanen. S. 23.
[2] R. W. Trine, a. a. O. 1905.

sagte er, „verbannt die düsteren und ruft die heiteren
herein!"[1] Auf diese Weise ertrugen beide auch das un=
günstige Geschick mit Leichtigkeit. Und diejenige, die das
erzählt, Helen Keller, ist selbst ein sehr merkwürdiges
Beispiel von der wohltätigen Macht des Geistes und seiner
Auffassung gegenüber den äußeren mißlichen Verhältnissen;
denn obschon sie seit ihrem zweiten Lebensjahre infolge
einer schweren Krankheit blind und taubstumm ist, huldigt
sie trotzdem theoretisch und praktisch einer optimistischen
Weltanschauung, indem sie ihr äußerlich schweres Unglück
innerlich mit frohem Mute erträgt und als 23jährige
englische Universitätsstudentin eine sehr interessante Schrift
über den Optimismus veröffentlicht hat.[2]

Ja, ruhige Heiterkeit soll eigentlich der Grundton
unseres Innern sein, und diese spiegelt sich dann auch im
Äußeren ab, in unserem Antlitz, besonders in den Augen.
Dann sind wir sonnige Menschen, die Licht und Wärme
um sich verbreiten und die Dinge und Verhältnisse mit
lichten Augen betrachten statt mit düsteren und finsteren.
Dann erscheinen sie uns auch heller und angenehmer. Ihre
Schattenseiten treten zurück, und ihre Lichtseiten werden
lichter. Jedes Ding und jedes Ereignis, auch wenn es
noch so schlimm und häßlich erscheint, hat doch etwas Gutes
und Schönes an sich; auf dieses müssen wir unseren Blick
hauptsächlich richten.

Da fällt mir eine Anekdote ein, die man von Christus er=
zählt: Am Rande des Weges, den er mit seinen Jüngern

---

[1] Helen Keller, Optimismus. Deutsch v. R. Lautenbach,
5. Aufl. Stuttgart, R. Lutz 1906. S. 72.

[2] Die taubstummblinde Philosophin Helen Keller wurde kürz=
lich zum Mitglied des Staatsausschusses für die Erziehung blinder
Kinder in Massachusetts ernannt.

ging, lag der verwesende Körper eines toten Hundes. Die Jünger, als sie denselben sahen, wandten sich mit Abscheu davon ab, Jesus aber trat hinzu und sprach: „Seht nur, wie schöne Zähne der Hund hat!" — Das ist echter Optimismus, und glücklich derjenige, der ihn hat!

Schön sagt daher Fr. Rückert:

Wenn es dir übel geht, nimm es für gut nur immer;
Wenn du es übel nimmst, so geht es dir noch schlimmer.
Und wenn der Freund dich kränkt, verzeih's ihm und versteh:
Es ist ihm selbst nicht wohl, sonst tät er dir nicht weh.
Und kränkt die Liebe dich, sei dir's zur Lieb' ein Sporn;
Daß du die Rose hast, das merkst du erst am Dorn[1]).

Trefflich sagt in dieser Hinsicht auch die heilige Katharina von Siena: „Dem Tapfern sind Glück und Unglück wie seine rechte und linke Hand: er braucht sie beide." Und A. Thiers bemerkt: „Man muß alles ernst, aber nichts tragisch nehmen."

Von T. Eulenspiegel heißt es bekanntlich: wenn es regnete, habe er gelacht, weil er dachte, auf Regen folgt Sonnenschein. Und wenn die Sonne schien, habe er geweint, weil er nun an den Regen dachte, der darauf folgen werde. Der Weise aber macht es weiser: dieser lacht, wenn es regnet, in dem Bewußtsein, es werde schon wieder schön werden; und wenn die Sonne scheint, lacht er erst recht, indem er sich derselben erfreut und an das, was etwa Unangenehmes darauf folgt, nicht denkt. Denn man soll an das Unangenehme nicht unnötig und so wenig als möglich denken. Dann macht es uns nicht unglücklich.

Sehr wichtig ist in dieser Beziehung die Autosuggestion oder die Selbsteinsprechung. Aber es gibt

[1]) Fr. Rückert, Die Weisheit der Brahmanen. S. 23.

eine geſcheite und eine dumme Autoſuggeſtion. Wer z. B.
immer denkt und ſich ſagt, er ſei krank, alt und hinfällig,
der wird in der Tat krank, alt und hinfällig, auch wenn
er es noch nicht iſt. Das iſt der ſchlimme Pessimismus
senilis. — Wer dagegen ſich immer das Gegenteil ſagt, er
ſei noch immer geſund, jung und kräftig, der bleibt geſund,
jung und kräftig, auch wenn er ſchon im Greiſenalter ſteht.
Das iſt der Optimismus juvenilis: dieſen ſoll man im
Greiſenalter haben, dann kommt nicht ſobald der Maras-
mus senilis.

Es hängt alſo meiſtens von uns ſelbſt, d. h. von unſerer
Stellungnahme zu den Dingen und Verhältniſſen ab, ob
wir glücklich oder unglücklich ſind. Ähnlich verhält es ſich
rückſichtlich der Menſchen. Darum ſei unſere

**fünfte Maxime: Gegen den Nebenmenſchen
ſei freundlich, aber traue ihm nicht viel; ſei gütig,
aber hoffe von ihm nicht viel, am allerwenigſten
wahren Dank; verſöhnlich, aber erniedrige dich
nicht!**

Wollen wir den Nebenmenſchen uns im Intereſſe unſeres
Wohlergehens erträglich und angenehm machen, dann
müſſen wir uns vor allem ihm freundlich und liebenswürdig
erweiſen; denn dem kann er nicht widerſtehen. Auf dieſe
Weiſe hat beſonders Napoleon I. ſo viele bezaubert und
ſelbſt ſolche, die ihm nicht geneigt waren, in ſeinen Bann=
kreis gezogen, wie z. B. die Madame de Staël[1]).

Aber wir dürfen keinem Menſchen ganz trauen, am
wenigſten in Geldſachen, zumal heutzutage, wo die Treue
und das Worthalten eine ſo ſeltene Tugend geworden iſt. —

---

[1]) H. Taine, Origines de la France contemp. I, 17 f. Paris
1895.

Ferner seien wir gütig gegen unsere Mitmenschen, d. h. rücksichtsvoll in ihrer moralischen Beurteilung, die sehr zurückhaltend sein soll, da wir nur wenig Einblick in das Innere des Menschen besitzen. Vieles wird als Tugend betrachtet, ist aber nichts anderes als bloße angeborene Naturbeschaffenheit, und vieles als Sünde, ist aber lediglich übermächtiger Naturzwang. In nichts täuscht man sich mehr als in der moralischen Be= und Verurteilung anderer. Darum das strenge Gebot Christi: „Richtet nicht, damit auch ihr nicht gerichtet werdet!" Aber nichts wird weniger gehalten als dieses Gebot und merkwürdigerweise am allerwenigsten oft gerade von denen, die sich selbst für sehr christlich und tugendhaft halten, obschon sie offenbar im direkten Gegensatz zu dem ausdrücklichen Willen Christi stehen. —

Seien wir ferner wohltätig gegen die Hilfsbedürftigen; denn im Wohltun liegt für uns ein großes Glück. Beglücken wir andere, so beglücken wir uns selbst. Darum sagt der Apostel Paulus: „Geben ist seliger als Nehmen." Liebe erzeugt wieder Liebe. Sie ist die größte Macht, viel größer als der Haß, und je mehr einer liebt, desto näher kommt er Gott, denn „Gott ist die Liebe".

Aber bei all unserer Liebe dürfen wir von den Menschen nichts sicher hoffen, am allerwenigsten wahren Dank; denn die meisten sind sehr wankelmütig und unzuverlässig; wer daher auf sie baut, wird in der Regel getäuscht, und die wenigsten besitzen die Tugend der echten Dankbarkeit.

Gegen unsere Beleidiger sollen wir nachsichtig und versöhnlich sein, indem wir ihr Verhalten mehr auf Rechnung ihrer Dummheit und Unüberlegtheit, als ihrer Bosheit und Schlechtigkeit schreiben — ähnlich wie auch Christus es seinen Feinden gegenüber getan hat: „Sie wissen nicht, was sie tun." Schon aus Selbstinteresse ist das rätlich; denn wenn wir uns über sie ärgern, dann schaden wir nicht ihnen, sondern nur uns, sowohl an der körperlichen Gesundheit als an der Gemütsruhe. Der Haß macht nicht glücklich, sondern nur die Liebe, und mit Wohltun gewinnt man den ärgsten Feind. Darum sagt Goethe mit Recht: „Edel sei der Mensch und gut!" Und jede edle Tat, die wir verrichten, beglückt andere und uns selbst. Der Edle trägt in sich einen Himmel, der Schlechte eine Hölle.

Sechste Maxime: Sei stets in Harmonie mit dem Unendlichen oder dem absoluten Wesen, mit Gott; denn von ihm hängt prinzipiell in erster und letzter Instanz alles, also auch dein Geschick und Glück ab!

Diese Wahrheit wurde in letzterer Zeit ganz besonders von C. Hilty in seinem vortrefflichen Werk über das „Glück" [1]) und von R. W. Trine in seinem Buch „In Harmonie mit dem Unendlichen" [2]) hervorgehoben. Mit vollem Recht. Denn wer von Gott als dem Ursein und dem Urquell alles Wahren, Guten und Schönen — sei es durch Glauben, sei es durch philosophisches klares Denken — fest überzeugt ist, getreu dessen Stimme in sich folgt und ein unerschütterliches Vertrauen auf seine vernünftige und gerechte Leitung hat, der besitzt darin unstreitig das s t ä r k s t e F u n d a m e n t für sein Glück, da er bei einer solchen Geistesverfassung gegen alles eventuelle Unheil im voraus gewappnet ist, ruhig in die Gegenwart blickt und furcht= los der Zukunft entgegengeht. Ein solcher kann mit

---

[1]) Hilty, Glück. III. Teil. Frauenfeld und Leipzig 1901.
[2]) Trine, In Harmonie mit dem Unendlichen. Deutsche Aus= gabe v. M. Christlieb. Stuttgart 1905.

Bolingbroke sprechen: „Nur der ist glücklich, der sagen kann: willkommen das Leben, was immer es bringen möge; willkommen der Tod, wie immer er sei"; denn er weiß, daß ihm alles zum Besten gereicht.

❙O❑O❙

VI. Unser höchstes Lebensideal. Das wahre Übermenschentum.

Das Glück der Menschen besteht seinem Grundwesen nach, wie wir gehört haben, in dem Befriedigtsein. Aber tatsächlich sind sie laut Zeugnis der Erfahrung, wenn sie auch noch so viele Glücksgüter haben, nie ganz befriedigt. Infolgedessen genießen sie auf Erden nie ein vollständiges, absolutes Glück, sondern alles Glück ist für uns nur relativ. Woher kommt das? Warum sind wir nie ganz befriedigt?

Weil wir alle, bewußt oder unbewußt, der eine mehr, der andere weniger, nach dem Vollkommenen streben, dieses aber nie vollständig erreichen. Ja, wir möchten vollkommene Erkenntnis, vollkommene Güte, vollkommene Schönheit, vollkommenes Glück. Die Idee des Vollkommenen ist unser höchster Maßstab, den wir an alles anlegen, und darum unsere höchste Idee.

Das Vollkommene ist aber das absolute Sein, welches in der vollkommenen Erkenntnis, in der vollkommenen Güte, in der vollkommenen Schönheit und im vollkommenen Glück besteht, und dieses nennt man auch kurz Gott. Da nun alle Menschen mehr oder minder klar und stark nach dem Vollkommenen streben, nur Gott aber das wahrhaft Vollkommene ist, so streben alle im

Grunde ihres Herzens nach Gott, ohne daß sie es oft recht wissen. Das ist unser höchster Instinkt.

Aber woher dieses merkwürdige Streben? Woher dieser Instinkt?

Darauf erwidere ich: weil wir im Grundwesen, wie ich früher nachgewiesen habe, mit Gott eins und doch von ihm verschieden sind. Wie so? Gott ist nämlich, wie bereits gezeigt wurde, seinem Grundwesen nach die abso= lute oder vollkommene Vernunft=Energie, d. h. die höchste Intelligenz und die höchste Macht; und wir sind unserem Grundwesen nach die relative oder unvoll= kommene Vernunft=Energie. Wir besitzen jedoch bei all unserer Unvollkommenheit die Idee des Vollkommenen. Diese entfacht in uns den Willen oder das Streben, das Unvollkommene an uns zu überwinden und gleichfalls in der Tat wie Gott vollkommen zu werden. Die Idee des Voll= kommenen in uns ist also zugleich ein Trieb zu ihrer Verwirklichung in uns.

Damit kommen wir zu dem höchsten Lebensideal des Menschen. Worin besteht dasselbe?

Auf diese Frage wurden im Laufe der Geschichte ver= schiedene Antworten gegeben, indem verschiedene Lebens= ideale aufgestellt wurden[1]). Die wichtigsten von ihnen sind folgende.

Vor allem das Sokratische Ideal oder das in= telligente Menschentum; ihm zufolge ist das rechte Wissen oder die wahre Einsicht das höchste Ziel des Men= schen, da auf ihr auch das rechte Handeln beruht.

Ferner das griechische Ideal oder das schöne Menschen=

---

[1]) Vgl. das vortreffliche Werk v. Rud. Eucken: Die Lebens= anschauungen der großen Denker. 5. Aufl. 1903.

tum, indem bei den antiken Griechen die Produktion und
der ästhetische Genuß der schönen Künste als das Höchste galt.

Sodann das römische Ideal oder das politisch=
machtvolle Menschentum, da den Römern die Verwirk=
lichung der großen Staatsidee als das Wichtigste erschien.

Weiter das mittelalterliche Ideal oder das
religiös=kirchliche Menschentum, indem in jener Zeit
die Religion und die Kirche die bedeutendste Rolle spielten,
der sich alle unterwerfen mußten.

Hierauf das Renaissance=Ideal oder das freie
Menschentum als gewaltige Reaktion gegen die voraus=
gegangene mittelalterliche strenge Gebundenheit und Ein=
schränkung.

Ferner das Humanitäts=Ideal oder das mensch=
liche Menschentum, das am Ende des 18. Jahrhunderts,
insbesondere von Herder proklamiert, von den großen
Klassikern der deutschen Nationalliteratur mit Begeisterung
aufgenommen und propagiert wurde und bis in unsere
Zeit herein fortwirkt.

Endlich in der jüngsten Zeit das Nietzsche sche Ideal
oder das Übermenschentum, dessen Hauptstreben ist,
den „Willen zur Macht" in freiester, durch nichts gebundener,
kraftvoller Weise zur Geltung zu bringen.

Was ist nun von all diesen Lebensidealen zu halten?

Ich erwidere: sie enthalten alle Wahrheit und sind
insofern relativ berechtigt, aber sie sind einseitig und bieten
nicht das höchste menschliche Lebensideal. Denn es gibt
ein noch viel höheres als das von ihnen proklamierte, und
als solches erkläre ich die Divinität oder das göttliche
Menschentum. Das ist unstreitig das höchste Lebensideal;
denn darüber geht nichts hinaus. Dasselbe läßt sich kurz
in die Worte kleiden: Der Mensch erhebe sich durch

fortschreitende Verwirklichung des Göttlichen in ihm zur größtmöglichen Gottähnlichkeit!

Da drängt sich unwillkürlich die Frage auf: Besitzt der Mensch wirklich etwas Göttliches in sich, und worin besteht dieses?

Darauf ist zu antworten: Unser Geist birgt in sich ewige Wahrheiten, ewige Werte oder ewig Gutes und ewig Schönes, und nimmt so an der Ewigkeit und damit an der Göttlichkeit teil. Das ist auch der Grundgedanke Platos in seiner Ideenlehre und dieser ist richtig. Unser Geist besitzt die Idee des Absoluten, des Unbedingten, des Unendlichen, des durchaus Wahren, des vollständig Guten, des rein Schönen, des Vollkommenen. Diese Ideen kann er nicht aus der Erfahrung geschöpft haben, denn die letztere bietet ihm dieselben nicht. Die Erfahrung zeigt uns nur Relatives, Bedingtes, Endliches, Zeitliches, Fragmente des Wahren, des Guten, des Schönen, des Vollkommenen. Folglich müssen die obengenannten Ideen ein Apriori oder ein ursprüngliches Besitztum unseres Geistes sein, zwar nicht als Ideen oder als Allgemeinbegriffe, — denn diese sind etwas Späteres, also nicht ursprünglich Angeborenes — wohl aber als Anlagen. Sie bilden das ursprüngliche Göttliche in uns und zugleich das Mystische.

Hier liegt der Urquell und zugleich die Wahrheit des Mystizismus. Jeder Mensch nämlich enthält etwas Mystisches, etwas Göttlich-geheimnisvolles in sich, aber die verschiedenen Menschen in sehr verschiedenen Graden und Arten. Darum sagt W. A. Riehl mit Recht: „Es scheint, auch der klarste Kopf bedarf doch immer ein kleines Stück Mystik zum Hausgebrauch, weil die ganze Welt zuletzt ein großes Mysterium ist. Und je klarer er denkt, um so heller wird er dies erkennen. — Bernhard von Clairvaux und

Hugo von St. Victor, Eckhardt und Tauler, Dante
und Luther, Jakob Böhme und Angelus Silesius
sind alle ganze oder halbe Mystiker gewesen: sie ahnten
Gott im Menschen und Gott in der Welt und schauten ihn
in Bildern und Gleichnissen" [1]).

In seiner tiefsten Tiefe gleicht der Mensch der ägyp-
tischen Sphinx, die halb Mensch, halb Löwe ist: so ist auch
er teils Mensch, teils Tier, teils aber auch — Gott! Freilich gleichen nicht wenige auch der griechischen Sphinx:
statt Gott hausen böse Dämonen in ihrer Brust. Im Menschen
treffen also zwei Welten zusammen: die niedere und die
höhere. Die letztere ist die Geisteswelt, und deren Krone
bilden die obengenannten höchsten Ideen, die zusammen
die Idee des Göttlichen ausmachen.

Dieselbe ist aber nicht nur als Idee in uns, sondern
auch zugleich als realer Trieb zur Verwirklichung. Das
ist der uns innewohnende Trieb zur absoluten Vollkommenheit, infolgedessen unsere Natur keinen Stillstand erträgt,
sondern unaufhörlichen Fortschritt verlangt und, wenn dieser
nicht stattfindet, alsbald in peinigende Langeweile verfällt.
Darum haben wir auch an nichts volles und dauerndes
Genügen, wenn es auch wahr, gut und schön ist, weil
alles, was uns dieses Leben bietet, unvollkommen und nur
ein Bruchstück vom Ganzen ist, unsere innerste Natur aber
nach dem absolut Vollkommenen und dem Ganzen, das ist
nach dem Göttlichen verlangt. Deshalb ist die Göttlichkeit
unser höchstes Lebensideal, nach dem wir stets streben sollen.

Dieses Sollen beruht auf einem großen Weltgesetz, das
ich das Gesetz der Verwandlungen und der dadurch bewirkten Erhöhung nennen möchte. Wieso?

---

[1]) W. H. Riehl, Religiöse Studien eines Weltkindes. 4. Aufl.
1896. S. 151.

Alles Wirken und Leben im Universum besteht in fort=
gesetzten Verwandlungen: so wird das Gasförmige ins
Flüssige, das Flüssige ins Feste verwandelt; das Feste der
unorganischen Körper wird wieder verwandelt in der Pflanze
zur Pflanze; die Pflanze wird aufgenommen und verwandelt
im Tiere, und das Tier wird aufgenommen und verwandelt
im Menschen. So zeigt sich das große Gesetz der Ver=
wandlungen und Erhöhung in allen Naturreichen. Wie?
Wird der Mensch allein davon ausgenommen sein? Soll
er allein nicht erhöht werden, sondern auf dem alten
Flecke bleiben? Nein, auch er unterliegt dem in Rede
stehenden allgemeinen Gesetz: der bloße Mensch soll ein
göttlicher Mensch werden. Ja, wie wir das Göttliche
der Idee nach in uns tragen, so sollen wir es immer mehr
in der Wirklichkeit werden. Aber wie ist dies möglich?
Darauf erwidere ich: Je mehr wir uns auf uns selbst stellen,
je selbständiger, je freier, je unabhängiger wir wenigstens
innerlich im Geiste von den Menschen, den Dingen und den
äußeren Verhältnissen werden, desto mehr nähern wir uns
der Absolutheit, desto gottähnlicher werden wir. Dasselbe
ist der Fall, je reiner, klarer und allgemeiner wir die
Wahrheit erkennen; denn Gott ist die absolute Intelligenz
und die volle Wahrheit. Nicht minder wachsen wir in der
Gottähnlichkeit mit der fortschreitenden Vervollkommnung
und Veredlung unserer Gesinnung und Handlungsweise
sowie mit der lauteren Liebe und Begeisterung für das
wahrhaft Schöne; denn Gott ist die vollendete Güte und
die höchste Schönheit. Darum sagt Friedr. Vischer:
„Wo man redlich forscht, wo man Gutes wirkt, wo man
Schönes schafft, — überall da ist Gott“.

Also das unablässige Streben nach der höchsten Kultur
unseres Geisteslebens in seinen drei Hauptrichtungen: in

intellektueller, moralischer und ästhetischer Beziehung führt uns zur Göttlichkeit. Diese ist unser höchstes Ziel. Dasselbe ist nicht einseitig, sondern wie Gott selbst allseitig. Weitaus die meisten Menschen aber sind, wie in ihrer Persönlichkeit, so in ihren Bestrebungen einseitig. So widmen die einen ihr Leben fast ausschließlich nur der Erforschung der Wahrheit. Ihr Losungswort ist daher: veritati! Alles andere ist bei ihnen Nebensache oder nichts.

Andere richten ihr ganzes Sinnen und Trachten auf die Moralität, die Tugendhaftigkeit. Ihre Losung ist deshalb: virtuti! Auf alles andere legen sie wenig oder gar keinen Wert.

Wieder anderen gilt die Kunstpflege als das Höchste, das vornehmste Ziel. Ihre Devise ist darum: arti! Diese schwärmen nur für das Schöne.

Noch andere erachten die tätige Nächstenliebe für das Vorzüglichste. Deshalb haben sie zum Lebensspruch: caritati! Was darüber hinausgeht, hat für sie wenig oder kein Interesse.

Endlich gibt es solche, welche die Frömmigkeit, die Religiosität für das Wichtigste im Leben halten und deshalb sich derselben ganz weihen. Ihr Losungswort ist daher: Deo! So hatte die heilige Theresia zum Lebensspruch: Solo Dios basta, „Gott allein genügt".

All diese Strebeziele sind schön und trefflich. Aber sie laborieren an einem Fehler: sie sind einseitig und darum mangelhaft. Auch meine Devise war früher einseitig, aber ich bin auch in dieser Beziehung fortgeschritten, habe sie ergänzt und folgendermaßen gestaltet:

Wahr und klar
Immerdar!
Edel und gut,
Göttlich mit frohem Mut!

Ja, die Wahrheit zu erforschen, gilt auch mir als
theoretisches Hauptziel; aber mit ihr muß auch die Klar=
heit verbunden sein — Klarheit im Denken und Klar=
heit im Gedankenausdruck. Gerade das fehlt gar vielen,
die sich die Wahrheitserkenntnis zum Hauptzweck ihres
Lebens gesetzt haben.

Im Bunde mit diesem theoretischen steht bei mir nicht
minder als praktisches Lebensziel das Geschwisterpaar:
Edelsinn des Herzens und Güte im Handeln; denn was
nützt alle Wahrheits=Erforschung, wenn sie die Gesinnung
nicht adelt und den Willen nicht antreibt zum Wohltun?!
Der bloß theoretische Mensch ist nur ein halber Mensch.

Doch auch dies genügt noch nicht: es muß auch das
Streben nach dem Göttlichen und Ewigen dazukommen;
Dieses zu erreichen, ist der höchste Endzweck des Menschen.
Und aus all dem ergibt sich als Resultat: ein frohes Ge=
müt oder dauerndes Glück.

Unser erhabenstes Lebensideal, in welchem alle unsere
Lebensaufgaben wie in einer Spitze zusammenlaufen, ist
sonach nicht die Humanität, wie man bisher meistens ge=
meint hat, sondern die Divinität oder die Göttlichkeit.[1]
Das ist auch zugleich der Gipfelpunkt der christlichen
Religion gemäß den Worten ihres Stifters: „Werdet voll=
kommen, wie euer Vater im Himmel vollkommen ist!"
Und sein erster Apostel, Simon Petrus, hat sogar den merk=
würdigen Ausspruch getan: wir sollen „der göttlichen Natur
teilhaftig werden". Ja, noch kühner bemerkt der Kirchen=
vater Athanasius: „Auch wir können Götter werden,
während wir noch im Fleische wandeln". Ich sage: wir

---

[1] Die letztere schließt die erstere nicht aus, sondern ein; denn
das Göttliche ist das Allumfassende.

können zwar nicht Gott oder Götter, aber wir sollen gött=
lich werden, wir können nicht deus, wohl aber divus
werden.

Und weil die christliche Religion der Menschheit die
erhabenste Lebensaufgabe gesetzt und ihr den Weg zur
Lösung derselben praktisch gezeigt hat, deshalb ist sie,
richtig und ganz erfaßt, die vollkommenste Religion,
was auch unser großer Dichterfürst Goethe am Ende
seines Lebens offen anerkannt hat mit den Worten: „Mag
die geistige Kultur nur immer fortschreiten, mögen die
Naturwissenschaften in immer breitere Ausdehnung und
Tiefe wachsen und der menschliche Geist sich erweitern, wie
er will, über die Hoheit und sittliche Kultur des Christen=
tums, wie es in den Evangelien schimmert und leuchtet,
wird er nicht hinauskommen!"[1]

Wohl hat man in unserer Zeit versucht, das Christen=
tum gleichsam zu übertrumpfen und eine bessere Religion
an seine Stelle zu setzen. Aber wie ich in meinem Werke
„Die modernen Ersatzversuche für das aufgegebene Christen=
tum"[2] eingehend nachgewiesen habe, haben diese Versuche
kläglich Fiasko gemacht, indem sie etwas viel Geringeres
bieten als die christliche Religion. Dasselbe gilt auch speziell
von dem neuesten Versuch des modernen „Antichristen"
Nietzsche rücksichtlich seiner neuen Religion des „Über=
menschen", den er an die Stelle des alten Gottes setzen
möchte. Zwar ist sein Kampf gegen den Niedergang der
modernen Kultur=Menschheit und seine allgemeine Idee
vom Übermenschentum, d. h. von einer Erhebung des
Menschen auf eine höhere Bildungsstufe, berechtigt; aber

---

[1] Eckermann, Gespräche mit Goethe. Leipzig, Reclam. Bd. III.
S. 264.

[2] Verlagsanstalt vorm. Manz in Regensburg. 1903.

wenn wir feine fpezielle Anficht vom Übermenfchen ins
Auge faffen, fo erfcheint uns derfelbe viel eher als Unter=,
denn als Übermenfch, eher wie ein Moloch als wie ein
Gott. Entpuppt fich doch derfelbe als der graufamfte Tyrann,
den es je auf Erden gegeben hat; denn „Härte, Gewalt=
famkeit, Sklaverei . . . Teufelei jeder Art, alles Böfe,
Furchtbare, Tyrannifche, Raubtier= und Schlangenhafte"
follen nach Nietzfche fein Gefolge fein.[1]) Ein Menfch mit
folchen Eigenfchaften ift offenbar kein Übermenfch, fondern
das Gegenteil: ein Untermenfch comme il faut, weil ein
Tiermenfch.[2]) Der wahre Übermenfch kann nur ein gött=
licher Menfch fein, wie er oben von mir kurz charakterifiert
wurde. Als Mufterbild hierfür gilt uns nicht Zarathuftra,
nicht Confucius, nicht Buddha — diefe waren alle einfeitig
gefinnt und national befchränkt — fondern Chriftus
mit feiner großartigen Hoheit des Charakters und feiner
univerfaliftifchen Tendenz. Auch das hat Goethe aner=
kannt, indem er fprach: „Jch halte die Evangelien alle
vier für durchaus echt; denn es ift in ihnen der Abglanz
einer Hoheit wirkfam, die von der Perfon Chrifti ausging,
und die fo göttlicher Art wie nur je auf Erden das Gött=
liche erfchienen ift."[3]) Chriftus war und ift der Gott=
Menfch, wir follen göttliche Menfchen werden. Das ift
unfer höchftes Lebensideal.

---

[1]) Nietzfche, Jenfeits von Gut und Böfe. S. 58.

[2]) Näheres in meinem Buch: Friedr. Nietzfche. 2. Aufl. Regens=
burg, Verlagsanftalt. 1906.

[3]) Eckermann, Gefpräche mit Goethe. Bd. III, S. 263. —
Ausführlich habe ich den religiöfen Entwicklungsgang Goethes dar=
gelegt in meinem Werke „Goethes Lebens= und Charakterbild". Mit
Jlluftrationen. Leipzig, Schmidt und Günther. 1905.

VII. Die Unsterblichkeit der Seele. Das ewige Leben.

Die letzte und wichtigste anthropologische Frage ist: wie lange währt unser Leben? Währt es nur bis zum Tode, oder setzt es sich nach demselben fort? Damit stehen wir vor dem großen Problem der Unsterblichkeit der Seele. Auch in dieser Beziehung wurden zwei entgegengesetzte Antworten gegeben, indem die einen die Unsterblichkeit der Menschenseele bejahten, die anderen sie verneinten. Das erstere tun die Spiritualisten, das letztere die Materialisten, Monisten und Pantheisten. Welche von diesen beiden konträren Parteien hat nun recht?

Ich sage auch hier: sie haben beide recht und beide — unrecht. Doch da wird man erstaunt fragen: wieso das? Ich erwidere: Recht haben beide nur teilweise, nur relativ; unrecht haben sie, wenn sie ihre Behauptung in absoluter Weise geltend machen, was in der Regel der Fall ist. Denn jede dieser Ansichten enthält nur ein Stück Wahrheit. Die ganze Wahrheit liegt in der richtigen Kombination beider Standpunkte: die Seele des Menschen ist sowohl unsterblich als sterblich — beides natürlich nicht in derselben, sondern in verschiedener Beziehung.

Wir müssen nämlich an der Menschenseele zwei Hauptseiten unterscheiden: sie ist sowohl sinnlich als übersinnlich. Sinnlich ist sie, insofern sie in den Sinnen und Sinnesorganen tätig ist, mittels deren sie mit der Außenwelt in Verbindung steht; übersinnlich ist sie in ihren geistigen Funktionen: im vernünftigen Denken, im freien, sittlichen Wollen und ästhetischen Fühlen. Die Menschenseele, insofern sie sinnlich ist, kann man auch die niedere oder Körper=

feele nennen [1]), infofern fie überfinnlich ift, heißt man fie auch die höhere oder Geift=Seele. Man beachte wohl: ich fage nicht, daß der Menfch zwei Seelen in fich habe, nein, fondern er befitzt als einheitliches Wefen nur eine Seele, aber diefe hat niedere und höhere Potenzen.

Die erftere nun, die Sinnen= oder Körperfeele, vergeht erfahrungsgemäß beim Menfchen mit den Sinnen und dem Körper, ift alfo fterblich [2]). Das ift das Wahrheits= moment der Gegner der Unfterblichkeitslehre, fpeziell des Materialismus.

Die zweite, die höhere oder Geiftfeele ift über die Sinne und den Körper erhaben, unterfcheidet fich daher auch felbft von demfelben und vergeht nicht mit demfelben, fondern ift unfterblich. Das ift das Wahrheitsmoment der Dertreter der Unfterblichkeitsidee.

Daß wirklich unfere Seele, infofern fie finnlich ift, d. h. in und mittels der Sinne, die in der Großhirnrinde ihr Zentralorgan befitzen, tätig ift, mit der Zeit vergeht und folglich ftirbt, lehrt die tägliche Erfahrung; denn es ift eine allbekannte Tatfache, daß mit dem Alter die Sinne fchwächer werden und damit auch die entfprechenden Seelen= tätigkeiten, wie die Sinneswahrnehmungen, die finnlichen Dorftellungen, die finnlichen Gefühle und Triebe und dem= gemäß die Reaktionen auf die Außenwelt, bis fie im Tode ganz zu funktionieren aufhören [3]).

---

[1]) Diefelbe fteht auf gleicher Stufe wie die Tierfeele.

[2]) Ebenfo auch die Tierfeele, die ihr entfpricht, da fie nur Sinnen=, aber keine Geiftfeele ift; denn das Tier befitzt kein Selbftbewußtfein und keine Selbftbeftimmung, folglich keinen Geift. Denn unter dem letzteren verfteht man ein felbftbewußtes und fich felbftbeftimmendes Wefen. Alle Tätigkeiten der Tierfeele hängen vom Stoffe ab; folg= lich auch ihr Sein.

[3]) Damit ift aber nicht gefagt, daß die Sinnlichkeit unferer Seele

Es fragt sich nur, ob wir auch empirische Beweise
dafür haben, daß wir wirklich eine Geistseele besitzen,
welche unabhängig von unseren Sinnen tätig ist und folg=
lich auch ohne dieselben und ohne Leib fortbestehen kann.
Indem ich diese Frage bejahe, beginne ich sofort mit der
Darlegung der Tatsachen, welche dafür sprechen.

Zu diesem Zwecke weise ich vor allem erstens darauf
hin, daß wir im wachen Zustand nicht selten derart ins
Denken und Sinnen vertieft sind, daß wir nichts sehen,
nichts hören, nichts riechen, nichts schmecken, nichts sinnlich
fühlen, aber dennoch geistig durchaus normal, ja besonders
energisch funktionieren. Hier fehlen also die Sinnestätig=
keiten, die Sinnenseele wirkt nichts, aber trotzdem sind wir
geistig sehr tätig, sogar mehr als sonst bei vorhandenem
Sinnenbewußtsein, indem wir tiefer und richtiger denken
als gewöhnlich, damit zugleich auch energischer wollen;
denn ohne den fortdauernden festen Willen, die Gedanken
zu konzentrieren, würde die Vertiefung des Denkens nicht
stattfinden. Desgleichen ist auch ein geistiges Fühlen damit
verbunden, das in dem lebhaften Interesse besteht, welches
man an dem betreffenden Denkgegenstand hat. Das be=
weist, daß in uns ein Prinzip ist, welches richtig und gründ=
lich denken, energisch wollen und fühlen kann, auch wenn
keine Sinnestätigkeit vorhanden ist, welches also von der
letzteren unabhängig funktioniert; mit anderen Worten,

---

oder kurz gesagt, unsere Sinnenseele einfach zu nichts werde; ihr Ver=
gehen und Sterben ist nicht im absoluten Sinne zu verstehen — denn
kein Reales wird zu nichts — sondern nur ihre Funktionen hören
auf, da die Organe hierzu sich auflösen. Die Sinnenseele tritt beim
Tode des Menschen in die bloße Potenz zurück, sie wird in der Geist=
seele latent und bleibt es, bis sie etwa wieder geeignete Organe emp=
fängt, sich zu betätigen.

daß wir nicht nur eine Sinnen=, sondern auch eine Geist=
seele haben.

Dazu kommt eine zweite Tatsache aus dem wachen
Leben, die für dieselbe Wahrheit spricht: wenn ich z. B.
einen öffentlichen Vortrag halte, so betrachte ich oft während
des Sprechens genau meine Zuhörer; ich erkenne sie nicht
selten, nenne im Geiste ihren Namen, schaue auf ihre
Kleidung, beobachte ihre Mienen, um zu sehen, welchen
Eindruck ich mit meinen Worten auf die Zuhörer mache,
— und zu gleicher Zeit denke ich beständig an den Inhalt
meiner Rede, die ich nicht auswendig aus dem Gedächtnis
halte, sondern erst während des Sprechens mache, halte
dieselbe ganz korrekt und bin mitunter selbst ergriffen und
lebhaft affiziert davon. Daraus geht hervor, daß ich dabei
zu gleicher Zeit ein zweifaches Denken nebst entsprechen=
dem Wollen und Fühlen habe: ein Sinnendenken, das sich
mit den äußeren Sinneswahrnehmungen beschäftigt, und
ein geistiges Denken, dessen Inhalt von dem äußerlich
Wahrgenommenen ganz verschieden ist, das also völlig un=
abhängig von dem gleichzeitigen Sinnendenken sich zeigt.
Unsere Seele kann sonach gleichzeitig eine zweifache Strömung
durchmachen: eine Ober= und eine Unterströmung. Dem=
gemäß kann man in uns ein Oberflächendenken
(nebst Wollen und Fühlen) und ein Untergrunddenken
(nebst Wollen und Fühlen) unterscheiden. Das erstere ist
das, was ich oben als Sinnendenken, und das zweite das,
was ich oben als Geistdenken bezeichnet habe. Beim
ersteren ist unsere Seele in und mit den Sinnen tätig, beim
zweiten ist sie nur in sich tätig und braucht daher hierzu
keine Sinnentätigkeit und keinen Körper.

Dasselbe Resultat ergibt sich drittens aus der Tatsache,
daß man nicht selten, besonders wenn man viel und selb=

ständig denkt, auch sogar im Tiefschlaf, wo gleichfalls die Sinnentätigkeit aufgehoben ist, die geistige Tätigkeit, speziell das Denken, energisch und korrekt fortsetzt, sogar viel besser als im wachen Zustande. ¹) Das habe ich gleichfalls schon sehr oft an mir selbst erfahren. Wenn mich z. B. ein philosophisches Problem lebhaft beschäftigt, und ich finde im wachen Zustand keine Lösung desselben, so erwäge ich es noch einmal am Abend vor dem Schlafengehen. Dann setzen sich meine diesbezüglichen Gedanken im Schlafe fort; ich fühle mich während desselben innerlich bewegt und unruhig. Da erwache ich plötzlich, und das Problem ist für mich gelöst. Nun überdenke ich wachend noch einmal das Ganze, und alles erscheint mir klar und richtig. Daraus folgt evident, daß unser Geist denkend sich auch im Tiefschlaf korrekt betätigen kann, auch ohne Sinnentätigkeit.

Desgleichen kann sich unser Wille im Schlafe richtig fortsetzen. Denn wenn ich mir am Abend vor dem Schlafengehen fest vornehme, zu einer bestimmten Stunde aufzuwachen, so erfolgt dies auch. Dasselbe haben schon viele andere an sich beobachtet.

Nicht minder setzt sich auch das Gefühlsleben im Tiefschlaf fort. Denn wenn ich z. B. in besonders heiterer Stimmung einschlafe, so wache ich in der Regel auch in derselben Stimmung auf, noch bevor ich an den Grund derselben von neuem wachend gedacht hatte, und so wird es wohl auch anderen ergehen.

Eine vierte Tatsache, welche die in Rede stehende These

---

¹) Es ist hier nicht das Traumdenken gemeint; denn dieses beruht noch auf teilweiser Sinnentätigkeit und ist meistens verworren.

bestätigt, bietet der Somnambulismus. Ich spreche
hier nicht von dem künstlichen, außerordentlichen, der von
mancher Seite angezweifelt wird, sondern von dem natür=
lichen, gewöhnlichen Somnambulismus, dessen Tatsächlichkeit
nicht mit Recht bestritten werden kann. Zum Glück kann
ich hier wieder aus eigener Erfahrung sprechen, da ich
selbst in meiner Jugend somnambül war. In diesem Zu=
stand, der freilich verschiedene Grade haben kann, hatte ich
keine Sinnestätigkeit und darum auch kein Sinnenbewußt=
sein: ich sah nichts, hörte nichts und empfand nichts; aber
dennoch besaß ich ein logisches Denken, sympathisches Fühlen
und entsprechendes Wollen und Handeln. Aus mehreren
Beispielen, die ich selbst erlebte, und die das bestätigen, will
ich nur eins kurz anführen. So hatte ich in unserem
Studienseminar am Gymnasium zu Aschaffenburg an einem
Abend einer mich sehr interessierenden Lektüre mich hin=
gegeben. In der kommenden Nacht stand ich während
des Schlafes unbewußt vom Bette auf, kleidete mich an,
verließ den Schlafsaal, durchschritt einen langen Gang, stieg
die Treppe hinunter, passierte abermals einen Gang, öffnete
die Studiersaaltür, ging sicher und geräuschlos über einige
Reihen von kleinen Betschemeln hinweg, ohne auch nur
einen umzuwerfen, und setzte mich an mein Pult, um die
am Abend unterbrochene Lektüre fortzusetzen. Das Interesse
an derselben setzte sich also auch während des Tiefschlafes
in mir fort, erregte meinen Verstand und Willen, so daß
sie eine ganze Reihe von korrekten Akten vollzogen, um
das Ziel zu erreichen; und das alles ohne jegliche Sinnes=
funktion. Das ist wieder ein Beweis dafür, daß wir in
uns ein Prinzip des logischen Denkens, Fühlens und
Wollens haben, das auch ohne die Sinne korrekt sich be=
tätigen kann; mit anderen Worten: daß wir nicht nur

eine Sinnen-, sondern auch eine Geistseele besitzen, die unabhängig von jener wirken kann.

Dasselbe bestätigt eine fünfte Erfahrungstatsache: die
Ekstase. In derselben hören alle Sinne vollständig zu
funktionieren auf: die Augen sind starr und unbeweglich,
die Ohren vernehmen nichts, man schmeckt nichts, man
riecht nichts, man empfindet körperlich nichts, selbst wenn
man in die Haut sticht oder schneidet; der Leib ist wie tot;
dagegen ist der Geist um so lebendiger: er schaut und denkt
Dinge, die ihm vorher unbekannt waren, und genießt eine
besondere Seligkeit. Nach dem Erwachen aus diesem Zustand weiß meistens die betreffende Person noch, was sie
im Geiste geschaut und erlebt hat. Hier haben wir also
wieder eine geistige Tätigkeit im Menschen ohne jegliche
Sinnesfunktion, ja sogar in einem Zustand, in welchem das
leibliche Leben auf ein Minimum heruntergesunken ist.

6. Aber wie steht es mit dem Altern des Menschen?
Wenn sein Körper altert, altert nicht auch seine Seele und
wird schwach und hinfällig?

Darauf erwidere ich mit ja und nein, je nach dem.
Ja, die Sinnen- oder Körper-Seele altert mit den Sinnen
und dem Körper überhaupt, aber die Geist-Seele altert
nicht, sondern zeigt sich noch ungebrochen auch im hohen
und höchsten Alter. So hat z. B. Sophokles erst im
hohen Alter sein schönstes Werk, den Oedipus auf Kolonos,
gedichtet, darin zugleich seiner eigenen Unsterblichkeitshoff-
nung einen innigen Ausdruck gebend; so heißt es von
Plato, daß er seine wissenschaftliche Tätigkeit bis zu
seinem Tode fortsetzte, und in der Tat bezeugen die zwei
Dialoge, die er zuletzt geschrieben haben soll, der „Timäus"
und „Die Gesetze", welche zu den inhaltreichsten Ent-
wickelungen seiner Philosophie gehören, eine noch unge-

brochene Geisteskraft. Diesen zwei Beispielen aus alter
Zeit stellen wir zwei ganz homogene aus der jüngsten
Vergangenheit zur Seite. „Der westöstliche Divan“, ein
Werk, das die frischesten Gefühle der Jugend atmet, und
der zweite Teil des „Faust“, der neben so manchem minder
Gediegenen doch auch wieder die Spuren höchster poetischer
Genialität aufweist, fallen in G o e t h e s Lebensabend, und
ebenso hat S c h e l l i n g, auch darin seinem antiken Vorbild
ähnlich, viele seiner tiefsinnigsten Gedanken erst in der
Zeit des sinkenden Lebens konzipiert. Die beiden größten
Gelehrten ihrer Zeitalter, L e i b n i z und A l e x. v. H u m =
b o l d t, haben bis zuletzt vollgültige Proben einer energischen
Geistesarbeit abgelegt [1]).

Wenn auch der Geist im Greisenalter in seiner Richtung
nach a u ß e n abnimmt, weil die Sinnestätigkeit schwächer
wird, so nimmt er um so mehr in seiner Richtung nach
i n n e n zu, und er wird k l a r e r, l e i d e n s c h a f t s l o s e r,
o b j e k t i v e r, t i e f g r ü n d i g e r. Auch wendet er sich
dem Wichtigen, Bedeutenden, Wesentlichen zu. In dieser
Beziehung schrieb H a m a n n in einem seiner letzten Briefe
an eine Freundin: „Je mehr die Nacht meines Lebens zu=
nimmt, desto heller wird der Morgenstern im Herzen.“
Und W i l h e l m v. H u m b o l d t weist hin auf die dem
Alter geschenkte Freiheit des Geistes, auf seine Unabhängig=
keit fast von allem, was man sich nicht selbst durch inner=
liche Bestimmung und Beschäftigung geben kann, und. be=
merkt dazu: „Der größte Gewinn aber, der aus dieser
größeren geistigen Freiheit, aus der Begierden= und Leiden=
schaftlosigkeit, dem gleichsam wolkenlosen Himmel, den zu=

---

[1]) J. H u b e r, Die Idee der Unsterblichkeit. München 1864.
S. 76.

nehmende Jahre über das Gemüt hinführen, entsteht, ist, daß das Nachdenken reiner, stärker, anhaltender, mehr die ganze Seele in Anspruch nehmen wird, daß sich der intellektuelle Horizont erweitert und das Beschäftigen mit jeder Art der Wissenschaft und jedem Gebiet der Wahrheit immer mehr und mehr ausschließend das ganze Gemüt ergreift und jedes andere Bedürfnis, jede andere Sehnsucht schweigen macht[1]).

Man wird in der Regel im höheren Alter i n n e r l i c h e r, g e s a m m e l t e r, t u g e n d h a f t e r, r e l i g i ö s e r, indem man den Blick mehr auf das Ewige, Unvergängliche richtet. Treffend sagt hierüber B. G o l t z: „Es kommt eine Zeit, in der uns alles sittlich und übersinnlich berührt, das Leben selbst an den Tod erinnert, jeder Augenblick von der Ewigkeit mitbewegt und auch die Freude von Lebensschmerzen durchzuckt wird. Dies ist das Alter, dies ist die Religion ... Jeder Gedanke, jede Kenntnis ist in ihm Geschichte und Erlebnis, ist durch seine Herzkammern gegangen in Freude und Schmerz, in Sorge und Not, in Arbeit und Mühseligkeit. Seine Augenblicke sind auf Zukunft und Vergangenheit bezogen[2]).“

Das sehen wir besonders an den großen Geistern, wie z. B. an G o e t h e, der mit den Jahren und dem reiferen Alter mehr und mehr religiös wurde. Wie herrlich und klar sprach er noch am 11. März 1832, also wenige Tage vor seinem Tode, von der Religion, speziell vom Christentum![5])

---

[1]) W. v. H u m b o l d t, Briefe an eine Freundin. Bd. I. Brief 34.

[2]) B. G o l t z, Das Menschendasein in seinen weltewigen Zügen. Bd. I, S. 97.

[8]) Näheres in meinem Buche: Goethes Lebens- und Charakterbild. 1905.

Ähnlich Napoleon I., wie seine Gespräche auf
St. Helena und sein vollbewußtes praktisches Verhalten vor
seinem Tode beweisen [1]).

Auch Richard Wagner gehört hierher, dessen letz=
tes großes Werk, der „Parsifal", ein durchaus religiöses
Werk ist.

Als jüngstes Beispiel kann man in der in Rede stehen=
den Beziehung auch den Fürsten Chlodwig Hohenlohe,
den dritten deutschen Reichskanzler, anführen, der, wie seine
erst vor kurzem erschienenen „Denkwürdigkeiten" bezeugen,
früher Atheist, aber gegen das Ende seines Lebens tief
religiös wurde und als Katholik starb.

7. Eine weitere wichtige Erfahrungstatsache, die gegen
die materialistische Ansicht zeugt, ist die, daß gerade kurze
Zeit vor dem Tode der Geist des Menschen, wenn er bis=
her getrübt oder verwirrt war, häufig wieder vernünftig
erscheint, oder wenn er seither jahrelang gering und
schwach war, besonders erleuchtet und erhöht sich zeigt.
So wurden bekanntlich schon viele Fälle konstatiert, daß
Irrsinnige kurz vor ihrem Tode wieder in den normalen
Zustand zurückkehrten und zum Gebrauch der Vernunft
gelangten. In dieser Beziehung fragt A. A. Michaelis:
„Wie ist das möglich, und wie ist diese seltsame Erscheinung
zu erklären? Daß die Geistesstörung, die bisher allen
Mitteln und Versuchen getrotzt hatte, nicht im Nu geheilt
wurde, ist schon deshalb anzunehmen, weil nichts gegen
dieselbe zur Anwendung gelangte. Wir wissen aber, daß
die Geistesstörung durch krankhafte Veränderungen des
Gehirns und demzufolge abnormer Funktionen dieses wich=
tigen Organs bedingt war und letzteres die materielle

---

[1]) Ausführlich handelt hiervon mein Werk: Napoleon I. 1904.

Grundlage der Seele, das eigentliche Seelenorgan ist. Plötzlich und ohne alle Ursache konnte dieses Organ, wie jedes andere körperliche Organ in gleichem Falle einer Desorganisation und dieser entsprechenden Funktionsstörung, auch nicht zur Norm zurückkehren oder völlig genesen, es konnte durch die letzte schwere Erkrankung höchstens noch funktionsuntüchtiger geworden sein. Somit bleibt nur die Annahme noch, daß die unmittelbare Todesnähe, die beginnende Auflösung des Gesamtorganismus, den wir als einen Verband von Körper und Geist aufzufassen haben, die Bande zwischen beiden bereits gelockert hat und die Seele anfängt, frei zu werden von den Fesseln des Leibes und demgemäß sich selbständig zu äußern vermag, d. h. wenig oder völlig unabhängig vom Gehirn. Das lehrt aber zugleich, daß während der gesamten Geistesstörung die Seele überhaupt nicht krank war, sondern nur der materielle Träger derselben, das Gehirn, welches die Seele in dieser Weise beeinflußte. Die Seele kann demnach überhaupt nicht erkranken, sie ist gleichsam immun gegen Erkrankungen. Was aber nicht die Fähigkeit in sich trägt, zu erkranken, kann auch nicht dem Tode verfallen. Dieses Los ist nur dem aus irdischen Stoffen bestehenden Körper zugefallen, und so dürfen wir hieraus die wichtige Schlußfolgerung ziehen: Die Seele kann niemals krank werden und sterben: Die Seele ist unsterblich." [1] —

Desgleichen kommt es nicht selten vor, daß Geistiggeringe vor ihrem Tode eine Intelligenz zeigen, wie sie dieselbe in ihrem ganzen Leben nicht besessen haben. Einen derartigen merkwürdigen Fall habe ich selbst bei einem

---

[1] A. A. Michaelis, Todesprognosen. Leipzig, Otto & Co. 1904. 129 f.

Mädchen von 17 Jahren in Würzburg beobachtet. Dasselbe war stets geistig schwach: in der Schule nahm es die
letzte Stelle ein, und auch nach dem Verlassen derselben
blieb es immer kindisch. Es verkehrte auch am liebsten
nur mit kleinen Kindern. Diesen kindischen Charakter
zeigte es auch in seiner letzten Krankheit: von einer Zurückhaltung und Selbstbeherrschung keine Spur; es klagte und
jammerte beständig über seine Schmerzen.

Doch wenige Tage vor seinem Tode trat auf einmal
eine merkwürdige Umwandlung bei ihm ein, und zwar
im Verstande, im Willen und im Gemüt. Es zeigte sich
nun auffallend erleuchtet und sprach so verständig und
geistig gehoben, daß ich darüber ganz verwundert war,
da es sonst nie im Leben so gesprochen hatte. Auch klagte
es nicht mehr über seine Leiden, sondern es war ruhig und
gottergeben bis zum Tode, der schon nach wenigen Tagen
eintrat.

All diese Tatsachen sprechen gegen die materialistische
Auffassung der menschlichen Seele, indem vom materialistischen
Standpunkt aus das gerade Gegenteil von ihnen erwartet
werden müßte. Diese sieben Erfahrungstatsachen beweisen,
daß wir nicht nur eine Sinnen, sondern auch eine Geist
Seele besitzen, die unabhängig von unseren Sinnen und
damit von unserem Körper tätig ist und folglich auch ohne
dieselben bestehen kann. Damit ist die Möglichkeit der
Fortexistenz unserer Geist-Seele mit ihren Denk, Gefühlsund Willensfunktionen nach dem Tode dargetan. Denn
kann dieselbe im zeitlichen Leben, wie ich im Vorhergehenden gezeigt habe, ohne die Sinnentätigkeit korrekt denken,
fühlen und wollen, dann kann sie es auch nach dem Tode,
wenn die Sinnentätigkeit infolge der Auflösung der Sinnesorgane ganz aufhört.

Aber läßt sich auch die Wirklichkeit der Fort=
existenz unserer Geist=Seele nach dem Tode nachweisen?
Auch diese Frage ist zu bejahen. Und zwar läßt sich der
betreffende Nachweis führen aus dem Wesen der Seele
und ihren wesentlichen Trieben. Worin besteht das
Wesen der Seele? Ist sie ein bloßes Accidenz oder eine
Substanz? Und wenn das letztere, ist sie eine zusammen=
gesetzte oder einfache Substanz?

Nach der materialistischen Lehre ist unsere Seele nichts
anderes als eine bloße Funktion des Gehirns und demnach
keine Substanz, sondern nur ein Accidenz. Daß aber
diese Ansicht irrig ist, habe ich schon in den früheren Er=
örterungen dieses Buches eingehend gezeigt. Ich sage daher
hier nur kurz: das Gehirn ist unstreitig etwas Materielles
und kann daher auch nur in materieller Weise funktionieren.
Nun aber lassen sich alle materiellen Funktionen, wie die
moderne Naturwissenschaft lehrt, auf räumliche Bewegungen
zurückführen, folglich auch die des Gehirns. Unsere seelischen
Funktionen dagegen, wie denken, wollen und fühlen, lassen
sich durchaus nicht auf räumliche Bewegungen reduzieren;
denn sie sind etwas wesentlich anderes als diese. Folg=
lich können sie unmöglich Funktionen des Gehirns sein,
sondern sie fordern nach dem Substanzialitätsgesetz eine
immaterielle Substanz. Wieso?

Das Substanzialitätsgesetz lautet: Es gibt, wie die
Vernunft lehrt und die Erfahrung es bestätigt, keine Tätig=
keit (oder Funktion) ohne ein Tätiges, keine Bewegung
ohne ein Bewegtes, keinen Zustand ohne ein Subjekt, keine
Eigenschaft ohne ein Etwas, dem sie angehört, weil die
Eigenschaft nur Eigenschaft eines Seienden ist und ebenso
auch jeder Zustand, jede Bewegung, jede Tätigkeit oder
Funktion immer ein Seiendes voraussetzt, das darin sich

befindet. Dieses nun in allem Wechsel bleibende Seiende, das die Tätigkeiten oder Funktionen vollzieht, oder die Zustände und Eigenschaften hat, nennt man Substanz. Demnach ist die Substanz ein Wesen, das in sich ist oder an und für sich bestehen kann; das Accidenz dagegen dasjenige, das immer nur in einem Anderen ist und nicht für sich existieren kann. Ein Accidenz ist jede Bewegung, jede Tätigkeit, jede Funktion, jeder Zustand, jede Eigenschaft; dasjenige dagegen, das jeder Bewegung, jeder Tätigkeit oder Funktion, jedem Zustand, jeder Eigenschaft wesentlich zugrunde liegt, ist eine Substanz.

Da nun unser Seelenleben aus einer Reihe von geistigen Tätigkeiten und Zuständen besteht, die von den materiellen Tätigkeiten und Zuständen des Körpers wesentlich verschieden sind, so folgt mit Notwendigkeit daraus, daß ihnen eine geistige Substanz zugrunde liegt, und diese ist eben das, was man gewöhnlich Seele nennt. Folglich ist die letztere eine geistige Substanz mit den Hauptfähigkeiten: vorzustellen, zu denken — d. h. ihre Vorstellungen nach gewissen Gesetzen zu verbinden — zu fühlen und zu wollen.

Es fragt sich nun: ist unsere Seele eine einfache oder eine zusammengesetzte geistige Substanz? Die Antwort auf diese Frage ergibt sich schon aus dem Charakter der Geistigkeit; denn das Geistige erweist sich nirgends als etwas räumlich Zusammengesetztes; ein solches ist nur der Körper. Aber auch aus bestimmten Funktionen unserer Geist=Seele ergibt sich klar deren Einfachheit. Eine solche Funktion ist z. B. das Urteil, eine Grund= und Hauptfunktion des Geistes; denn alles Denken vollzieht sich in Urteilen. Jedes Urteil aber setzt eine einfache Einheit des urteilenden Subjekts oder der urteilenden Substanz voraus. Denn in jedem Urteil sind wenigstens zwei verschiedene Vorstellungen, die miteinander vereinigt werden: Subjekt und Prädikat[1]). Diese können aber nicht denkend vereinigt werden, wenn das denkende oder urteilende Subjekt nicht einfach ist. Denn nehmen wir an, es wäre zweifach, also zwei denkende Subjekte oder Personen, und jede von diesen hätte eine Vorstellung: die eine z. B. die Vorstellung Luft, die andere die Vorstellung schwül, so könnte rücksichtlich dieser beiden Vorstellungen kein Urteil gefällt werden; denn diese beiden Personen könnten nie und nimmer ihre beiden Vorstellungen zu e i n e m und demselben Denkakt oder Urteil vereinigen. Das vermag nur dasselbe denkende Subjekt, wenn es eine einfache Substanz ist.

Das Gleiche ergibt sich aus der Betrachtung des übrigen Seelenlebens, z. B. des Gefühls. Nehmen wir z. B. das Gefühl der Furcht. „So einfach dieses Gefühl zu sein scheint, so gehört doch dazu erstens die Vorstellung von etwas Gefährlichem z. B. von einem Raubtier oder einem Abgrund oder dergl.; denn ohne solche Vorstellung würden wir keinen Grund haben, uns zu fürchten; sodann eine zweite Vorstellung, die uns zeigt, daß die Gefahr nicht einen anderen bedroht, während wir etwa ruhig zuschauten, sondern daß wir selbst in Gefahr stehen; denn sonst würden wir wohl Mitleid empfinden oder uns zur Hilfe aufraffen, aber nicht selbst Furcht haben können. Drittens muß auch noch eine Vorstellung dabei mitwirken, des Inhalts, daß die Gefahr nicht etwa vor mehreren Jahren einmal bestand

---

[1]) Auch die Impersonalien sind hiervon nicht ausgenommen; auch sie enthalten wenigstens zwei Vorstellungen. Denn wenn man z. B. urteilt: „Es blitzt“, so will man damit sagen, daß soeben die Erscheinung des Blitzes stattgefunden habe. Das betreffende Urteil ist also ein Existenzialurteil, in dem die Vorstellung der Existenz von der betreffenden Erscheinung ausgesagt wird.

ober vielleicht künftig einmal stattfinden könnte, sondern
daß jetzt unmittelbar das Gefürchtete eintreten wird. End=
lich viertens liegt außer diesen Vorstellungen, die jede einzeln
genommen keine Furcht erregen, in der Furcht noch die
eigentümliche Empfindung des Sich=Fürchtens, die einem
jeden bekannt ist und niemanden erklärt werden kann,
der sie nicht schon kennt. Denken wir uns nun, die Seele
wäre kein eigenes, selbständiges Wesen, sondern das Ge=
hirn vollzöge die Funktion der Affekte, so müßten wir
diese vier verschiedenen Elemente etwa auf vier verschiedene
Zellen oder Moleküle oder Atome des Gehirns verteilen.
Ein Gehirnteilchen würde die Vorstellung des gefährlichen
Gegenstandes tragen; ein anderes die Vorstellung, daß die
Gefahr uns selber betrifft; ein drittes die Vorstellung, daß
jetzt sofort der Angriff erfolgen wird; ein viertes würde
das Gefühl enthalten. Ich sage nun, daß diese Hypothese
eine handgreifliche Absurdität enthält; nur wenn diese
vier Momente zusammenfallen in einen einzigen unteilbaren
Punkt, also in eine einzige Substanz, ist Furcht möglich;
denn weshalb sollte das vierte Partikelchen des Gehirns
fürchten, wenn es die Gefahr nicht sieht? Sieht es aber
die Gefahr, so muß ja die Funktion des ersten Partikelchens
auch seine Funktion sein. Dasselbe gilt von den beiden
anderen Momenten; also kann die Furcht nur entstehen,
wenn eine und dieselbe Substanz alle die verschiedenen Be=
dingungen der Funktion in ihrer Einheit in sich hat. So
schön und nützlich die Teilung der Arbeit ist, an dieser
Stelle ist sie unmöglich." [1]

Zu demselben Ergebnis führt ferner die Tatsache der

---

[1] G. Teichmüller, Über die Unsterblichkeit der Seele. Leipzig,
Duncker und Humblot. 1874. S. 69 f.

Einheit des Selbstbewußtseins. Unser Selbstbe=
wußtsein bleibt sich zu jeder Zeit gleich, trotz der vielen
verschiedenen Vorstellungen, Gefühle und Willensakte, die
täglich in uns stattfinden. Wir erkennen uns heute noch
als wesenhaft dieselben wie vor zehn und zwanzig Jahren,
obschon sich so vieles sowohl in uns als an uns und um
uns geändert hat. Ja, unser Körper, also auch unser Ge=
hirn, hat sich im Laufe dieser Zeit wiederholt vollständig
dem Stoffe nach infolge des Stoffwechsels verändert, und
teilweise auch seine Form. Aber dennoch wissen wir uns
immer in der Hauptsache als dieselben. Diese unbestreitbare
Erfahrungstatsache beweist klar, erstens, daß das Subjekt
unseres Selbstbewußtseins nicht materiell, weder das
Gehirn noch sonst ein Teil des Körpers sein kann; denn
sonst könnten wir nicht immer das gleiche Selbstbewußtsein
haben, weil ja das Materielle in uns, wie die Natur=
wissenschaft lehrt, sich beständig ändert; zweitens, daß das
Subjekt unseres Selbstbewußtseins oder unsere Geist=Seele
eine einfache und individuelle Substanz sein muß; einfach,
denn sonst könnte es nicht stets eins sein; Substanz, denn
sonst könnte es nicht in allem Wechsel des Seelenlebens
immer beharren; individuell, denn wir wissen uns stets als
besondere Einzelwesen, die von jedem anderen Wesen ver=
schieden sind, wie überhaupt jedes existierende Wesen ein
bestimmtes Einzelwesen oder Individuum ist.

Ist aber die menschliche Geist=Seele eine einfache, indi=
viduelle Substanz, dann kann sie sich nicht in ihre Teile
auflösen, weil sie keine hat, folglich kann sie auch nicht
sterben — denn sterben heißt, sich in seine Teile auflösen —
sondern sie muß immer individuell fortbestehen, ist also un=
sterblich. Das ergibt sich aus dem Gesetz der Erhaltung
der Substanz. Dieses Gesetz ist zwar zunächst ein Natur=

geſetz, das ſich auf die Unzerſtörbarkeit der materiellen Subſtanzen bezieht, als welche man gewöhnlich die Atome be= trachtet. Aber wenn ſchon die **niederen,** die **materiellen** Subſtanzen beim Tode eines Organismus nicht vernichtet werden, ſondern fortexiſtieren, warum ſollen die **höheren,** die **geiſtigen** Subſtanzen mit dem Tode zu ſein auf= hören? Für dieſe letztere Annahme gibt es gar keinen vernünftigen Grund. Im Gegenteil fordert die Vernunft, daß **alles** ſubſtanzielle Sein verharrt; denn ſo wenig ein ſolches Sein aus nichts entſtehen kann, ebenſo wenig kann es in nichts vergehen. Iſt alſo die menſchliche Geiſt=Seele, wie wir gezeigt haben, eine individuelle Subſtanz, dann muß ſie bei der Auflöſung des Organismus im Tode ge= rade ſo gut fortbeſtehen wie die ſubſtanziellen Atome, die in ihrer beſonderen ſyſtematiſchen Anordnung den Leib gebildet haben.

So läßt ſich alſo aus der Betrachtung des Weſens der menſchlichen Geiſt=Seele deren Unſterblichkeit beweiſen.

Desgleichen aber auch aus der Betrachtung ihrer **Grundtriebe.**

Zu denſelben gehört vor allem der Trieb zur Erkennt= nis der **Wahrheit.** Man beachte wohl! Ich ſage nicht: des Wahren — das wäre zu wenig behauptet — denn das Wahre iſt nur ein Teil der Wahrheit. Damit begnügt ſich der Menſchengeiſt nicht auf die Dauer, ſondern er ver= langt mit innerer, weſenhafter Notwendigkeit nach **der Wahrheit.** Die Wahrheit aber iſt der Inbegriff alles Wahren und iſt als ſolche ewig, unveränderlich und un= endlich wie Gott. Es gibt allerdings auch zeitlich Wahres, das nur vorübergehende Geltung hat. Das iſt **etwas** Wahres, aber nicht **die** Wahrheit. Dieſe iſt ewig und unveränderlich, wie z. B. die Grundgeſetze der Logik, der

Mathematik, und indem die Wahrheit alles mögliche und wirkliche Sein umfaßt, ist sie unendlich. Nach dieser Wahrheit hungert und durstet unser Geist, und je bedeutender ein Mensch an Geist ist, desto mehr. Und wenn er eine oder die andere Wahrheit gefunden hat, so erfüllt sie ihn mit Wonne und gewährt ihm hohe Befriedigung. Aber sie sättigt ihn nicht vollständig, weil sie nicht die ganze Wahrheit ist, nach der er doch eigentlich verlangt.

Woher nun dieser merkwürdige Trieb unseres Geistes nach voller, ewiger, unveränderlicher, unendlicher Wahrheit? Von uns kann derselbe nicht herrühren; denn sonst könnten wir ihn auch wieder abschütteln. Ebenso wenig können wir ihn von der Natur oder der uns umgebenden Welt erhalten haben; denn diese ist selbst weder aktuell ewig noch unveränderlich, noch unendlich. Es bleibt daher nichts anderes übrig, als anzunehmen, daß wir den in Rede stehenden Trieb von demjenigen haben, der selbst dieses alles ist: das ist das absolute Sein oder Gott. Wenn aber dies der Fall ist, dann muß er uns auch die Möglichkeit geben, daß wir diesen Trieb befriedigen können; denn sonst wäre derselbe eitel und nichtig.

Nun aber vermögen wir ihn im ganzen zeitlichen Leben, auch selbst wenn wir uns alle Mühe geben und unter sehr günstigen Verhältnissen uns befinden, nicht zu befriedigen; denn all unser Wissen ist und bleibt immer nur ein „Stückwerk", und wenn wir auch viele Wahrheiten erkennen, so sind sie doch im Verhältnis zur unendlichen Wahrheit nur gering. Folglich muß es für unseren Geist nach diesem irdischen noch ein weiteres Leben geben, in dem sein Wahrheitsbedürfnis befriedigt werden kann. Oder soll vielleicht dieses Streben nach der vollen Wahrheit für alle ein vergebliches sein? „Soll jedem die ganze und volle

Erkenntnis verborgen sein? Man weise uns nicht darauf
hin, daß ja auch sonst in der Natur so vieles Streben sein
Objekt nicht erreicht. Kein Naturstreben steht so hoch als
das Streben des Menschengeistes nach Wahrheit, keines hat
einen so wertvollen Gegenstand, keines ein so kostbares
Objekt. Mögen Tausende von Pflanzen und Tieren ihre
Wesensentfaltung nicht erreichen, mag in Millionen von
Tieren das Streben nach vollem Wohlbefinden nicht erfüllt
werden, ein Schluß auf die Anlage zur Erkenntnis der
Wahrheit und das Verlangen nach Ausbildung dieser An=
lage ist nicht berechtigt. Denn himmelhoch steht diese An=
lage und dieses Verlangen über jedem Trieb in der sicht=
baren geschaffenen Welt. Ist die Welt wegen ihrer Schönheit
und Mannigfaltigkeit, ihrem Reichtum an Formen und
Gedanken, ihrer Pracht und Herrlichkeit es wert, daß sie
sei, dann ist auch die volle und ganze Nachbildung der
Welt durch den erkennenden Geist es wert, daß sie voll=
zogen werde. Die erkennbare Welt und der erkennende
Geist sind so aufeinander hingeordnet, daß die Wiedergabe
und der Besitz der Welt in der Erkenntnis als ein Zweck
erscheint, der nur durch die Unwürdigkeit des erkennenden
Geistes vereitelt werden darf. Jede Seele aber, welche die
Anlage mit in die Welt bringt, die Welt in sich nach=
zubilden, ist so wertvoll, daß schon um dieser Anlage willen
eine endgültige Vernichtung derselben dem Gefühle und dem
Denken unerträglich ist. Wurde deswegen die Anlage gar
nicht entfaltet infolge eines widrigen Schicksals (früher
Tod, Wahnsinn), so fordert das gesunde Denken ihre Ent=
faltung und Betätigung in einem jenseitigen Leben; wurde
sie unter der Ungunst des Schicksals oder durch die Un=
zulänglichkeit diesseitigen Lebens und Strebens nur teilweise
entfaltet und betätigt, so erfordert unser Verstand eine

Ergänzung dieses Mangels in einem Leben nach der Auf=
lösung des Organismus. Und wäre sie auch ganz entfaltet
worden, der Adel, den die Seele durch die besessene Er=
kenntnis erreicht, ist unverträglich mit einem definitiven
Todeslose. Diese Erkenntnis soll ewig bleiben, sie soll ewig
besessen, ewig verarbeitet und genossen werden. Die Schranke,
die hier der Erkenntnis gesetzt ist durch einen kranken
Organismus, durch drückende Sorge, durch Kürze des Lebens,
sie fällt, und der freie Geist in Vereinigung mit Gott dringt
tief und immer tiefer ein in alle Rätsel des Seins und
Lebens". [1])

Zu demselben Ergebnis führt die Betrachtung des
zweiten wesenhaften Triebes unseres Geistes: das Ver=
langen nach dem höchsten Gut oder nach der
Vollkommenheit. Wie nämlich der Verstand nach der
ewigen, unendlichen Wahrheit, so strebt unser Wille von
Natur nicht nur einfach nach dem Guten, sondern nach der
vollendeten Güte, nach der Vollkommenheit. Deshalb be=
friedigt uns kein Gut auf Erden ganz. Unser Wille strebt
und hofft daher immer weiter. „Den Menschen treibt ein
ewig' Streben". Würde er nun mit dem Tode unseres
Leibes aufhören, dann würde auch dieser wesenhafte Trieb
nie befriedigt werden können, und er wäre unserem Geiste
vergebens gegeben. Das aber wäre ein Widerspruch und
ein Widersinn. Denn wozu einem Wesen einen so erhabenen
Trieb verleihen, ohne die Möglichkeit, je das entsprechende
Objekt zu erlangen? Etwas derartiges ist von dem Ur=
heber unseres Geistes, von dem absoluten Geist, nicht an=
zunehmen; denn als solcher ist er die vollkommenste Ver=

---

[1]) Ph. Kneib, Die Beweise für die Unsterblichkeit der Seele.
Freiburg i. Br. 1903. S. 49 f.

nunft, weshalb ihm unmöglich ein vernunftloser Widerspruch mit Recht zugeschrieben werden kann [1]).

Das Gleiche gilt von dem dritten Haupttrieb unserer Geistseele: von dem Verlangen nach der vollendeten Schönheit. Jeder Mensch hat einen Sinn und darum ein Streben nach Schönheit: der eine mehr, der andere weniger. Aber all das Schöne, das sich uns im irdischen Leben bietet, genügt unserem Schönheitssinn nicht; denn jedes ist mangelhaft und vorübergehend; keines entspricht deshalb dem absoluten Schönheitsideal, das wir mehr oder minder entwickelt in uns tragen. Würde nun unsere Geist= seele mit dem irdischen Leben aufhören, dann wäre auch dieses Ideal für uns eitel. Aber wir können nicht mit Recht annehmen, daß der Schöpfer unserem Geist einen so edlen Sinn verliehen habe ohne jede Möglichkeit seiner Befriedigung. So weisen also die drei höchsten Triebe unserer Geistseele über das irdische Leben hinaus und sind indirekte Beweise für deren Unsterblichkeit; denn sie wären eine Torheit, wenn mit dem Tode des Leibes auch unsere Geistseele sich auflösen würde. Das letztere kann sie nicht infolge ihres einfachen Wesens.

Aber — sagt man dagegen — „was zeitlich entsteht, verdient, daß es auch wieder untergeht". Darauf ist zu erwidern: ja, wenn ein Wesen derart beschaffen ist, daß es nicht wert ist, fortzubestehen, dann wird es auch zugrunde gehen. Aber die Geistseele des Menschen ist ihren Anlagen nach vom höchsten Werte; denn sie birgt in sich die höchsten Ideen und die erhabensten Triebe. Darum ist sie auch wert, fortzudauern und das höchste Ziel zu erreichen. —

---

[1]) Ausführlich und mit Geschick handelt hierüber G. Sell, Die Unsterblichkeit der Seele. Freiburg i. Br. 1892.

Unſer Tod iſt alſo nur ein Tod des Leibes und der leiblichen oder Sinnenſeele, aber nicht der Geiſtſeele. Die letztere tritt beim Tode des Menſchen aus dem zeitlichen und phänomenalen in das ewige, tranſzendentale Leben. Die Annahme der Ewigkeit und des ewigen Lebens iſt eine notwendige Forderung des vernünftigen konſequenten Denkens. So gewiß es eine Zeit gibt, ſo gewiß gibt es eine Ewigkeit; denn das zeitliche Sein kann nur aus dem ewigen Sein urſprünglich ſtammen. Wer das nicht zugeben wollte, der müßte annehmen, daß das zeitliche Sein ent= weder aus dem Nichts oder ewig aus anderem zeitlichen Sein hervorgegangen ſei. Aber beides iſt unmöglich. Denn die erſte Annahme widerſpricht offenbar dem Kauſalitäts= geſetze, demzufolge nie ein Sein rein aus dem Nichts ent= ſtehen kann, und die zweite Annahme iſt ein Widerſpruch mit ſich ſelbſt; denn ein ewiges Werden und ein ewiges Zeitliches iſt unmöglich. Folglich muß das zeitliche Sein aus dem Ewigen geworden ſein, und ebenſo das zeitliche Leben aus dem ewigen Leben. Das Zeitliche kann nur in dem Ewigen ſeinen Urquell haben und empfängt auch nur durch dieſes ſeinen wahren Wert und ſeine höchſte Weihe.

Urſprünglich war unſere Geiſtſeele potenziell in dem ewigen Sein und Leben enthalten [1]), entwickelte ſich mittels des Leibes allmählich zur Aktualität im zeitlichen Leben und tritt dann als aktuell entwickeltes Weſen zurück ins ewige Leben, das ſie nun, weil entwickelt und aktualiſiert, genießen kann.

Doch — wird man fragen — worin beſteht ihr Leben nach dem Tode in der Ewigkeit? Worin

---

[1]) Das iſt das Wahrheitsmoment der Lehre Platos von der Präexiſtenz der Seele.

anders als in der fortgeſetzten Betätigung ihrer weſenhaften
Anlagen und Kräfte in einer höheren Sphäre, ſowie in der
dadurch erfolgenden volleren Befriedigung ihrer Grund=
triebe, woraus ihre Seligkeit hervorgeht. Je mehr und
höher daher ein Menſch im zeitlichen Leben ſeine Geiſtſeele
möglichſt allſeitig entwickelt und gebildet hat, deſto leichter,
höher und vorzüglicher wird ſeine Betätigung im anderen
Leben und deſto größer ſein Glück darin ſein.[1] „Wenn=
gleich alle Anſtrengung und Unruhe, alles Suchen und
Sehnen aufgehört hat, ſo iſt die Tätigkeit darum nicht
weniger lebhaft, kraftvoll und vielſeitig, da ſich der Seele
immerfort ein Gegenſtand der Erkenntnis und Liebe dar=
bietet, deſſen Tiefe unergründlich, deſſen Schönheit unbegreif=
lich, deſſen Größe unermeßlich iſt. — Die ewige Ruhe iſt
nicht Erſtarrung, ſondern friſch quellendes und zur höchſten
Kraft geſteigertes Leben einer Seele, die immerwährend
aus dem Urborn des Lebens trinkt, iſt Genuß in unauf=
hörlicher Arbeit".[2]

Dieſe genußvolle Tätigkeit im zukünftigen Leben be=
ſteht vor allem i m e w i g e n F o r t ſ c h r i t t d e r I n =
t e l l i g e n z oder der Erkenntnis der Wahrheit. Aber
wie? Iſt ein ſolcher Fortſchritt möglich? Unſtreitig; denn

---

[1] Diejenigen dagegen, die im zeitlichen Entwicklungsleben ihre
„Talente vergraben", d. h. ihre Geiſtesanlagen haben brach liegen
laſſen, oder die, ſtatt zu höheren, göttlichen Menſchen ſich zu ent=
wickeln, zu Tier= oder gar Untertiermenſchen heruntergeſunken ſind,
werden im Jenſeits ſich nicht glücklich fühlen, da ſie dann ihre niederen
Triebe nicht mehr befriedigen können und ihre höheren, weil unent=
wickelt und ungebraucht im zeitlichen Leben, faſt erſtorben ſind. Ihr
Leben im Jenſeits wird mehr einem ewigen Tod als ewigen Leben
gleichen.

[2] W. Schneider, Das andere Leben. S. 506.

die Körperwelt, die uns umgibt, ist sicher nicht die ganze
Welt, sondern nur ein Teil derselben; sie ist gleichsam nur
die Peripherie des Seins, nur die Außenseite des Univer=
sums, welcher eine Innenseite entsprechen muß. Die erstere
nennt man auch die phänomenale oder Erscheinungswelt,
die zweite die transzendentale oder wesenhafte Welt. Beide
werden getragen und umfaßt von dem absoluten unendlichen
Sein. Dieses letztere kann wegen seiner Unendlichkeit der
endliche Geist nie ganz erfassen. Darum ist für uns im
zukünftigen Leben ein ewiger Fortschritt in der Erkenntnis
möglich.

Das zukünftige Leben besteht ferner im ewigen
Fortschritt der Vervollkommnung des Willens
oder der Liebe zum Guten, besonders zum höchsten Gute,
das identisch ist mit dem absoluten Sein oder Gott. Denn
je mehr die Geistseele diesen erkennt, desto mehr fühlt sie
sich zu ihm hingezogen, desto mehr liebt sie ihn. Der Fort=
schritt der Erkenntnis führt also den Fortschritt der Liebe
mit sich.

Sodann besteht das zukünftige Leben im ewigen
Fortschritt des Genusses der Schönheit, und da
diese ebenso unendlich ist wie die absolute Wahrheit und
Güte, so ist auch sie in ihrem Reichtum für den endlichen
Geist unerschöpflich und vermag ihn immer von neuem zu
fesseln und zu beglücken.[1] In dieser dreifachen Hinsicht
also betätigt sich ihrem Wesen entsprechend die menschliche
Geistseele in ihrem Leben nach dem Tode des Leibes, welch
letzterer nur zu ihrer Entwicklung gedient hat; und damit

---

[1] Von einer „ewigen Langeweile" kann sonach hier mit Recht
keine Rede sein.

nimmt sie teil am ewigen Leben und wird mehr und mehr
göttlich. Auf diese Weise verwirklicht sie zugleich immer
mehr ihr höchstes Ideal: die Göttlichkeit.

○◻○

Schlußwort.

Ich stehe am Ende meiner Ausführungen. Da möchte
ich an alle diejenigen, die mit Aufmerksamkeit, Verständnis
und Unparteilichkeit dieselben von Anfang bis hierher ver=
folgt haben, die Frage stellen, ob ich darin das, was ich
im Vorwort versprochen, auch gehalten habe.

Als die zwei Hauptmängel der meisten bisherigen
Philosopheme habe ich daselbst die Einseitigkeit in den
Theorien und die Unklarheit in der Darstellung bezeichnet.
Wie? Habe ich selbst diese beiden großen Mängel im vor=
liegenden Buch möglichst vermieden?

Habe ich ferner meinem Versprechen gemäß eine solide,
d. h. wohlbegründete, allseitige, Verstand und Gemüt be=
friedigende Philosophie hier gegeben?

Habe ich in der Tat die wichtigsten Probleme des
menschlichen Geistes hier nicht in einseitiger, sondern viel=
seitiger, nicht in polemischer, sondern versöhnlicher, nicht
in persönlicher, sondern sachlicher, nicht in bloß negativer,
sondern auch positiver, nicht in gewöhnlicher, sondern fast
durchweg originaler Weise behandelt? Und bin ich dabei
mit der größten Objektivität und wissenschaftlichen Ruhe
verfahren, frei von jeder Gehässigkeit, jedem Fanatismus
und jeder Leidenschaftlichkeit?

Habe ich in der Tat an die Stelle der Décadence=
Philosophie eine Ascensions=Philosophie gesetzt?

Habe ich endlich wirklich die eigentliche Aufgabe dieses
Buches: die Hauptgegensätze der bisherigen Philosophie in
einer höheren Einheit zu vermitteln, im allgemeinen ge=
löst? Habe ich mich faktisch über die bisherigen einander
entgegengesetzten Theorien gestellt und dabei die Wahrheits=
momente einer jeden gebührend anerkannt?

Wenn das, dann hat dieses Buch seinen Zweck erfüllt
und ist würdig des Titels „Überphilosophie".

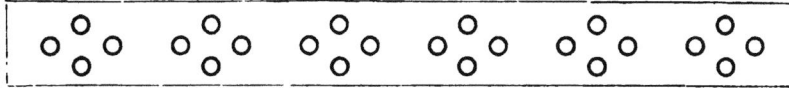

Inhalt.

Einleitung.

II. Die Erkenntnismittel.

Zweiter Teil.

Das Weltproblem.

Dritter Teil.

Das Menſchenproblem.

I. Die Abſtammung des Menſchen.

II. Das Weſen und die Konſtitution des Menſchen.

Die materialiſtiſche und ſpiritualiſtiſche Theorie über den Menſchen. — Würdigung derſelben. — Die Wahrheit liegt in ihrer harmoniſchen Verbindung. — Der Menſch iſt wie jedes andere Weſen eine Zweiheit in der Einheit. — Spezieller Nachweis dieſes Grundcharakters zunächſt in ſeinem Organismus. — Der pſychiſch wichtigſte Beſtandteil desſelben: die Großhirnrinde und ihre Verfaſſung. — Das eigentlich empfindende und wahrnehmende Subjekt in uns. — Das Weſen der Seele. Die konträren Theorien darüber. — Sitz der Seele. — Dieſelbe ſtimmt im Grundcharakter mit dem Organismus überein; auch die Seele bildet eine Zwei-

Seite